献给

回归祖国 22 周年的
香港

玉面星眸奉使来，从容樽俎对风雷。

入秦归璧浑余事，曾向英伦踏浪回。

——浙江省文史研究馆馆员、西泠印社社员、著名诗人　王翼奇教授

THE LAST 1208 DAYS AND NIGHTS

NEGOTIATIONS ON THE HANDOVER OF HONG KONG

交接香港

亲历中英谈判最后1208天

陈佐洱◎著

中国文史出版社
CHINA CULTURAL AND HISTORICAL PRESS

交接香港

亲历中英谈判最后 1208 天

目录

第六章　新机场建设谈判

第七章　设立终审法院谈判

第一章

接力最后一棒

从北京出发

1994 年 3 月 11 日的北京，早春伊始，万象清明。正午时分，一架搭载我一家三口的港龙客机从首都机场出发，飞向正为世界瞩目的香港。

飞机先向西，飞到太行山的上空，再折向南，穿入望不见边际的茫茫云海中。其实，在汹涌翻滚的云团上方，都披挂着灿烂的阳光，熠熠生辉。

这次远行，将开启我投身港澳工作的新一页：奉命出任中英联合联络小组[1]中方常驻代表。中英联合联络小组是根据《中华人民共和国政府和大不列颠及北爱尔兰联合王国政府关于香港问题的联合声明》（以下简称《中英联合声明》）附件二规定设立的临时性外交机构，专门磋商处理为实现香港平稳过渡和政权顺利交接的具体事宜。我将在中方代表处工作至 1997 年 7 月 1 日，直到把香港完整地收回来。

这次任命我作为香港回归过渡期[2]的中方谈判代表，奔赴一段重

[1] 中英联合联络小组（Sino-British Joint Liaison Group）：因应中英两国政府磋商香港政权顺利交接有关的事宜而产生的联络机构，根据《中英联合声明》及其附件二的规定，于 1985 年 5 月 27 日成立，工作到 2000 年 1 月 1 日为止。小组先后在香港、伦敦、北京举行过 47 次全体会议，曾下设防务及治安、出入境和居留权、终审法院、跨九七财政预算案编制、跨九七专营权、合约、排污计划、档案移交、政府资产移交、移交仪式、法律本地化、法律适应化、知识产权、投资保护协定、刑事司法协助、香港与外国对等承认及执行民商事判决、香港民航协定及香港与台湾之间航线协议安排、国际权利与义务、退休保障及社会福利问题等约 20 个专家小组。

[2] 香港回归过渡期：1984 年 12 月 19 日《中英联合声明》签署至 1997 年 6 月 30 日香港主权移交期间的 13 年。1990 年 4 月香港基本法颁布前为前过渡期，之后为后过渡期，中英合作的主要使命是实现顺利交接和平稳过渡，英方交出香港前的管治措施逐步与基本法规定相衔接。

要历史的前哨，可能是我曾作为中英关于香港新机场建设中国政府工作小组组长、中英关于香港金融秘密渠道中方组长，为两国政府达成《关于香港新机场建设及有关问题的谅解备忘录》[1]、安排中国银行香港分行发行港币[2]等专项事务，成功与英方打过交道。香港传媒曾评论我的谈判风格“强硬但讲道理”，后来听说英代处的外交官员也认同这样的评论。其实，我从里到外、自始至终都是力求与英方合作，从而实现香港平稳过渡和政权顺利交接的力行者，因为这是国家最高利益所在，香港福祉所在。为捍卫和争取国家、香港的利益，有道和理支撑，我岂能软弱支吾？面对新的使命，我必当一如既往，紧握接力棒，跑好迎接历时 150 多年香港回归祖国的最后一程。

与我同赴旅程的是妻子和一只情深义重、朝夕相处的北京大白猫。他们将陪伴我经历命运的转折，都对新的生活充满期待。

曾经的秘密会晤

飞机继续在云波光影里穿行，两个多小时后来到珠江三角洲的上空。我俯瞰机翼下翠绿的田野和缓缓起伏的丘陵，想从众多江河湖汉中寻找那条细细的深圳河，却难以辨识，在这片唇齿相依的土地上根

[1]《关于香港新机场建设及有关问题的谅解备忘录》：即《中英联合声明》后由中英两国政府首脑签署的解决香港问题的第二个协议，于 1991 年 9 月 3 日由时任国务院总理李鹏和时任英国首相梅杰在北京签署。

[2] 安排中国银行香港分行发行港币：香港在英国管治下，长期由英资汇丰银行、渣打银行发行货币。为适应香港回归中国的形势，中英两国自 1991 年开始通过香港金融秘密渠道进行谈判，并于 1994 年签署协议，同意中国银行香港分行参与发行货币，市场份额逐步达到 20%，同时同意香港外汇基金发行债券，以债券利率作为商业银行利率的基础。中方谈判组长为陈佐洱，英方组长为林定国（David Alan Challoner Nendick）。

2010 年 10 月卫奕信爵士访问北京，中国国务院港澳办新老朋友与他相聚甚欢。右起：前副主任陈滋英，前主任鲁平，前港督卫奕信，前常务副主任陈佐洱，副主任张晓明

本分不清香港新界和广东深圳的界限。香港地区本来就是和内地连在一起的，只是在闭关锁国、积贫积弱的年代被拥有坚炮利舰的殖民主义者强占去了。

飞机转而进入香港境内，我又试图寻找新界的粉岭，那里曾留下一段令人惋惜的回忆。1991 年秋的一个周末早晨，我跟随时任国务院

港澳办主任鲁平[1]赴港，与港督卫奕信[2]进行重要的秘密会晤。这次会晤是根据不久前中英两国政府首脑签署的《关于香港新机场建设及

[1] 鲁平（1927—2015）：祖籍四川阆中，出生在上海，毕业于上海圣约翰大学。历任中国建设杂志社副总编辑，国务院港澳办秘书长、副主任、主任、党组书记，香港特别行政区基本法起草委员会副秘书长，澳门特别行政区基本法起草委员会秘书长，香港特别行政区筹备委员会副主任委员，中国福利会副主席。参与起草《中英联合声明》和《关于香港新机场建设及有关问题的谅解备忘录》《香港特别行政区基本法》《澳门特别行政区基本法》。

[2] 卫奕信（David Clive Wilson，1935—　）：苏格兰人，毕业于牛津大学。资深英国外交官，熟知中国事务，曾参与起草《中英联合声明》，历任英国外交及联邦事务部助理次官、港督政治顾问、中英联合联络小组首席代表、香港第27任总督。英国爵士，上议院议员。

有关问题的谅解备忘录》的规定进行的，备忘录规定，两国外长、中国国务院港澳办主任和港英总督将分别定期会晤，一度降到冰点的合作气氛因此而开始复苏。

一辆普通的小轿车载着鲁主任和我悄然驶出深圳市的文锦渡口岸，停在深圳河桥的中央；几乎同时，桥的那头也开出一辆小车，也在桥中央停下，我们二人迅速换乘英方来车，掉头驶入香港，直奔口岸附近的一个小山坡，坡顶的哨所前有一架直升飞机已转动机顶部的大螺旋桨，它是专程来接鲁主任的。我们升空不久，便降落在粉岭的港督别墅。那是一座二层欧式建筑，有点儿古色古香，林深花开的小径环绕其间。卫奕信和鲁平在花径上散步，交换对香港进入后过渡期如何实现平稳过渡的各自想法，从即将成立的机场委员会人选到一系列重要问题，双方都达成了共识。然后，我们一行人回到舒适的客厅，举杯共进友好的英国式午餐……

要是香港的回归路按照《中英联合声明》的真谛以及那天达成的共识一直往前走，这最后六年的历史又会是怎样写的呢？我坐游在香港的上空遐想，仿佛又看见了英方的“中国通”卫奕信爵士，听见了他温文尔雅的笑声……遗憾的是古今中外的历史虽然都在朝着既定不变的方向前进着，但道路似乎又都不是笔直的。

烟云过眼，今非昔比，眼下舷窗外的香港河山云多风疾，我终究没有找到地面上粉岭的位置。这已无关紧要，因为无论找得到找不到，港督别墅已经换了主人，学者型的职业外交官卫奕信已被对中国、香港几乎一无所知却又雄心勃勃的彭定康[1]取代了。

---

[1] 彭定康：（Christopher Francis Patten，1944— ），英国保守党政客，曾任政府环境部长、保守党主席、香港第28任即最后一任总督。

究竟还有没有平稳过渡和顺利交接

众所周知，1989年"政治风波"发生后，北京一时成为世界的焦点，香港社会随之动荡不安。英国新执政当局趁火打劫，在香港接连打出三张不与中方合作连带"制裁"中国的牌。首先是推行"居英权计划"——秘密地给22.5万香港各界精英人士及其家庭成员一个密码，这些人随时随地可以在任何一个英国使领馆取得英国本土公民护照。继而又通过"人权法案"——把两个连在英国都未完全适用的国际人权公约适用于香港，企图凌驾于《中华人民共和国香港特别行政区基本法》（以下简称基本法）之上。更得寸进尺的是，不向中方作任何通报，突然抛出了一个跨越1997年、耗资达1247亿港元（一说是2000亿港元）之巨的"机场及港口发展策略"——动用几乎所有的财政储备和有史以来最大规模的政府举债，巧妙地使大把大把的香港金钱流向英国。

末代港督彭定康

彭定康正是在这三张牌遭遇中方强烈抵制的关键时刻，由政治挚友梅杰首相力荐走马上任的。这位在英国因诚信不佳但精明强干而知名的政客，不甘当“欧洲 19 世纪帝国的余晖”[1]，自嘲“殖民地的总督就像是苏门答腊的犀牛、佛罗里达的海牛，都是濒临绝种的动物”[2]，而唯其“濒临绝种”[3]，更要干出一番不同凡响的事儿来。所以，到香港的第一天起，他就准备成为香港后过渡期最大的搅局者。

这位总督说，他知道最大的试炼将来自政治竞技场，但他手上握的却是一副很烂的牌。有位港英前高官后来告诉我，1992 年彭定康上任伊始，就在港英政府内部做了一个“严肃的形势报告”，断言北京政权不到 1997 年就会像欧洲的苏联、东德和波兰那样垮台，以此动员政务官、公务员们跟着他一起“握烂牌，打乱仗”，放弃中英已经达成的所有协议、谅解的束缚，捞回 10 年前英国在谈判桌上想得到却没能得到的东西。根据他的政治判断和一贯性格，他甚至认为自己将有 50% 的可能从总督府宴客厅屋顶搭乘直升机狼狈而逃，即便如此，这位第 28 任末代总督却一点儿也不担心，因为那恰恰可以为他的政治生涯“缔造耀眼的收视率”[4]。

1992 年 10 月 7 日，上任仅三个月的彭定康发表了早在英国就打好腹稿的第一份施政报告，对香港面临的 1994 年区域组织选举和 1995 年立法局选举提出完全另一套设计，掀起了后过渡期又一大折腾。中国国务院港澳办主任鲁平一针见血地指出，这个方案表面上仍然说要维持英国在香港多年来行之有效的行政主导，但实际上是要急剧改变

[1] 彭定康，《东方与西方：彭定康治港经验》，台湾时报文化出版企业股份有限公司，1998，P020。

[2] 同上。

[3] 同上。

[4] 彭定康，《东方与西方：彭定康治港经验》，台湾时报文化出版企业股份有限公司，1998，P023。

政制，迅速提高立法机构的地位和权力。这套方案让中英之间已达成的政权机构平稳过渡安排彻底化为泡影。

彭定康先斩后奏公布政改方案后，不断软硬兼施要挟中方接受；中方则坚决予以拒绝，直斥他背信弃义，是“千古罪人”。在彭定康借助首相支援和全力操控下，这套“政改方案”终于在港英立法局以一票微弱多数通过，宣告英国最后管治时期的香港政治体制已无法与未来中国香港特区基本法的规定相衔接。

针对彭定康倒行逆施的伎俩，邓小平多次发表讲话。小平指示：“香港问题就是一句话，对英国人一点也软不得。”[1]“要质问他们，中英协议还算不算数？如果他们一意孤行，我们就要另起炉灶。”[2]小平还在会见一些香港知名人士时说：“这种讹诈的方式和主张，是吓不倒中国人民的。中国人在主权问题上不会放过一分一毫，更不用说一寸。”“我在1982年见撒切尔夫人时提到必要时在另外的时间、采取另外的方式收回香港的讲话，今天仍然有效。”[3]时任国务院副总理的朱镕基也在访问英国时到皇家国际事务研究所发表演讲，指出：“在香港问题上发生了对抗，这不是我们挑起的。我们希望合作，不希望对抗。但是，不要以为对抗可以迫使我们在原则问题上让步，对此，任何人都不要做出错误的估计。”[4]

中英联合联络小组的工作是整个大格局中十分重要的一环。由于英方一度单方面中止了一系列谈判，后来复谈也是障碍重重，外加原隶属于英国外交部的英代处现在要受制于手眼通天的港督，中英双方能否依照1984年12月19日在北京签署的联合声明来加强过渡时期的

[1] 周南，《遥想当年羽扇纶巾》，齐鲁书社，2007，P357。

[2] 同上。

[3] 同上。

[4] 香港《星岛日报》，1992年11月17日。

合作，实现 600 万香港市民和国际投资者殷切期盼的政权顺利交接，可谓是荆棘满途。

时间一月一月、一年一年地过去，大量有关香港平稳过渡的议题被积压，甚至成为了一去不复返的“明日黄花”……从我赴任的今天算起，在最后的三年零三个多月——1208 天里究竟还能不能平稳过渡？还能不能实现政权的顺利交接？这是我必须与中代处的同事们一起，遵循中央指示，用行动做出的回答。

初来乍到的印象

飞机越飞越低，在维多利亚海港上空盘旋下降，伸入海港的香港启德机场跑道已依稀可见，海面波光粼粼，舟船如织；鳞次栉比的高楼大厦耸立港九两岸。香港，这颗美丽的东方之珠回归指日可待，新一页历史就要翻开，我的个人命运，也将与她更紧密地联系在一起。

抵港当晚，应朋友之邀，我出席了一个小范围的“接风”聚会，其中有来自北京的老朋友，有在香港新机场谈判中交上的新朋友，还有一位是当时港英政府中为数不多的港人高官。在这样的非正式场合，气氛比较活泼，我主动向这位官员伸出了手，他起初有些拘谨，我知道港英政治部有纪律规定，凡是政府公务员与中方人员接触或去过深圳等内地的，回来必须专门报告。但随着席间的轻松话题，他逐渐放开了，也微笑着向我举杯表示欢迎。

我问他四年后是否会继续留在香港？是否打算继续在政府里做事？他说：“香港是我家，我在外国又没物业，还能有什么别的选择？”我说：“你是生于斯长于斯成功于斯的同胞，现在虽然我们‘各为其主’，但我认为你每天在做的还是在为香港服务，只要你愿意继续，前

伸入维多利亚港的启德机场

途光明。”我告诉他，彼此目标一致，都是为了保持香港这方土地的长期繁荣稳定。

举了几次杯后，我又诚心诚意地向他说了我曾对香港朋友们说过不止一次的一番见解，香港是中华民族的东方之珠，用英国人的话说是一只会生金蛋的鹅，中国政府一定要、也一定会使这颗明珠继续放光，使这只鹅越来越健康，因为这对于整个中国的现代化建设和改革开放太重要了。所以，让我们一起努力吧！

初次见面，我对这位港人高官说这番话的分量有点重，但我不但不担心这位官员会把一个来执行收回香港任务的中方官员对“一国两制”“港人治港”、高度自治方针的理解报告给港英政治部，甚至还真希望如此呢。

其实，在当时那样的高度敏感时期，我一到香港也就受到了港英当局监控。安顿下来才个把月，一天快下班的时候，办公桌上的电话铃响起来，我一接听，听出那熟悉的声音是北京一位老朋友的。他说现正在香港出差，想来中方代表处看看我。他乡遇故知，我当即邀他去附近酒店喝杯咖啡，或者晚上吃个便饭，他在电话中都简短、客气

厦门是我第二故乡。抵港当月，香港厦门联谊会首先举办欢迎会。自右起：新华社香港分社研究部部长杨华基、会长陈金烈，陈佐洱，联谊会顾问陈中群、副会长陈仲昇

地谢绝了。十多分钟后，他来到我的办公室，一进门就打开电视机，在节目音乐的声浪里低声告诉了一个我不愿听到但是意料之中的消息：国家安全部某局长托他当面提醒我，我在坚尼地城的中国外交部工作人员宿舍里的电话号码已被固定截听，有一张长长的通话记录摆在了英方某某部门一位长官的办公桌上。

负面预测变动力

我到任的第五天，1994 年 3 月 15 日的香港《星岛日报》发表了一篇述评《陈佐洱悄悄来港履新 掣肘多恐难挥洒自如》：

被喻为中方“重炮手”的陈佐洱上周五由北京来港，昨天起到湾仔华润大厦的中英联合联络小组中方办事处上班，接替行将调返北京的罗家驩出任联络小组中方驻港代表，掌管与英方磋商本港过渡期事务的实务工作。

……

陈佐洱来港之前任国务院港澳办公室一司司长，专责处理港澳地区调查研究与本港经济方面事务，他曾数次公开猛烈抨击英方提出的新机场财务方案，予人作风硬朗的感觉。

中英政制谈判破裂，英方极之希望与中方其他方面保持合作，尤其加快联络小组工作，解决大量积压的过渡期安排。至于陈佐洱今次来港，会否对联络小组工作有任何影响呢？一名英方权威人士认为，中方人员个人作风不太重要，因为他们往往不会在谈判桌上做出明确的主张，更遑论很快对某些课题做出决定。

这位英方人士认为，中国内部政治派系斗争频繁，中方驻外人员通常要层层向上请示，在得到上级清晰立场后，才会回应英方。若果某时期上级没人做主，驻外人员就会“拖得就拖”。

我把这篇文章剪了下来，夹在案头记事本的第一页，从反面激励自己。不，我不会奉行故事，因循“拖得即拖”的惯性，只会为完成使命争朝争夕。

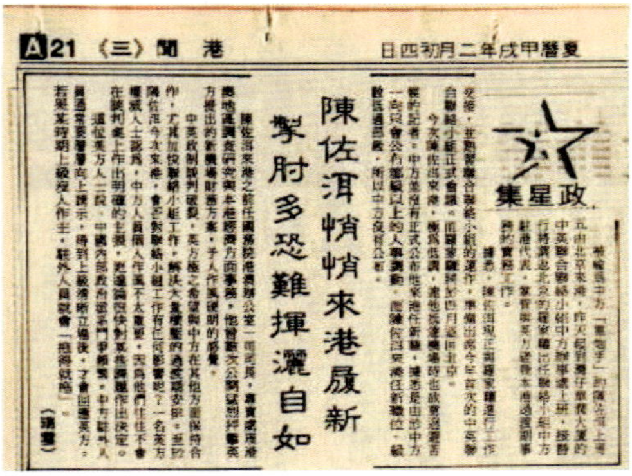
A21 港聞（三）
夏曆甲戌年二月初四日
政星集
陳佐洱悄悄來港履新
掣肘多恐難揮灑自如

1993 年 3 月 15 日报载：被喻为中方“重炮手”的陈佐洱悄悄来港履新。英方权威人士认为“掣肘多恐难挥洒自如”，仍会“拖得就拖”

特别的临时外交机构

中英联合联络小组这个临时性的外交机构很有些特殊性，在世界外交史上也不多见。双方的代表处都以香港为驻地。

这个机构的构想可以追溯到 1984 年 4 月 11 日中英关于香港前途问题举行的第 12 轮谈判，当时，中方向英方提出“中英联合委员会草案”，英方代表担心此举会造成 1997 年前中英共管香港事务，使港督沦为“跛脚鸭”[1]，极力反对。直至同年 6 月第 16 轮谈判，双方决定成立起草正式文件的工作小组，商讨联合机构的组织草案，但英方对此态度仍不积极。

7 月 28 日，中方首席代表周南带着邓小平的指示，向英国外交部副次官柯利达提出联合联络小组进驻香港的最终方案，并告知必须年

[1] 跛脚鸭（lame duck）：最早用于 18 世纪的伦敦证券交易所，指那些拖欠债务的经纪人。后在美国被赋予政治含义，指因任期将满而失去政治影响力的公职人员。

底就签正式协议，否则英方须承担谈判破裂的风险。

英国首相撒切尔夫人听取了正在北京访问的外交大臣杰弗里·豪及港督尤德汇报，决定妥协。由于英方曾经顾虑中方一旦在香港设立联合联络小组，中方代表处就可能变成“第二个权力中心”，特别要求在附件二里写入“联合联络小组是联络机构而不是权力机构，不参与香港或香港特别行政区的行政管理，也不对之起监督作用。联络小组的成员和工作人员只在联合联络小组职责范围内进行活动”。这段话对于中方本来就不存在困难，既然对方坚持，写上了更显得接受方的大气。

有鉴于这个外交机构是专门处理香港平稳过渡和政权顺利交接具体事宜的，依据中国国务院内部建制和各部职责，联合联络小组中方代表处隶属外交部和国务院港澳事务办公室双重领导，中代处首席代表由外交部一位大使级的官员出任，而我作为同级国港办官员借调到外交部担任中代处的“二把手”。

中英联合联络小组的磋商涉及香港政权交接的方方面面，先后下设过约20个专家小组，分别由双方代表率领，并且集合两国所有这些方面的专家。每项议题都须先在中英专家小组层面磋商一致，然后提交联合联络小组全体会议通过，最终形成具有公信力和约束力的国际协议。

到1997年回归前夕盘点了一下，我上任后担任过中方14个专家小组组长，主谈了包括防务与治安交接、财政预算案编制、政府档案移交、政府资产移交、公务员过渡、终审法院筹建、特区永久性居民身份认定、特区护照设计制作及发放准备、公积金制度设立、码头铁路电信等跨九七重要专营权批出、港九排污工程等议题，全部与英方达成共识。

我本一介书生，才疏学浅，知识面很有限，之所以能主谈这么多政权交接的议题，全靠背后有来自祖国各个方面优秀专家团队的有力支持。当然，作为各类专家组组长的我本身更须努力好学，尽管有时所学的知识几乎等于“现买现卖”，那也得在每次开会前漏夜恶补“买进”。这会使我想起小时候温书迎考的日子，每逢考试的前夜，不把有关功课复习完毕，不把老师布置的所有练习题、特别是各类疑题难题都轻松解一遍，就绝不上床睡觉。

香港回归前唯一有国徽的地方

中代处的办公地点在港岛湾仔港湾道 26 号，中资机构华润大厦低座即裙楼。低座的下面几层是公开营业的中艺商场和香港展览中心；

在中英联合联络小组中方代表处的办公室

五层以上长期由外交部租用，与下几层隔断。地面专门设有一个朝西开的出入通道，通道门的上方悬挂着当时全香港唯一的庄严国徽。

入门登专用电梯，向上直达五层外交部驻港签证处和六层中代处，向下则通往停车场；七层的电梯门平时不打开，那层楼上有经屏蔽处理的保密会议室、机要报务室和信使宿舍；签证处和中代处两家共用一个后勤支持，食堂、车队、理发、免税品小卖部一应俱全。

如果下班后走上八楼平台，跳入在寸土寸金的香港难得一见的宽大游泳池里，仰浮着，抬眼就能望见南面50层的白色华润大厦，东面

中英联合联络小组中方代表处门口

是繁华的铜锣湾游艇会和商业区，北面是蔚蓝色的维多利亚海港，西面是90年代香港第一高楼中环广场，而收入眼帘的则是上方寥廓清亮的蓝天白云，偶尔还有一两只苍鹰翱翔，矫健的翅膀不时剪断西方夕阳的余晖……静静地躺在水里，合眼稍息片刻，能使紧张了一天的身心得到放松，然后振作精神，盘算如何投入大约一小时以后夜幕下各种纷繁复杂的社交活动。

对手突然约我共进午餐

在我加紧熟悉情况的时候，一天，中代处值班室接到联合联络小组英方代表包雅伦[1]先生的电话，说想约我吃午饭。这位牛津大学法律专业的高才生曾是英国外交部香港司司长，我们前几年在新机场建设谈判桌的两边打过交道，他当年是英国政府工作小组的“二把手”，现在担任了常驻香港的联合联络小组英代处“二把手”。后来才知道，老包——中代处的同事们私下里常这么称呼他——的夫人是香港同胞，当年在英国留学时结下姻谊，现已儿女成群，娇妻幼儿们都喜欢住在香港，老包只得少数服从多数了。估计他被派来香港，多少也有“组织上照顾”的意思。

我把包雅伦的邀请视为一个好兆头，经请示后答复赴约。包雅伦订的餐厅是港岛中环一栋显赫大厦的地下室，这对于刚从90年代初的北京来香港的我费点思索，basement——地下室里也能开餐馆请吃饭？

[1] 包雅伦（Alan Paul）：牛津大学毕业，英国职业外交官。曾任英国外交及联邦事务部香港司司长，中英联合联络小组第四任英方代表、第五任英方首席代表，英国驻香港大使级副总领事。

我与包雅伦不打不相识，越到后来越有些惺惺相惜

车队的司机也不熟悉餐厅位置，特意提早一天探了趟路，并计算了路程时间，看好了下客上客点，表现出外交部同事优良的工作操守。

当我提前五分钟来到敞亮、雅致的会面地点，立刻改变了对basement的看法，这的确是一家像模像样的西餐厅，顾客几乎清一色是老外，那位相貌清秀、疏发谢顶、戴眼镜的中年英国朋友正端坐在一张空桌旁，他就是我未来四年的主要对手和合作者包雅伦。

我忙上前同他打招呼。入座后，便小心地照例从伦敦、北京的天气开始畅叙阔别。包雅伦思维敏捷，态度稳重，掌握汉语，言谈时常常带着点礼貌的笑容，而笑容的背后有时隐藏着执拗的韧劲，这一印象一直让我延续至今。

“天气”论过之后，我们逐渐进入坦率的交谈，一致认为尽管香港的“天气”多变，中英两国政府应该通过中英联合联络小组机制加强磋商，尽快把跨九七的一众问题处理好，这对于保持香港回归前后的繁荣稳定非常重要，不仅关系到600多万香港市民的福祉，也关系到中英两国的利益。我强调《中英联合声明》附件一对英方1997年后在香港的利益是做出了照顾的，例如银行发钞、航空、电力、电信、地产建筑、日用百货，都继续由英资大企业在香港领着头。

面包、浓汤、主菜——一大块五成熟的牛排相继摆上了台，话题也逐渐深入。包雅伦建议喝点酒助兴。我谢绝了包雅伦代表的好意，建议以90年代北京还少有的法国矿泉水Perrier代酒。

我本来就很少喝酒，到香港后基本戒了酒，我谨记上世纪50年代周恩来总理传下的“外交官三分酒量”的戒律。

到了上甜品的时候，好像一部大型交响乐的序曲演奏完，待“幕间休息”后主题乐章的陆续上演。我和他紧紧握手作别，对于即将到来的“对阵”有一种心照不宣的默契。

从地下室走上地面，回到车水马龙、高楼挤迫的喧闹中环黄金地段，看见正午阳光下人行道上各种肤色的人流，他们都各怀理想，行色匆匆。我油然生出一个信念，在当今这个多元化的世界，虽然各国立场不同、观点各异，争议性的问题多得如满天星斗，但在诸多的解决方案中，一旦基于互相尊重主权、合作互信，就可能带出双方都能接受甚至满意的成果，为人类福祉添砖加瓦。

第二章

军事用地使用安排谈判

中断已久的谈判

根据《中英联合声明》，中国政府将自 1997 年 7 月 1 日接替英国政府，承担对香港的防务。

为了实现防务责任的顺利交接，中英双方首先需要就军事用地使用安排进行磋商。确定了未来提供中方的军事用地，才能对中国的海陆空军如何进驻香港做出部署。

然而直到 1994 年春天，联合联络小组马拉松式地谈判了七年，经过前两任中方代表和专家小组与英方的共同努力，取得的成果仅是一旦达成协议，协议可以用两国互换外交照会加附件的形式加以确认；另外，中方基本同意从英军现有的 39 块军事用地中接过 14 块。除此之外，双方对于上述地块的责任和义务，剩余地块的数量、位置和处置，需为中方重建的军事设施的数量、位置和规模都还存在诸多分歧，1989 年的“政治风波”后，英方便单方面中止了谈判。

1993 年初，中国外长钱其琛和英国外相赫德[1]在纽约会晤，双方一致认为，虽然两国在香港政制发展问题上谈判破裂，但在其他方面还应该保持合作。这就为重启军事用地谈判创造了良好氛围。

1994 年 3 月 31 日，中英联合联络小组英代处向中代处送交了一份有关香港未来军事用地使用安排的“中国外交部和英国驻华使馆照会”文本修订草案建议稿。英方的行动，表明希望恢复磋商；而文本草案内容则摆明了英方处理这个议题的主要立场观点，这好比是用一樽贴了中英两国共同制造商标的酒瓶装了纯英国的威士忌，送交中方，要

[1] 赫德（Douglas Richard Hurd，1930— ）：剑桥大学毕业。英国保守党议员，资深外交官，三届内阁成员。1985 年至 1989 年担任内务大臣，1989 年至 1995 年担任外相。熟悉中国事务，曾被派驻英国驻华使馆工作。

求确认。

英方以为这个议题是中方单方面有求于它，只要承诺移交 14 块用地以及重建 5 个军事设施项目，就大致 OK 了。所以当中英联合联络小组双方同时宣布 5 月 10 日至 13 日将举行防务与治安问题专家小组第 15 次会议之后，包雅伦代表和我进行会前非正式会晤时，他乐观地估计，既定的四天会期无须全部工作，中间可以腾出一天来休息。他甚至把与我讨论的兴奋点放在了双方达成协议后如何向香港社会的推介上，诸如奉劝中方要降低调门，别夸大军事用地的价值，否则在向港英立法局要求拨重建 5 个项目时可能会遇到比较大的阻力等。

与包雅伦的乐观恰恰相反，中方专家组内部研究时一致认为，英方提交的文本内容与我方立场相距甚远。中国人民解放军总参谋部、国港办、外交部认真研究了英方建议稿，会签后给联合联络小组中代处发来了指示：第一，是英方要求中国政府首先发表声明，承诺接收的香港军事用地只用于防务用途，这不能同意，因为中国政府对本国土地处置问题的表态与英国无关，不应作为签署双方协议的前提；第二，中国军方希望在前期双方磋商一致的 14 块用地之外，再要一些地块，包括港岛半山上的柯士甸山军官宿舍[1]和无线电通信营地；第三，计划重建的中国驻港部队海军基地港池规模需要扩大；第四，回归之前，英国政府应确保对拟向中方移交地块的维护；第五，为了便于中方实地勘察，英方应向中方提交所有军事用地图纸；第六，外交文本中的一些措辞还需要推敲修改。

根据上述考虑，中方专家组对英方提交的文本做了伤筋动骨的修改，拟出了一份中方的以互换两国照会为框架的文本建议稿，这也好

[1] 柯士甸山军官宿舍：英方中高级军官宿舍，地处高档私人官邸密集的香港太平山腰即“半山”地区，英方计划将之交还于港英政府，用于民事用途。

比把那樽贴上中英共同制造商标酒瓶里的威士忌倒掉，换上了中国的五粮液，准备以此作为会上与英方谈判的基础。

由于我和包雅伦有过非正式会晤，大体能估计到对手看见中方建议稿的反应，恐怕，甚至会动摇他们如期赴会的想法。所以我在征得中方同事们的同意后，迟至 5 月 9 日即专家小组会议举行的前一天下午，才将中方建议稿送达英方。

毕竟是多年后复谈的第一次会议，能够开起来总比宣布会期又中途夭折好。

见证历史的坚尼地道28号

1994 年 5 月 10 日 8 点 40 分，一辆考斯特中巴从中代处所在的华润大厦车库开出。9 点 10 分，我准时在西环坚尼地城中代处宿舍门口登上这辆车，与早已坐着的战友们会心地点头一笑。他们是来自总参、总后、空军、海军、陆军的军事专家，专业经验丰富且足智多谋，今天起将支持我从容应对谈判，化解过程中丛生的困境。15 人“同舟共济”，直奔中英联合联络小组专用谈判楼。

谈判楼位于香港岛半山山麓的坚尼地道 28 号，是一座依山而筑的意大利式小楼，黄白相间，庄重典雅。踏入临街的铁栅栏门，须仰视才能望见绿树掩映中的它。

这座楼在上世纪初建成后，曾先后被多个学校用作校舍，俗称“英童学校”，是属于政府的产业。90 年代初香港进入基本法颁布后的后过渡期，它被划归中英联合联络小组谈判使用。

须沿约 60 级石阶盘旋而上，或踏乘围墙东边专设的单向自动滚梯（开会前梯滚向上，散会后梯滚向下），才能到达楼正门前的空地，

见证历史的坚尼地道 28 号中英联合联络小组谈判楼大门

那是传媒朋友们拦截双方代表团或者围聚等候消息的地方。我们的一言一行乃至一愁一喜，常在这段拾级步入谈判楼的必经之路上被闪光灯和话筒截取，然后由各家不同观点的传媒播报开去，做出各种解读。环绕小楼有一圈花园绿地。楼内有上下两层，一层分三个大厅，其中两小厅分别供中英代表团休息，另一个正厅双方共用，是达成某项协议后开香槟庆祝或者合影的场所。踩着脚下咯吱有声的古老木质扶梯登上二层，迎面便是唇枪舌战、握手言欢的主战场——宽敞的谈判大厅以及附设的保障工作室。

“三脚凳”上交锋

上午 9 点半，双方代表团在谈判大厅里依次就座。英方专家组长包雅伦代表神情凝重，月初与我会面时脸上的阳光已不见踪影。

按照约定，每次会议中英双方轮流首先发言，这一次轮到我。

我的发言首先提及英方的文本草案建议稿，肯定英方 3 月份以来所做的努力，表示注意到双方在最后协议的形式和一些重要内容方面已取得了共识，这为进一步工作打下了良好基础。

随后，我以平静的语气，就若干存在分歧的原则性问题做了阐述，主要讲了两点：一是强调香港军事用地的交接是中英两国政府关于香港防务责任交接的一部分。所涉及的权利和义务主体是中国和英国两国政府，任何形式的第三方参与——所谓“三脚凳论”都是无益的。英国有责任确保香港的军事用地在移交中国之前得到妥善维护，而不应将责任推卸给英方称之为香港政府（Hong Kong government）、中方称之为港英政府（British – Hong Kong government）的所谓“第三方”。英国管治下的香港行政当局应该是英国政府的一部分，而绝不是什么独立的政治实体。二是重申中国政府声明香港军事用地只用于防务目的这件事不应成为两国签署协议的前提，因为这是中国的内政。

我所批评的“三脚凳”并不是新鲜货，早在 80 年代中英开谈关于香港前途问题时，就曾因英方的“三脚凳论”而使谈判一度中断。英方为什么旧话重提呢？细一想，不难明白，就是伦敦要有言在先，即使一旦中英双方就军事用地交接达成了协议，那些维护地块的费用、重建项目的费用，它概不负责，都将摊给“第三方”港英当局来承担，就像英军驻扎在香港的费用至今也还由香港纳税人负担一样。

包雅伦显然十分在意我在发言中对英方所作的肯定，他发言甫一开始即对此进行回应，表示“非常高兴听到陈佐洱先生表示珍惜已取得的成就”，“希望中方理解英方为此次会议做了数以千计工时的准备”，“希望中方看到了英方的让步”。

继而，他抱怨中方直到昨天下午才送达修订稿，对此“极大失望”，又批评“中方似乎把英方的让步全放进了口袋”，还措辞强烈地反对中方提出增加新用地的建议。他的全部发言果然都落脚到坚定捍卫“三脚凳”的老调上，表示“英国绝不能接受要求英国政府在香港重建项目上作出有约束力的承诺，因为那是香港政府的责任”，继续为英国政府开脱。最后，他语带警告地说，英方向中方移交军事用地是一个圆满的一揽子协议。如果双方的磋商无法取得一致，那一揽子协议里英方曾经做出的让步也将不会存在。

英方如此强硬并未影响我的思路。摆在中英双方面前的分歧有好几个，我觉得“三脚凳”的问题应比较容易解决，因为10年前双方前辈们较量过，最后以英方收敛告终。所以我耐着性子和英方一起回忆当年中英关于香港前途问题谈判的片段，提醒包雅伦代表勿重蹈覆辙。

遗憾的是，英方并未接受我这番善意，反而以“香港的现实情况”为由坚持“三脚凳”。我更深明白了一层，英方今天的态势不仅有中央和殖民地之间经济利益切割的需要，恐怕还有彭定康的“新精神”，企图捞回中英谈判香港前途问题时失去的东西——当年收敛了，不等于今天继续承认。

这一整天的谈判，双方来来回回在“三脚凳”等问题上摆明各自立场，无获寸进。

硬碰硬的僵局

5 月 11 日续会，双方才就“三脚凳”以外的各项争议展开磋商。如果前一天双方进行总体阐述时，尚可借助概括和抽象性的评述来展示弹性，调节气氛，那第二天非常具体的讨论无疑是直面的、敏感的。

越是气氛紧张，我越是在心里告诫自己，每临大事有静气。

会场的谈判桌是一张很长很长的桌子，英方人员坐在主席一边，中方人员坐在客席一边，我和包雅伦各坐在本方的中间，左手边是译员。谈判过程中的译员翻译时间对我很有帮助，因为我大体听得懂包雅伦说什么，他一面说我一面记，而在英方译员把包雅伦的话翻译成中文的过程中，我就边听边在构思怎么做即席回应。我自己的笔记本上，每页纸用三分之二位置记录他的发言要点，三分之一写我要回应的要点，这个办法对我快速理清思路很有用。由双方外交代表说出的一字一句都代表着各自国家，都将被记录在案，胜过一诺千金，驷马难追。

谈判时，专家组的成员不能随意插话，想要发言须先征得组长同意，一般情况下，他会递给我一个纸条，我认为可以才请他发言。有时候我觉得应该让某位专家发言，我也会递给他一个条子。

这天的谈判，为了避免一竿子插到底，没有回旋余地，我请总参谋部驻军办主任陈惠邦大校先发言。在英军的军阶中没有大校一级，只有准将，所以在非正式场合有时英方尊称中国大校们为“将军”，惊叹“中国军队的将军那么多”。陈大校在非正式交往中当然也乐意听到对手们“尊称”，他长得方脸粗眉，目光犀利，不但资深而且是中方专家中军衔最高的一位。他带来了军方对香港未来军事用地使用安排新的补充意见，发言中主要提出以下两点：一是要求英方在 14 块营地之外，再向中方移交港岛半山上的柯士甸山军官宿舍以及有关无线电通信营地；二是扩大为中方重建的昂船洲海军港池规模。

包雅伦听后面孔涨得通红，抬了抬眼镜架，对陈大校的发言不予只字置评，只要求中方立即递交书面材料，以便做仔细研究。他聪明地用对比方式，抓住时间顺序指责中方“出现倒退”，“在谈判进入到最后阶段的关键时刻提出这么多新的而且是预料外的要求是无益的”，还加重语气说“英方对此表示遗憾，我和我的上级一样感到沮丧”。他特别强调，在以往谈判中已与前任中方代表就中国驻港部队海军基地港池规模达成了一致，即 398 米 ×398 米，中方不应再提出新的意见。

我即席回应包雅伦，完全不能接受英方指责“中方倒退”的说法。军事用地的交接对香港的繁荣稳定非常重要，中方一贯予以高度重视，并表现出极大诚意，正因为此才与英方进行了七年多的磋商。解决这一问题的关键，是使中国驻军的需求得到基本满足。现在会谈仍在进行中，中方出于驻军需要，提出一些新建议是合情合理的。

我指出，英方对于中英双方已就重建海军港池规模达成一致的说法不正确。前任中方代表曾口头提过 398 米 ×398 米的建议，但他同时表示这已超过授权范围，需向上级汇报；而英方代表当时也做了类似表示。所以中英双方现在仍需要继续就此问题进行磋商。

幸好，我在会前是做了功课的，了解 398 米 ×398 米的故事。那也是在一次专家小组会议期间，轻松的 coffee time，双方组长端着杯子肩并肩地说说笑笑，在说笑中继续讨价还价，因为外交场合无戏言，所以两位代表都避免出声说话，伸出一个指头在墙上画字：“我喜欢这个数字。”“Sorry，我喜欢那个数字。”…… 当英方代表层层加码，在墙上画出 398 的时候，罗家驩代表沉吟了一下，表示“嗯，可以商量”。几分钟后复会，英方当即在谈判桌旁要求中方对 398 米 ×398 米进行 confirmation（确认）。罗代表这才及时声明了“超越权限”，“需要汇

会内碰僵，会外欲说还休

报”这番话。

包雅伦无意就我方提出的新建议进行讨论，威胁性地表示“Time takes orders of no Man”（时不我待）。

5 月 12 日的会议在硬碰硬当中度过。尽管之前在中方内部会统一认识的基础上，我请专家战友们集思广益，分头写了一张张反驳英方观点的备用口径，汇总之后在会上作为“炮弹”一发发相继打了出去，但僵局依旧。

勇者居上

5 月 13 日会议一开始，形势急转直下。包雅伦甫一坐定，就严肃地发出口头知会，英国外相和港督对当前的谈判表示强烈的关注和失望。英方将在今日——最后一天会期结束后发表正式声明，公布目前谈判的状况，声明稿可以很快提交中方研究。

他说，英方曾抱着极大希望，做了大量工作，准备本周达成协议后可以提请港英立法局在夏天休会前批出重建工程的拨款，非常遗憾的是，中方在关键时刻就已经解决了的事项表示异议，并提出新要求，这已经超越了英方所能接受的限度。随后，包雅伦在他的发言中对中方的提议逐一进行了反驳。

包雅伦的上述表态，似乎不再留任何余地。难道初次上阵就要这么收场了？我权衡了几秒钟，拿定主意做两手准备，但是无论结局怎样，眼下绝不能放弃原则示弱。

我调整了一下坐姿，挺直腰板，用强硬语言提醒英方不要破坏会谈的基础，别用什么外相、总督的“态度”来增加破坏的严重程度。接着，我举重若轻、冷峻地说了下面这些话：“中方历来在谈判中都是朝最好的方向努力，同时也随时做好最坏准备。如果谈不成，也没有什么了不起的，无非是到时候香港所有军事用地全部由中国驻军接管，再由中央人民政府与特区政府另做安排！今天会后英方尽可对外发表声明，而中方也可能对英方的声明发表再声明，或许其中还需要宣布对于 1997 年 7 月 1 日前香港军事用地可能发生的任何变更都将不予承认，并且会在香港回归后追溯责任！”

说完，我把自己面前的笔记本轻轻合上，还用手指把皱起的页角使劲儿摁了摁，然后抬头直视着包雅伦。

我的最后几句话等于告诉对方，中方在不得已的情况下也准备在军事用地问题上“另起炉灶”。当然，从促进香港平稳过渡的角度看，我说“大话”并非最佳办法，但却不失为给英方一味清凉剂。因为英方明白，假如中方真宣布 1997 年香港回归时接管全部军事用地，港英当局将无法在从今往后的最后三年里批出任何一块交回的军事用地，从而不止损失巨额财政收入，而且还将造成对现行管治的严重冲击，动摇全香港的经济信心。

全场鸦雀无声。双方专家都不知该再说些什么，如何继续下去。

我小声征求了陈大校的意见，随即提议暂时休会，一方面是代表团内部需要碰碰头，开个小会；另一方面是想冷却一下谈判桌上的火爆气氛。

暂停的艺术

激烈火爆的气氛往往可以通过暂时休会来调整，而打破僵局的钥匙也往往得自集体的智慧。

中方专家们下楼，聚集在代表团休息室里开碰头会，分析造成当前局面的原因，认为相当大的成分是因为双方信任度太低。有专家建议“化整为零”，为了使双方能在一些具体问题上逐渐增进了解，积累起共识，可否采取分两个小组的方式进行下一步的磋商：一个是由中英双方组长和军方首席组成的四人小组（英方组长为包雅伦，英军首席是驻港英军参谋长苗礼信准将；中方组长是我，我军首席是陈惠邦大校），主要就协议文本及其附件稿进行讨论；其余专家组成第二组，就各自相关的专项问题进行对口交流，比如营房专家磋商营房的事，重建项目专家磋商重建的事，重建项目有五个，属于建空运中心的空军对空军，属于建港池的海军对海军，属于建仓库、医院的后勤对后勤等。由于双方专家组成员多是技术人员，比较务实，中方专家们的任务就是抓住这个面对面交流的机会，耐心向对方解释中国军队的运作特点、将来驻军的实际需要，如果技术层面形成越来越多的共识，必将对四人小组会谈带来积极的影响。

来不及向上级请示了，我必须承担临时改变谈判形式可能造成“遍地开花”、谈乱了的风险，但我相信、赞同集体智慧，决定接受这个有分有合、先分再合的建议。我请一位工作人员去敲走廊对面英方代表团休息室的门，代我约包雅伦代表到走廊上说几句话。

正在一筹莫展的包雅伦听了我的建议，立即点头，表示“欣赏中方这个以下促上的思路”。

寸土必争

于是，会议以分组的形式继续进行。

在四人小组会上，包雅伦态度温和了许多，恳切了许多，说：“中方可否做出一些大的动作，哪怕一个也可以，以便会谈进行下去。上次英方已经做了最大努力，巨大让步，坦白说，像个傻瓜。中方太聪明，英方不能再给了。”似乎中方随便发出一个松动的信号，他就可以向上级做交代了。

对于中方新提出的需要柯士甸山宿舍，包雅伦表示如果中方认为该处非常重要，可以用目前 14 块用地中的任何一块与之交换。

此时，陈大校插话说：“英方如果不给柯士甸山宿舍，就在皇后大道再为中方建 20 套宿舍吧。”这个要求立即受到苗礼信准将的反驳，他指中方曾经承诺回归后将在香港象征性驻军，还曾具体解释过会安排两个或两个以上士兵共用一套宿舍。英方目前移交给中方的 14 块营地中已经充分考虑到了中方官兵的住宿需求，在港岛不仅有位于山顶的三军司令官邸，还有威尔斯亲王军营、皇后军营、赤柱军营等几十套高级军官宿舍，仅新界地区还有 1100 多套为已婚士兵提供的宿舍，实在看不出为什么中方还需要更多的宿舍。

陈大校的发言也让我暗自吃惊，因为近日香港舆论正对中方要求增加军官宿舍一事颇有微词，猜测中国军方 1997 年后要在城市中心开“高级疗养院”。中英两国驻港军队的营房安排确有不同，英军是远征军，而且允许家属随军，据说一个排级军官就能住一套 100 多平方米的三居室；我军驻港部队的基地就设在深圳，进港驻扎的只是其中一部分，定期成建制换防轮换，基本上不带家属，而且实行封闭式管理。

眼看已经夕阳西斜，聚集在楼外空地上的记者越来越多，等待三天预定会议结束后的消息，何况等的是防务与治安专家小组中断七年后的第一次会议。

谈判楼里的会谈虽然已从原则性问题转向一系列实质性问题，但争论犹酣，没完没了。不过，包雅伦没有再提英方将要在会后发表声明的事，更没有向中方递交声明稿。

我俩商量决定，延长本次专家小组的会期，继续开下去。

第二天，一家亲英的报纸透露，“由于中方在会议中就军事用地安排提出新要求，双方在昨天的会议上无法达成共识”，同时报道英方专家组长包雅伦在会后不肯透露双方分歧所在，只表示双方在过去数日已进行了深入彻底的讨论。他表示，由于军事用地交接问题十分复杂，双方发现需要更多时间进行商讨。中方专家组组长陈佐洱则对今次会议的结果感到遗憾，但并不沮丧，因为中方专家是怀着最大诚意而来，为了达成协议，他们愿意继续工作。

英国外交部驻港发言人狄启新预计专家会议将会延长三天，若届

軍地問題財政承擔談不攏
中英專家組談判有待突破

【本報專訊】本報獲悉，中方在最新一輪聯合聯絡小組防務及治安專家小組會議上，提出了新的要求，要求港府需負責歸還中方的軍事用地的重建費用，導致港府需要作出更多的財政承擔。但英方認爲有關要求是一個「無底深潭」，拒絕接受。

據悉，英方早已同意負擔歸還中方的昂船洲軍事基地的重建費用，但中方在最新一輪的會議上，卻要求英方在其他歸還予中方的軍事用地亦作類似負擔。英方認爲這是不可接受的無限額財政承擔。

不過，英方消息人士則呼籲外界對軍事用地的談判不必過份悲觀。他透露專家小組原定在本星期一、二開會後結束會議，但現在卻多開了一天，而極有可能後天會再開會一天，顯示情況也有進展。

而英方代表包雅倫昨日在專家小組第六日的會議結束後向記者表示，中英雙方在連日來的討論中，已就某些事項達成協議，但在其他事項上仍存分歧；雙方代表同意在今午繼續進行討論。

中方代表陳佐洱則強調，中方專家組昨午已作出了新的、重大的努力，他期望今午的會議會取得新進展。

陳佐洱續說，在中方專家組日以繼夜努力工作以來，發現在面前還有相當大量的工作需要去做，而中方在此次是會繼續努力的。

包雅倫與陳佐洱都拒絕透露會議內容，但據悉中英雙方在軍事用地的談判上，一直涉及三個主要問題的討論，包括：㈠那一些英軍軍事用地交還中方，那一些軍事用地由港府用作商業發展；㈡英方爲中方在昂船洲興建一個海軍基地的規模大小；及㈢英方要求中方白紙黑字承諾交還中方的軍事用地一旦改變用途，會把有關土地歸還將來的特區政府。

在最新一輪專家小組舉行會議之前，中英雙方在上述三個問題上都取得積極的進展。其中第一、二個問題更達成初步協議；但中方在這一輪會議不單對這三個問題態度出現倒退，而且提出了新的要求。

中英聯合聯絡小組屬下的防務及治安專家小組昨午舉行第六天會議，中方代表陳佐洱（左）與英方代表包雅倫都略有疲態。（馮剛睿攝）

谈不拢是常有的事，有进展也是常有的事

时双方认为有需要，不排除会议可能再次延长。

换个方式谈

接下来的几天，专家小组会议在包雅伦形容的“新阶段，新会晤形式”下开得比较顺利，根据有分有合、先分后合的原则，磋商的重点转到了由两份照会和三个附件组成的协议文本稿上来。

来自外交部的吴洪波参赞是一位谙熟中英谈判、学贯中西的中方专家组成员，他逐字逐句地把文本的中英文稿对照推敲，归纳出 15 个分歧，在内部会上逐一分析，提出哪些需要坚持，哪些可以分步骤松动的意见，得到了大家认同。我请他在专家小组会议上发了言，效果很好。他在发言结束时指出："这是中方做出的巨大让步。中方专家建议，一旦中方的其他要求和关注得到满足，可以将文本草案完整地向联合联络小组、两国政府推荐。"

包雅伦则表示："世上没有完全不可解决的问题。可以继续深入讨论文本问题，但仍有几点对英方来说是绝对的、不可动摇的。"

时间到了 5 月 17 日，两国专家对口商谈又取得了一些进展，至此第 15 次防务与治安问题专家会议正式结束。

我和包雅伦走出谈判楼，微笑握手，并接受了记者们的采访和拍照，希望以此向社会传递积极的信息。翌日有报纸评述，经过连续七天的专家会议，双方组长都面带疲惫。其实，感到疲惫的何止我们二人？

自谈判以来我和"老包"首次公开握手，任人拍照

5 月 18 日，双方专家并没有休息，而是小心避开传媒视线，又进行了一次不亚于正式会议的非公开的非正式接触。双方一起对一周的谈判情况进行了盘点，并对下一步的工作交换了意见，但是仍然未能就中方对柯士甸山军官宿舍的新要求和港池规模问题磋商一致。包雅伦代表态度软化，但话里话外仍不忘重复对中方的“失望”，慨叹“我们的桶已被刮空了，没有让步的余地了”。

凭吊鲜为人知的血案

有一天，我和同事们来到有“无敌海景”之称的香港岛最南端赤柱，实地考察拟议中将移交中方的英军校级军官宿舍营地。回来的路上，我提议拐到附近东湾头路的圣士提反书院（St. Stephen' s College）[1]去看一看，这所全港面积最大的历史名校曾经发生过一起鲜为人知的惨痛血案。

第二次大战期间这里曾改设成一座英军伤病医院。1941 年 12 月，一向自诩为香港“保护神”的英国港督和英军司令指挥英军仅与侵华日军交战半个月，就从新界、九龙节节败退到港岛，竟又为了保命，扯着白旗跨海去向占领了九龙的日军投降。就在日寇的铁蹄踏上香港岛的圣诞节这天，一帮日本军人开进伤病医院，根本无视国际战时法和日内瓦公约，用灭绝人性的手段开肠、破肚、解肢、挖眼、割鼻耳

[1] 圣士提反书院（St. Stephen' s College）：创建于 1903 年，香港历史最悠久的针对华人子弟的英文书院之一，多座校舍被列为历史建筑。1941 年 12 月 8 日日军侵港，学校大楼被政府改作紧急军事医院。12 月 25 日早上日军闯入圣士提反书院后，将全部伤病员及医护人员、学校职工用刺刀杀害，此次事件为圣士提反书院大屠杀（St. Stephen' s College Incident），是二战期间香港发生的最大惨案。

舌，把 170 名手无寸铁的伤病员和医生护士全部活活地杀死，7 名女护士无一幸免被奸淫，有的还被压在死尸堆上轮奸，奸后再处死，令人发指的残暴程度一点也不逊于南京大屠杀。当时我正在读香港明窗出版社出版的资深报人谢永光先生写的《战时日军在香港暴行》，这是一本史料翔实、记述了斑斑血泪的爱国主义好书，里面详细摘引了惨案发生全过程都在医院现场的加拿大陆军随军牧师巴莱特战后在东京战犯法庭上作的证词。谢先生写到，关于二战时期香港沦陷的这段三年八个月历史，“由于它是一份不光彩的记录，英日双方都不愿意触及它，很少人关注到这个问题，有关这方面的著述更是一片空白”。

我带同事们来到如今桃红李白、书声琅琅的惨案旧地，其实是为了凭吊、反思。

严格地说，自第一次鸦片战争后，英国对香港的管治有三年八个月中断，是它的国家代表扯着白旗把“王冠上的明珠”拱手让给了日本侵略者。日本随即向香港派出本国军人总督，把这块“征服的领土”正式纳入了大日本帝国的版图。

军事用地固然重要，驻守在军事用地上的人——战士的钢铁意志更加重要。我忽然萌生一个念头，等香港回归之后，要把谢先生这本书推荐给特区政府教育部门和解放军驻港部队，历史不能掩饰，不能忘却。

军事用地不一定多多益善

外交是内政的延续。任何成功的外交谈判都包含了对外、对内两个层面的成功工作。对外来讲，我们专家组代表国家，所有成员都必须在中央的统一领导下，坚持一支笔、一张嘴，表达准确、一致的立场观点。对内来讲，则要以大局为重，统筹兼顾不同部门的意见，逐渐统一到对国家整体利益最为有利、同时也能被对方接受的方案上来。

为推动工作，我展开了多次多种形式的“内部磋商”。专家组内主要有两种意见，一种意见侧重于未来国防建设需要，坚持向英方争取位于港岛豪宅群中的柯士甸山军官宿舍，港池规模也建得越大越好；另一种意见不主张继续向英方提出新的用地要求，理由是小平同志和中央曾指示中国在香港驻军是主权的象征和稳定的力量，主要作用是对敌对势力发挥心理上的威慑，部署应遵从市中心繁华地区不驻军、市区少驻军，主要兵力放在郊区的原则。英方同意移交的 14 块军事用地块块价值很高，已能满足未来驻军需要；英方留下的地块数量看似多一些，但其中不少是坟地、教堂和学校。土地是香港重要的经济资源，在驻军需要得到基本满足的同时，应尽量考虑到香港经济社会发展的需要。就我个人而言，比较倾向后面一种意见。在国家 20 世纪末的总体战略中，香港回归是一个牵动全局的重要问题，军事用地的未来使用安排应纳入顺利实现“一国两制”方针的大局来通盘考虑。需要寸土必争，但不仅是为驻军争，还要为中国香港特区争，这样有利于争取人心。

6 月初，我返回北京开会，向国港办、外交部有关领导汇报了会谈的进展情况、海外舆论反应和我个人对下一步工作的看法。一个偶然的机会，我见到了一位很敬重的在中央工作的领导同志，承蒙他关心垂询，使我得以直接汇报了一次自己对于香港军事用地交接的看法。这位领导同志当场没做任何表态，只是仔细地听，间或问了我几个具体问题。但我相信，这一次汇报对于不久后开启谈判的新局面起到了重要作用。

英方代表鮑雅倫在會後亦表達了同樣的看法。當被問到中英雙方是否可在聯合聯絡小組全體會議前達成協議時，鮑雅倫答稱，我們考慮到中英聯合聯絡小組第廿九次會議快將舉行。

軍地會議 中英防務及治安專家昨起舉行新一輪正式會議，陳佐洱、鮑雅倫皆稱希望盡早就軍地問題達成協議。

一个字一个字地谈

为了加强沟通，中英双方自 6 月 8 日至 11 日即恢复非正式的会晤，互相小心地试探底线。13 日，第 16 次防务与治安专家会议正式“鸣锣开张”。

此时，中代处已接到北京两部（外交部、国港办）关于下一步谈判请示的批复，决定不再要求包括柯士甸山军官宿舍在内的新的地块；对港池规模也采取了更为务实的立场，底线设在与英方高线相差不远的 400 米 ×400 米；对于文本的多处措辞也准备了更有弹性的谈判预案。

据此，结合前几天与英方非正式接触中摸底的情况，我对第 16 次会议的主旨发言内容重新做了梳理，提出 15 项具体建议，如果英方接

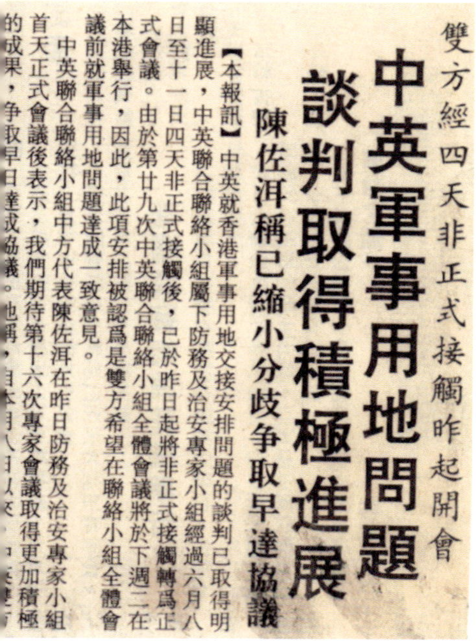

雙方經四天非正式接觸昨起開會

中英軍事用地問題
談判取得積極進展

陳佐洱稱已縮小分歧爭取早達協議

【本報訊】中英就香港軍事用地交接安排問題的談判已取得明顯進展，中英聯合聯絡小組屬下防務及治安專家小組經過六月八日至十一日四天非正式接觸後，已於昨日起將非正式接觸轉爲正式會議。由於第廿九次中英聯合聯絡小組全體會議將於下週二在本港舉行，因此，此項安排被認爲是雙方希望在聯絡小組全體會議前就軍事用地問題達成一致意見。

中英聯合聯絡小組中方代表陳佐洱在昨日防務及治安專家小組首天正式會議後表示，我們期待第十六次專家會議取得更加積極的成果，爭取早日達成協議。他稱，

老包露笑颜，中英军事用地问题谈判取得进展

受这些建议，比如同意不将中方关于“未来军事用地完全用于防务目的”的单方面声明作为签署协议前提、承诺“确保”对拟移交中方的军事用地进行必要的维护、适当扩大重建海军港池规模，中方也将对英方提出的不再用于防务目的、交还港英当局的地块批出等建议持积极态度。我在主旨发言稿中强调，中方做出了重大让步，希望英方认真考虑，积极反应。

英方虽未对中方建议立即表态，但会谈气氛已见明显缓和，在 14 块用地的图纸资料移交、重建项目规模标准质量、协议文本段落措辞等方面的磋商都趋务实。令人遗憾的是，尽管如此，仍未能赶在 6 月 21 日召开中英联合联络小组第 29 轮全体会议之前达成一致。

此次联合联络小组全会预期的成果主要有两个：一是新机场财务安排协议；二是军事用地未来使用安排协议。由于第二项协议仍在专

家小组层面“磨”，联合联络小组全体会议第一天只开了半个小时即暂停休会，留下担任防务与治安问题专家小组组长的两位代表，率领双方专家组在谈判楼里继续磋商。这种联合联络小组全体会议开起来又暂停、等候专家小组达成共识后再续会的情况还从未有过，直到 2000 年 1 月结束历史使命也仅此一次。

虽然外部的压力那么大——联合联络小组中代处、英代处，两国外交部、整个香港都在注视着防务与治安专家小组的工作，但是工作还是需要一丝不苟。中方专家组 13 日提出的一揽子建议为逐步缩小双方分歧提供了可行方向，在此框架下，双方对各项具体内容进行着字斟句酌的讨论。会议在乐观、焦灼的气氛中一延再延。

谈判楼里的第一次庆祝

连续高强度的工作，尤其是室内高强度的冷空调使我的肩周炎老毛病加重了许多。6 月 26 日是星期天，休会，我约好了一位深圳的老中医治疗。可是刚下火车排队通过罗湖关，就接到中代处办公室电话，说英方要求立即续会。

直觉告诉我，多时的拉锯就要结束了。我立马转身，全力以赴。

没想到竟又一连“磨”了几天几夜，包雅伦组长把 400 米 × 400 米这个让步承诺放在嘴里转圈，就是迟迟不肯填入协议文本草案预留的空格里，同时一个劲儿地“鼓励”中方承诺“运用影响力”，帮助英方寻找“资源”——促使港英立法局的“一部分议员”支持政府即将提交的五个军事项目重建拨款，以赶及在 7 月 6 日立法局放暑假前的最后工作日前审议通过。

终于，6 月 29 日晚，中英联合联络小组防务与治安专家小组就未来军事用地使用安排协议草案完全达成了一致。包雅伦说，伦敦和香港有八小时时差，现在正是英国外交部办公时间，英代处只需再把达成一致的情况向伦敦做一汇报，英方就可以对此 pass 了，因此希望中方专家组在代表团休息室里稍候片刻。

成功在即，我和几位同事利用等待的时间，第一次来到谈判楼外的小花园里散步，透过头顶大树的云盖，只觉夜空里月朗风清，脚下的坚尼地道灯光柔和，不喧不哗，迎面还飘来马路对过香港公园淡淡的花草芳香，这是 5 月展开谈判以来从未有过的轻松，多日的劳累和压力仿佛消散在了香港的夜幕中，融化在初夏恬淡舒爽的空气里。我举头望着天上的明月，忽然想起祖国、北京，李白的诗说：“人攀明月不可得，月行却与人相随。”无论身在何处，月光总在高处照抚着我，

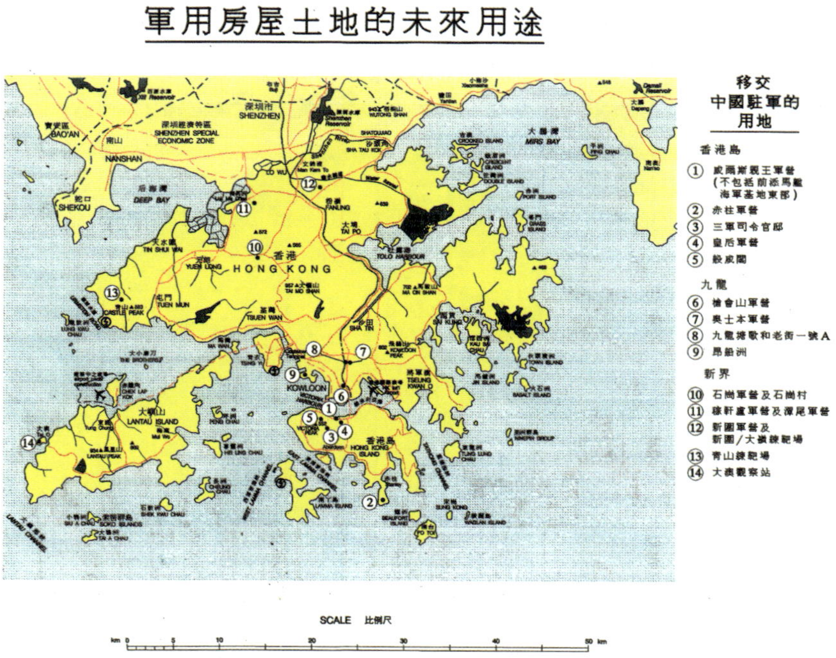

移交中国驻军的 14 块用地分布图

DPO GROUP PHOTO

防務及治安專家小組會議全體合照

Front Row (From Left to Right)
前排（由左至右）

Mr Wang Jin
王津先生
Ms Joanne Foakes
霍嘉倩女士
Mr Chen Huibang
陳惠邦先生
Mr A.R. Paul
包雅倫先生
Mr Chen Zuoer
陳佐洱先生
Mr J.F. Morris
莫禮士先生
Mr Wu Hongbo
胡紅波先生
Mr Mike Arnold
顏樂德先生

Back Row (From Left to Right)
後排（由左至右）

Miss Anita Chan
陳淑華小姐
Mrs Elizabeth Tseng
鄭曾靜英女士
Mr John Binks
彭嘉士先生
Miss Barbara Ellington
區麗婷小姐
Mr Charles Parton
彭朝思先生
Mr Zhao Liping
趙立平先生
Mr Ye Xingping
業辛平先生
Mr Simon Page
貝西蒙先生
Mr Zhou Jun
周駿先生
Mr David Skinner
施健能先生
Mr Qian Lijun
錢力軍先生
Mr Duan Jielong
段潔龍先生
Mr Li Yijian
李奕健先生

防务与治安专家小组会议全体成员合照

长随左右。

不一会儿，一位英方外交官来请我与包雅伦会面。包雅伦抑制不住脸上多日不见的笑容向我正式通报，伦敦外交部已经批准了英代处的汇报。这样，如果中方也能确认所达成的全部共识，就算大功彻底告成了。

听到这一消息，中方专家组成员们的欢欣鼓舞也不亚于英方，大家迅速上车赶回中代处，第一时间叫醒郭丰民大使，向他报告。郭大使高兴地宣布："联络小组全会明早就复会！"

我们拟就了关于军事用地议题达成共识的报批文件，请郭大使签署后立即报送北京，恳请两部尽快批复，以便明早10时香港可以如期恢复联合联络小组第29轮全体会议。在愉快的心情中，大家有条不紊地为全会即将通过的文件完成最后的准备工作，直至维多利亚港东方的海面上升起绚丽的朝阳。

1994年6月30日上午，中英联合联络小组第29轮会议正式签署了香港军事用地未来使用安排的协议；稍后将在北京经中国外交部和英国驻华使馆互换照会后生效。

坚尼地道28号谈判楼里香槟酒喷涌，觥筹交错，涌动了我的思绪：三年前的今日，在北京钓鱼台国宾馆，中英双方草签了具有历史意义的《关于香港新机场建设及有关问题的谅解备忘录》；再经过整整三年，也就是今日，英国将会把香港全部交还给中国——6月30日是个幸运的日子，它一次次记录着香港回归历程中的重要步伐，给我留下一个又一个铭心难忘的回忆。

我的大白猫坐了四个月“移民监”

军事用地未来使用安排达成协议之后，未歇口气，我立刻赶去港英政府渔农处的域多利道狗房，看望家里的一名重要成员——大白猫咪咪。

与我同班飞机抵达香港的那天，咪咪从货舱里出来就进了那狗房，坐“移民监”。据说港英的法律规定，凡来自英国等英联邦国家的动物如手续齐备，可以及时放行入境；如来自美国等发达国家的，需坐一星期“移民监”；而来自中国内地的，尽管健康、防疫证明等手续齐备，也得按照对待第三世界国家的规定，坐四个月“移民监”，食宿费用由主人自理。刚踏上香港土地，就面临一个遵守当地法律的问题，我们夫妇在启德机场外找到关在笼子里即将运走的咪咪，望着它哀怨的眼睛，说了不少安慰话，就此告别。

这是一只全身雪白、短毛、魁梧的波斯猫，右边眼睛是灰蓝色的，左边眼睛是橘黄色的，极通灵性，能听懂将近20个指令词，会用不同叫声表达自己的喜怒哀乐以及祈求、商量、认错、感谢等，智商达至可与人做一般性的交流。在北京时，它与一家人亲密相处，遇见恶狗时会奋不顾身为主人护驾。一次，我一人在家，急性胃肠炎发作，它破天荒地陪我一趟趟上厕所，去五斗柜找药，我躺在床上，它寸步不离地伏在床边，不时昂头朝着我轻轻问候，然后又继续静静地伏守。

到香港后，我们每次的“探监”，都令咪咪兴奋不已。就在前两天谈判紧张进行的时候，狗房管理处打来电话，说咪咪病了，精神萎靡，脑袋上的细毛突然掉光了半边，可能得的是某一种皮肤病。

所以，第29轮联合联络小组会议结束的当天下午回到宿舍，我未等妻子下班，就独自冲向益丰花园背面的卑路乍街巴士站。巴士沿着起起落落的海岸线曲折西行，终于停靠在一座消防大楼附近——香港巴士到站是没有售票员叫站的，全凭乘客自己认得目的地。我下车走向一段树木茂盛的斜坡，转两个弯到达了狗、猫同监的域多利道政府狗房。

咪咪的“牢房”在百米以外尽里头的一排，进入大门时相互根本看不见，可是我听见了它的叫声，它似乎也听到了我渐走渐近的脚步，那叫声立刻就由声嘶力竭变得软声细气、柔情万种，让我的心里充满了温情。

咪咪原来是一只流浪猫，是我的小女儿在放学回家的路上用三块钱买来，放在书包里带回家的。当时它刚出生没几天，一只眼睛发炎得厉害，流脓。我们就喂它牛奶，给它上眼药，渐渐把它养得又壮又大。

这场人猫相会的情景可以用一句话形容：“久别重逢。”然后，我来

情深义重、与我朝夕相处 21 年的北京大白猫“咪咪”

到管理处办公室了解咪咪的病情，并且致以谢意。当时电视台的晚间新闻正在播报上午中英联合联络小组签署关于军事用地未来使用安排问题的协议，接待的公务员特别客气。他们介绍说咪咪大约半个月前开始出现症状，狗房接连找了三位兽医为它诊治，抹了好几种抗真菌的皮肤病药，都不管用；接连几天到附近海边买新鲜小鱼喂它，也不合口味。后来一位英国兽医翻阅了大量资料后诊断，咪咪可能是精神受到重大刺激所致，就像人类的“鬼剃头”现象，遇到重大刺激，一夜间掉光了头发。好在“移民监”期限快到，希望这之前多来看看它，安抚它的情绪。

果然，咪咪“坐监”期满，回到我们身边后不久，秃了半边的脑袋上又长出来细密的洁白的绒毛。后来它随我们返回北京，一直活到了21岁，2010年才去世。按猫龄算它是个老寿星，相当于人活到了140多岁。

第三章

通报中国驻军法与先遣人员进驻谈判

给英方代表上历史课

1995 年全年，关于落实香港军事用地未来使用安排的有关事宜在中英双方共同努力下进展比较顺利。3 月和 9 月先后举行了第 17、18 次防务与治安专家小组会议，这以后多批国防部官员作为中方防务专家来到香港，对航空事务、海上事务和后勤保障问题进行了实地考察，对 10 处军营的文件图纸资料进行了核查，中国人民解放军驻香港部队司令员刘镇武将军和驻港英军司令邓守仁[1]将军进行了两地互访。

特别是以总参谋部大校杨建华参赞为首的军事技术专家组终于能作为联合联络小组中代处的组成部分来香港常驻，大大加强了中方防务专家组的实力。杨参赞是位精明强干、谦逊低调的中年人，他们的到来加快了军事设施项目重建的进度，加强了中代处与北京军方高层、筹建中的驻港部队以及港英政府有关部门间的联系。

经过一系列马不停蹄的考察、研究、磋商，至 1995 年底，中英双方终于就比较典型又比较重要的九龙枪会山军营文件图纸资料的交接形成了共识。鉴于图纸资料交接过程中中方专家多次要求资料必须完整、坚持实地核查，曾引起英方专家的不快，我在专家小组会议上对包雅伦半真半假地说："在香港，我们可别重演本世纪初的麦克马洪线故事。"

"什么'麦克马洪线'？"包雅伦没有反应过来，左顾右盼，他的同事们也都不明所以。

我只好做一番解释。那是 1914 年，英国政府指派到英印殖民地政

[1] 邓守仁（Major-General Bryan Hawkins Dutton）：最后一任驻港英军总司令，曾荣获英国"司令勋章"（Commander of the Order of the British Empire）。

英军司令邓守仁将军为中方军事专家举行的招待会

与杨建华参赞在一起

驻港英军司令邓守仁等与中方军事专家们合影

府的外交大臣麦克马洪，想当然地划了一条印中边境分界线，以喜马拉雅山脊分水岭的连接线为界，这样就把传统边界线北移了约 100 公里，将中国约 9 万平方公里的领土“划入”了印方境内。麦克马洪利诱西藏噶厦的代表，背着中国北洋政府代表，搞了一份划界换文。当时对西藏拥有主权的中国政府并不知此事，达赖喇嘛和噶厦政权也未给其代表有划界的授权。得知真相后，噶厦政权当即声明，不承认麦克马洪划的边界线。20 多年后，英国政府却正式把麦克马洪线标入地图和政府文书，但遭到了南京国民政府的反对。1947 年，刚刚独立的印度在南京设立大使馆时，国民政府再次面对面地向印度代办表示不能够承认麦线的立场。……就因为这条麻烦的麦线，导致中印两国发生了长期的边界争执和冲突。

我说这段故事，不是为了算老账，而是委婉地支持我方专家的工作态度，把香港军事用地的交接做得更扎实些，力争图纸资料完完整整，并和实地核查完全一致。

港英公务员的中国心

在 14 块军事用地进行交接的同时，列入中英关于军事用地未来使用安排协议附件三的 5 个因香港发展需要而为中国驻军重建的项目，除其中海军岸线 1 项有待回归后的特区政府来落实，另外 4 项——海军港池、陆军医院、航空运输中心和军需仓库也以超常的速度相继落成。这个过程凝聚了中英双方技术专家的协力和心血，凝聚了中建海外等驻港中资企业员工的辛劳和汗水。不仅如此，这个过程还铸就了一批生于斯长于斯的港英公务员的中国心。

在听取中方军事技术专家汇报时，我就知道有两位英方技术专家的敬业态度和专业水准值得嘉许，他们是港英建筑署的陈一新署长和曾静英总建筑师。工程即将完成，双方专家的友谊与日俱增。一天，我应邀和双方专家聚餐，顺便同陈署长商量举行工程移交仪式的时间。我和杨参赞提出了一个日子，不料署长有些为难，说那天不仅他本人，连建筑署的许多人都不会在香港。

陈署长见我俩诧异，微笑问道："你们知道九龙有个九龙城寨吗？"

我说："当然知道，1988 年我还陪同李后主任进城寨视察过，那真是个藏污纳垢的'三不管'地方，城墙早拆作启德机场的跑道地基了。"

与陈一新署长在赤鱲角机场工地

与曾静英总建筑师在一起

“是呀，”陈署长说，“1994 年经过中英双方友好协商，决定把这个清朝衙门的旧址彻底拆掉，改建成仿清代的中国园林，和邻近的贾炳达道公园连成一片。”

接着，他讲了以下故事：一年多前，陈署长为了在九龙城寨兴建公园，率团到安徽、江苏一带考察。一日，下了风景如画的黄山，走进一个古村落，忽然听到琅琅的读书声从一片白壁青瓦的高墙背后传来。他绕过这片破旧的照墙，看见一个明代的古祠堂，小学生们正在里面上课。他以建筑师的专业眼光上下左右审视，发现这个祠堂的维修和保护已经刻不容缓，如果继续这样使用下去，不但古建筑将不复存在，而且师生们的人身安全也将面临危险。他问村委会的负责人，为什么不做维修？回答是如果维修，孩子们就得停学。他再问，如果在村里另找地方建所学校，有没有可能？需要多少资金？回答是有地，建筑费需30万元。陈署长记在心头，继续旅程来到江苏省宜兴市，宜兴是陶器之都，陈署长当即订制了一批紫砂茶壶，作为九龙城寨园林公园开园纪念的义卖品。这次义卖成功筹得了50多万港币，加上署里同事们慷慨解囊，悉数投在了安徽黄山脚下建学校和维修古建筑上。陈署长没有同意我提出的交接仪式日子，是因为那时他和署里的同事们都要去安徽，出席小学校的落成典礼，村、镇、县各级都已约定，不便更改。

数月后，在隆重的军事重建项目交接仪式上，我对在场的一众传媒记者复述了以上的故事，以及我的感动和感想。那时已是1997年的

九龙城寨园林公园开园首日封

军事重建项目竣工典礼

3 月尾，离回归最后一程的终点相当近了，我评估港英当局严格约束公务员的那些纪律已届强弩之末，更何况陈署长本人不介意我公开这个故事。他说：“反正快到退休年龄了。我想再为特别行政区政府多做几年，也力不从心了。”

枪会山后再论枪

1996 年元旦刚过不久，第 19 次防务与治安专家小组会议召开，应中方的要求，英方终于同意以《枪会山军营财产档案》为样本，进行其他 13 处军事用地文件图纸资料的准备工作，又就各处交接的具体时间安排、程序等问题取得了共识。但是，英方对于我早在去年 3 月就提出的中国军方需要派遣少数人员提前进港，在即将接收的营地内为1997年7月1日大军驻军做好准备的问题，一直没有正面回应。

会后，双方代表走出谈判大楼面对记者时，我宣布军事用地的具体交接已告一段落，未来将要举行的第20次会议中，双方会就香港防务交接的一些新的重要议题展开磋商。“我们相信，只要大家本着这种积极合作的精神继续工作，香港防务方面的顺利交接到了1997年6月30日的时候一定可以实现。同时，我们也希望这种合作精神能够尽快扩展到政权交接的其他领域。”

包雅伦也表示，很高兴能够宣布军事用地交接安排问题经过长时间讨论获得解决。但他又表示：“现在还没有理由说服英方同意中方有必要在1997年前提早让解放军驻港。”

包雅伦是过分敏感了，“提早让解放军驻港”这句话是他多讲的，我之前没有对外透露过。我说希望合作精神扩展到政权交接的其他领域，是因为当时还平行地进行着其他若干项重要议题的谈判，结果他一下子想到了“先遣人员提前进驻”。联系到近日有报章热炒解放军在深圳乘车不付钱还打人、而这些解放军就属于将来的驻港部队等谣言，对方抗拒的意图是不言而喻的。

我一想，也好，既然你讲出去了，就别怪我跟进。我就公开宣讲了先遣人员提前进港的必要性：“很难想象，1997年7月1日中国人民解放军在香港担负的防务责任，能在一片空白的基础上瞬息就绪。驻香港的陆海空三军必须事先了解、熟悉需要他们守护的这片领土及其领海、领空，事先创建必要的驻防、后勤、通信、交通等条件。所以需要提前派遣少量先遣人员进港，在营地里做好准备工作。”我同时释疑，“这与1997年7月1日解放军驻港部队开进，完全是两个概念。”

我的这番开诚布公的宣讲是通情达理的。果然，之后几天里香港社会对此反应平和，显示了对于中国军队派先遣人员进驻的理解，这也说明广大香港同胞是通情达理的。

通报中国驻军法

英方心里有一个解不开的结，就是中国全国人大正在起草制定中的《中华人民共和国香港特别行政区驻军法》，很想了解其中的内容、起草的进展，进而还想掺和一些意见进来。

1996 年 6 月 6 日，中方首席代表赵稷华大使在联合联络小组第 36 轮会上指出，制定香港驻军法纯属中国的内部事务，但中方愿意在适当的时候非正式地向英方通报有关起草情况，并非正式地听取英方专家的意见。

我很赞同赵大使的讲话，这样做有助于促进互信，也有助于英方接受解放军先遣人员的进驻。制定体现“一国两制”的香港驻军法对于我国立法机构和军方都是第一次，这部法律当然不同于目前适用于英军的法律，但也需要参照英军在港的一些管理办法，使得香港市民容易接受，因此做适当沟通对我方也有益处。

10 月 17 日我终于得到指示，带领以“国防部官员”统称的中央军委法制局杨福坤局长、总参驻军办陈惠邦主任等多位中高级军官以及外交部、国港办的有关同事，郑重其事地向英方做了一次有关香港特区驻军法起草情况的非正式通报，并非正式地听取了英方的意见。

由于这是一次内部通报会，事前没有向外发布消息，所以这天当我们来到坚尼地道 28 号时，谈判楼外经常站满记者的空地上空无一人，旁边那棵大榕树浓密的伞盖中偶然传出几声白头翁的鸣叫，更使楼里的活动显得安安静静。

对方与会的阵容相当庞大，除英代处、军方人员外，港英政府还派来不少中高级官员，会前认真地提供了听会者名单。

一俟双方人员在谈判大厅的长桌两边坐定，我就开宗明义介绍说："这部1997年7月1日后实施的《中华人民共和国香港特别行政区驻军法》，是依据《宪法》和《香港特别行政区基本法》的有关规定制定的，而且既要与中国军事法律的基本要求相一致，又要与香港原有法律相协调。为此，从1992年开始，由以中国法律专家、学者为主组成的起草班子先后研究了1300多件香港法律，还把其中近500件同防务有关的法律译成了中文，通读了100多宗案例，还研究了100多万字的国际双边、多边军事防务条例资料。"

我知道，英方总喜欢把未来中国驻军的管理与当时的英军管理做比较。说到这里，我看了看来自驻港英军的三位官员，继续介绍："1997年7月1日后，驻港解放军的职责与权限在范围上不会像现在驻港英军那样广泛，主要任务就是负责香港的防务以及与防务直接有关的事务，基本上不参与社会性事务，不负责治安，所以其权限和豁免也将会相对少于驻港英军。英国的法律规定，港英总督是驻港英军名义上的总司令，驻港英军司令曾长期担任港英政府最高决策班子行政局的官守议员；而未来的香港特区政府与驻港解放军将分别按照各自独立的行政系统与军事系统运作，互不隶属、互不干预。当然，作为中央人民政府派驻的军队和中央人民政府管辖的地方政府之间会有很多需要联络和沟通的事务，这方面《驻军法》是做出了恰当规定的。"

我喝了口水，等中方精通英语的高级译员、二等秘书赵立平准确翻译完最后一句话，又抬眼望了望来自港英政府律政司和保安司的六位官员，针对他们和香港社会上有些人特别关心的问题，介绍道："香港和内地的司法制度、法律文化有很大不同。这部法律草案，已经借鉴和参考了驻港英军人员司法管辖的规定，采纳了港人合理的意见要求，对未来中国驻军人员的司法管辖权问题做出了不同于内地的安排。

整部法律草案已经经过了大约20次重要修改。”接着，我又就驻港解放军人员刑事案件和民事案件由香港特区法院管辖的条件、中国法律对在内地的现役军人刑事民事案件均由军事司法机关管辖的情况做了详细介绍。

对方与会者们在我通报发言时个个埋头唰唰唰地记录，无疑，这次非正式的会议是必要的、奏效的。包雅伦在会议结束前高兴地回应道：“非常感谢陈代表就《驻军法》草拟情况所做的全面和详细的介绍。草拟这部法律是中国的事情，这点是清楚不过的，从头到尾的每一句每一字都将全由中方决定。我们的立场无非是要在此过程中做出有价值的贡献，供中方参考……”

话虽然这么说，其实他们还是想要插手。虽然中英联合联络小组英代处称这次非正式通报“非常有用”，但远在英国爱丁堡休假的港督彭定康还是醋意油生。

不久，当全国人大常委会公布香港《驻军法》草案，广泛征求包括香港同胞在内的全国人民意见时，彭定康以为机会来了，马上邀集记者，谴责中方在中英还未就驻军安排达成协议，甚至本周初还在就相关法律问题进行“磋商”时突然公布《驻军法》草案，使得英方颇感诧异云云。好像这个草案是双方共同制定的，没有他的批准就不能公布。在香港的署理总督也向传媒随声附和，引发了中英双方的又一番“口水战”。可是，毕竟时势不再，曲终和寡，他们已经挡不住香港社会各界对即将从祖国开拔的威武、文明之师的热情了。

英方一拖再拖，中方一等再等

1995 年 3 月我第一次向英方提出，需要就驻港部队少量先遣人员提前来港进行各种准备一事进行磋商，未得到任何回应。其后，在 1996 年初召开的第 19 次防务与治安专家小组会议上，我再次建议，仍未得到积极回应。当年 4 月 25 日，中代处向英方正式递交了关于建议 5 月初召开第 20 次防务与治安问题专家会议，就先遣人员问题进行磋商的说帖，直到 10 月 17 日我按照北京指示，带同军方及有关部门官员向英方做了一次关于全国人大常委会起草香港驻军法情况的非正式通报，第 20 次防务与治安专家小组会议才得以在一周后召开，似乎可以期待“言归正传”了。

1996 年 10 月 24 日，我在第 20 次专家会议上的开场发言里全面介绍了中方关于派遣驻军先遣人员的计划——任务、数量和职级、进港时间、法律地位、通信和导航、交通运输、人员物资入出境安排等。

第一，1997 年 6 月 30 日前香港的防务由英军负责，中国军方先遣人员提前进港不是来分担防务责任的，而是为将来中国驻军做必要准备，具体任务有四：一是接收香港军事用地及其范围内的建筑物和固定设施；二是建立必要的通信、导航和后勤保障措施；三是熟悉中国驻军将使用的军营通信、供水、供电、供气、消防等设施，保证这些设施在中国军队进驻后能正常运行；四是熟悉香港陆地、海上、空中交通情况，为 1997 年 7 月 1 日接受中国军队进驻香港做好准备。

第二，鉴于涉及任务较多，先遣人员由 250 人组成，由驻港部队一名副司令员率领，分数批进港。

第三，先遣人员开始于 1997 年第一季度陆续进港。

第四，先遣人员的任务属于两国政府防务责任交接范畴，是中英联合联络小组工作的组成部分。因此根据 1985 年香港《特权与豁免权（联合联络小组及土地委员会）条例》[1]，中方先遣人员将遵守香港的法律法规，并享受相应的特权和豁免。同时，作为军人应携带必要的轻武器，用于内部警戒和自卫。

第五，建议尽早安排专家对驻港英军的军事通信设施情况进行考察，以便对未来驻军在香港的通信保障早做安排。这些设施包括无线电台、小型卫星通信地球站和微波接力通信设备、租用香港部分民用通信线路、雷达导航设施等。

第六，运送人员和物资的专用军车需要 40 台。

第七，先遣人员工作内容和性质涉及中国驻军机密，出入香港边境关卡时应使用指定通道。涉及机密文件、武器、物资器材等装备和持有效证件的先遣人员，应享受海关免检、免税和优先通过的待遇。

我表示，上述建议是中国军事专家基于未来中国驻军的实际需要，经过周密研究所形成的，希望英方予以重视，积极研究并尽快回应。

我发现，包雅伦一反常态，既不认真听，也不做笔记，双眼茫然地望着什么地方。我的话音刚收，他就声称“了无新意”，对我介绍的各点计划均提出质疑。包雅伦强说英方所持立场有两点重要指引，一是中国先遣军人在香港的任务只能是为中国驻港部队 7 月 1 日进驻进行必要的准备；二是所有先遣人员必须遵守香港的法律，不应享有豁免权，也不能携带武器进港。他最后表示，希望在接获中方进一步提供的材料后再进行有意义的讨论，还以此为由拒绝确定下一次开会的日期。

---

[1] 《特权与豁免权（联合联络小组及土地委员会）条例》(Privileges And Immunities (Joint Liaison Group) Ordinance)：1985 年，中英两国政府根据《中英联合声明》附件二及《维也纳外交关系公约》，为便利中英联合联络小组和土地委员会开展工作达成书面谅解，据此港英政府制定了该条例。

散会后，我的中方专家组战友们不免感到失落，有点儿郁闷。我安慰他们，双方总算接上了话题，开始对话，是一个进步吧。

在谈军事用地的时候，包雅伦说我们把什么东西都装进兜里，把他的桶都刮光了；现在是他把我们的意见都放进自己的兜里，还说“了无新意”，大有“拖得即拖”、吊起来卖的意思。

不带枪也要先遣

在会议结束后的例行记者采访中，我鉴于英方实际上已接受中国军队先遣人员提前进港的必要性，就对外表示，双方已就原则性问题达成一致，各项具体安排仍有待商讨。

可是这个正面表述未得到包雅伦的认可，他马上对记者们“澄清”，双方只同意了某些原则性问题。

我们俩不尽一致的口径使传媒对谈判进展猜测各异，有说“达成原则共识”的，有说“未达成协议”的，还有说“达成部分共识”的，纷纷见诸报端。

英方的消极增加了我方工作的难度。为了争取英方回到谈判桌，中代处于 11 月 15 日再次向其提交了一份更为详细的书面意见，并做出重大让步，承诺先遣人员进港将不携带任何武器。

于是，英方同意复会。

1996 年 12 月 2 日，防务与治安专家组召开了第 21 次会议。尽管我们已率先做出放弃携带武器的让步，英方仍然“心猿意马”，继续以先遣人员进港为筹码争取其他方面的利益。

包雅伦提出，希望中方向英方通报 1997 年 7 月 1 日驻港部队大部队的进驻计划，这是英方考虑让先遣人员进港的重要因素。他继而中英聯合聯絡小組昨日舉行會議，討論解放軍駐港的問題。

聯絡小組昨舉行防務與治安問題專家會議

解放軍先遣人員進香港
中英解決部分具體問題

陳佐洱稱具體安排還需進行討論

【新華社香港二日電】中英聯合聯絡小組今天在香港舉行第二十一次防務與治安問題專家會議，繼續討論關於中國人民解放軍的少數人員提前進港做好各項準備工作的問題。

中方專家組組長、中英聯合聯絡小組中方代表陳佐洱表示，中英雙方對於由中國人民解放軍少數先遣人員提前進港，做好各方面的準備工作，以保證最低限度在一九九七年七月一日中國的軍隊能擔負香港的領海、領空、領土防務責任等問題，是有共識的。對於具體的安排，中英雙方還要進行具體的討論，因爲兩國軍隊的體制不一樣，一九九七年六月三十日以前中國軍隊的少數先遣人員來港和英軍在這裏擔負的職責也不一樣。同時，兩國軍隊的軍費來源、在香港駐紮的軍隊的費用來源也不一樣，中國軍隊的軍費完全不要香港負擔，而是由中央人民政府來負擔。

陳佐洱說，目前，中英雙方已解決了解放軍先遣人員提前進港的一些具體問題，還有些具體問題中英雙方將繼續討論，以利於解放軍先遣人員一批批進港，並逐項做好準備工作。

第 21 次防务与治安问题专家会，谈判艰难进行，会后双方代表神情凝重重申，先遣人员不是中英联合联络小组的成员，不受《特权与豁免权（联合联络小组及土地委员会）条例》保护，不应享有外交特权；还指中方建议中的人数太多，进港时间太早，对通信及物资运输的需求规模过大，会造成诸多“负面影响”。他还特别提出，如果先遣人员到港，应入驻位于维多利亚港南岸的英军总部威尔斯亲王大厦，以“方便”与英方交流。

上述表态与其在第20次专家会议上的意见如出一辙，总之“一百个不满意”。尽管我又做了详细的解释，英方仍没有丝毫的松动。包雅伦在会后对媒体公开渲染，“会议进展未如理想”。他这句话是想给公众造成这样一种印象：没有进展的责任不是在英方。

1997年1月27日至28日，第22次专家小组会议召开。会前，英方已于1月7日将书面意见向我通报，这是英方第一次就我方建议做出实质性回应。

为最大限度减轻英方的顾虑，我首先重申了中方处理先遣人员问题的“四不”原则，即不承担香港的防务，不影响英方的对外观感，不会形成另一个军事总部，也不会对1997年6月30日前英国在香港的行政管治造成影响。

随后，我介绍了在充分考虑英方关注后再做出的三方面让步：一是先遣人员会严格遵守香港的法律，并不再寻求外交豁免权。二是先遣人员及军用物资进出香港将参照驻港英军人员及物资的进出待遇安排，不再提出免检要求。三是先遣人员的数量从250人调减至220人，主要由技术人员和后勤保障人员组成，于3月起分四批进入香港。

我还进一步就英方建议先遣人员与英军共同驻扎在威尔斯亲王大厦问题平心静气地做了解释，两国军队在体制、管理方式和风俗习惯方面都有较大差异，考虑到各自有安全和保密要求，解放军还是单独住到枪会山等其他合适的军营为宜；另外，由于中国军队对于给养和物资在和平时期都是自我保障，在运输工具、人员编配、经费拨款等方面有一套固定的规范，假如改用地方民营承包商运送，定会带来困难，因此希望英方予以理解。关于英方希望我方详细介绍 1997 年 7 月 1 日后中国在部队进港和调配方面的计划，鉴于此事纯属中国内政，超出了联合联络小组讨论范围，希望英方不要再将此与先遣人员的谈判联系起来。

但是，上述体现中方极大诚意、做出重大让步的方案并未得到英方的肯定。包雅伦形容我方仅做了“有限调整”，坚称中国军队先遣人员太多、进驻时间太早、设备规模太大的老调，并指先遣人员与英军共同驻扎在威尔斯亲王大厦的立场具有“根本的重要性”。

最后，包雅伦居然倒打一耙说，虽然 1994 年以来中英双方就防务交接进行了良好的合作，但不等于中方得到了一张“空白支票”，喜欢在上面填什么就是什么。

英方如此不负责任的言论，让谈判的气氛更加凝重。为了避免不欢而散，我建议休会，当日下午改成双方的非正式会晤。

按照北京事先准备的预案，谈判空间还是存在的。在非正式会晤中，我主动透露了中方新建议的部分内容，表示中方可以考虑由部分先遣人员组成联络组与英军共同驻扎在威尔斯亲王大厦，但其他人员还需住在枪会山或其他营地。

28 日恢复正式谈判。甫一开始，包雅伦即对我昨日关于先遣人员联络组入驻英方总部的建议表示欢迎，但认为如果联络组人员太少，仍不能照顾到对外观感，同时表示如果中方先遣人员单独驻扎在枪会山或其他地方，且有活跃的活动，仍会在香港社会上造成中国军方另立总部的印象。他继而一如既往地重复中方应再调减先遣人员数量和物资、推迟进港时间、减少运输车辆台次等意见。英方专家组的最高军事代表苗礼信将军甚至表示，中方的建议“都太具雄心，欠理据”。

防务交接迫在眉睫，面对英方如此顽固的态度，我不得不从大局出发，以我方预案为底线，继续展示灵活态度，又做出以下重要让步：

一是先遣人员数量减至 196 人，于 4 月、5 月和 6 月份三批进港；二是如果英方满足先遣人员最低通信需求（5 套小型卫星地球站，10 套无线电短波、超短波收发设备，8 套微波通信设备以及部分集群移动通信系统），中方将在 6 月 30 日前不考虑设置程控交换设备和新建深港跨境光缆线路。三是将运送后勤物资的车次压缩到 500 台次，并推

英方代表包雅倫（右）在會前首次以廣東話回答英語問題，說話咬字雖清楚，但仍不離「鬼聲鬼氣」。可惜，開會後，他又打回原形以英語簡報會議進展。中方代表陳佐洱表示，會以友善商討方式解決問題。

雷日昇攝

就駐軍先遣人數及日期
聯絡組未達共識

（記者陳如意報道）中英聯合聯絡小組第廿二輪防務專家小組首日會議，就駐港解放軍先遣部隊七月一日前來港人數及日期，未能達成共識。

今午繼續商討

英方認爲，先遣部隊來港人數太多，抵港日期亦過早，但中方則形容，先遣部隊人數只是「少數」。雙方將於今午繼續第二天的會議。

中英聯合聯絡小組英方代表包雅倫昨在會前表示，英方在上次專家會議中曾表示，中方所建議的駐港解放軍先遣部隊人數太多，抵達香港日期過早。英方曾在非正式的場合中向中方提出其認爲合理方案，希望今次會議能夠得到中方對其方案的積極回應。至於先遣部隊攜帶武器的問題，他表示，問題已解決。據了解，在上次專家會議中，雙方已達成共識，認爲先遣部隊不用帶武器。

而中方代表陳佐洱在會前並無發表言論。

中英雙方進行了三個多小時的會議，包雅倫在會後以英語指出，雙方已詳細交換意見，但仍存有分歧，英方將有耐性地解釋，並以友善的商討方法來解決問題。

陳佐洱則形容，雙方商談的是少量的先遣部隊提前進駐香港的問題。他重申，先遣部隊是爲了在今年七月一日開始中國人民解放軍駐港部隊能擔起香港海陸空防務的責任作好準備，只有這個目的。他相信，中英雙方就這點已達成共識。會議將於今午續開，他期望雙方能取得進展。

第 22 次防务与治安问题专家小组会议虽未达成共识，双方代表仍希望向社会释放些许乐观信息

迟至 5 月入港。

我强调，这是中方为满足英方需求尽了最大努力形成的新方案，希望得到英方的尊重，下次开会时予以积极回应。

中方的努力终于得到了英方认可。包雅伦乐观地总结这次会谈的成果，说“这两天讨论中，我们集中谈的是具体、实际的东西，而不是花言巧语的辩论，正因为双方都采取了积极合作的态度，我们已在某些方面取得了进展，弥合了本来看上去无法弥合的鸿沟”。

我面无表情地听着，心里在和他抗辩：什么才是“具体、实质的东西”？难道这一年多来谈的就是“花言巧语”？简直是无稽之谈！……但是我忍住了，没有发作。

随后，在谈判楼外的记者问答中，我们均对第 22 次专家小组会议给予了积极评价，向社会传播出乐观的信息。

邓公长逝

2 月 19 日，“一国两制”事业的倡导者、敬爱的邓小平同志逝世，包括香港同胞在内的全中国人民沉浸在巨大的悲恸中。

新华社香港分社布置了灵堂，安排吊唁活动。数以万计的香港同胞扶老携幼，一连几天排着长队前往吊唁，这在香港历史上是非常罕见的。有的同胞知道邓公生前吸烟，就点燃了香烟供在香炉里祭拜，寄托哀思。

我接受了凤凰卫视吴小莉的专访。我说，小平同志说过，希望到香港——中国自己的土地上走一走，看一看，现在他的心愿还没实现就走了。说到此处，我流泪了，小莉也哭了。我表示，中代处的同事们一边缅怀邓公，一边加倍努力地投入工作，小平先生规划的香港回

邓公长逝，举国悲恸

归祖国、保持繁荣稳定的蓝图将继续激励所有港澳工作者矢志不渝地奋斗。

2月21日，包雅伦来中代处与我非正式会晤，他看到我们的办公处所满是白花黑纱，感受到了中代处肃穆的气氛，很郑重地表达了对邓小平逝世的哀悼。

接着，他积极评价了关于先遣人员议题谈判的进展，认为中方提出的新方案为下一步谈判建立了工作势头。

绝地反击仗

每次召开中英联合联络小组的专家小组会议前，双方都会在同一时间以同一内容和措辞用中英文对外发布一条简短的消息。1997年3

月 12 日第 23 次防务与治安问题专家小组会议召开前也如法炮制，向社会公布了会议安排。

那时，香港居留权问题专家小组会议恰好也在进行，我和港英入境处处长就关于将来香港特区永久性居民中的中国公民定义的界定几近达成一致，这是全国人大常委会根据香港特区筹备委员会建议对香港居民的国籍认定采取十分宽松政策的结果，在香港受到社会各界的欢迎。剩下的唯一分歧，是英方要求把这一认定提交现行的港英立法局审议通过，以显示这是英方撤走前为港人争取的一大成果。

3 月 11 日下午，英代处突然向中代处建议，翌日上午先改开居留权问题专家小组会议，在中方接受居留权问题上英方的建议后，英方才会参加第 23 次防务与治安问题专家小组会议，继续就先遣人员议题展开谈判。这种赤裸裸“挂钩”的伎俩欺人太甚，何况香港回归后特区永久性居民资格的认定完全属于中国的内部事务，英国无权干预。

我断然拒绝了英方的“敲竹杠”，心里琢磨着一条反击之计。

3 月 12 日上午 9 时半，我和中方防务与治安专家小组的同事们按时抵达坚尼地道 28 号。步出了自动滚梯，果然看见谈判楼前空空荡荡的，只有两位记者在收拾照相设备，意欲离去。我主动上前向他们打招呼，故意问，为什么今天“行家”来得这么少？他俩颇觉惊讶，说刚才港英新闻处来人宣布，今天的专家小组会议取消了，所以“行家”们来了又走了。

我立即声称，今天在这里举行第 23 次防务与治安问题专家小组会议是中英双方都做了公布的，再也没有新的公布。我说，我们就是来开会的，请把其他传媒“行家”再请回来。随即，我和同事们进楼，到一层的中方代表团休息室坐定。

我鼓动战友们沉住气，“退避三舍”后的反击就要到来。从提出先遣人员进港议题磋商，为达成共识一让再让，让到了今天，该出手时

中英專家會議英方竟不到場 陳佐洱稱遺憾不利平穩過渡

陳佐洱空等英方官員，指着手表對記者說已等了很久。

準備商談防務治安問題

英方聯絡組竟無人搞聯絡

耐心等英方回到談判桌

英方稱屬誤會不須道歉

我指着手表，对“流会事件”深表遗憾

聯絡小組英方踪杳 首次流會

中英雙方對防務專家小組會議風波的不同說法

項目	中方的說法	英方的說法
對今次事件的表述	雙方已經同意開會，但英方臨場爽約	雙方只是同意舉行法律專家小組會議，而非防務專家小組會議
背後原因	英方向中方提出了與防務問題無關的要求，作爲在防務問題達成協議的交換條件，但中方拒絕	一場誤會，茶杯裏的風波

附表一

防務小組今開會

英被指提無關防務要求

中方枯候半句鐘很遺憾

戴維斯指是茶杯裏風波

戴維斯認爲今次事件只是茶杯裏的風波。

陳佐洱對英方代表沒到場，感到很遺憾。

面对媒体追问流会原因，英方自嘲是“茶杯里的风波”

就出手！我估计出手后谈判不会破裂，现在休息室里坐等的时间越长，对英方的压力就越大。

我请同事给英代处打电话，质问他们为什么还不来开会，却没有人接听。他们应该已经知道中方代表团坐在了谈判楼的休息室里，没预料到中方这样的处理方式吧？大概正在紧急碰头，商讨对策。

楼外空地上的记者越聚越多，议论纷纷。11 时，我率中方专家组走出谈判楼，面对蜂拥而上的记者，略微拉起西装袖子，指着手表说了一大段准备好的话："请大家看现在几点了？中方代表团是根据双方同时公布的时间、地点来出席防务与治安专家小组会议的，等了一个半小时，仍不见英方代表团的踪影，打电话也联络不上，十分遗憾。中方的专家们来自国防部、外交部、国港办、中代处等多个部门，大部分人是不远千里，搁置其他工作来港参会的。这一年多来，中方专家夜以继日地工作，提出了一个比一个更加灵活的方案，英方也做出了积极表示，并提出今天上午 9 时半在这里举行会议。我们是满怀合作诚意来开会的。英方'流会'究竟是为了什么？"

我的"公关"立即奏效。从中午起至次日，各家媒体都大篇幅报道"流会事件"和我的讲话。记者们也拥到英代处去询问，英方自知理亏，只好以"一场误会""茶杯里的风波"敷衍以对。

第二天，第 23 次专家小组会议复会。双方坐下以后，相视点头微笑，好像什么都没有发生过。虽然包雅伦有一点尴尬，我也假装若无其事，大家对昨天的事情一字不提。

"流会事件"后，谈判在务实的气氛中推进。经过接连两天洽商，双方在中方 1 月提出的新方案基础上，进一步就关键性的细节达成了一致，例如，中方同意将由一名副司令率领的 28 名先遣人员组成联络组入住英军总部威尔斯亲王大厦，其余 12 名先遣人员则入住昂船洲军营，因为原拟进驻的枪会山军营位于九龙市区，比较亮眼，英方在乎

解放軍先遣組談判有進展

布司冀過渡工作盡快處理

(本報政治組報道)中英聯合聯絡小組屬下防務治安及居留權兩個專家小組，昨日先後舉行會議，英方表示在解放軍先遣組七月一日前來港問題有進展；中方強調已提供資料，滿足英方關注。

布政司陳方安生昨晚在一宴會上致辭，指出中英雙方正加倍努力，希望稍後在倫敦召開的中英聯合聯絡小組能完成大部分未處理的過渡期工作，大家清楚時間無多。布政司指出，雙方要解決的關鍵問題，包括居留權、雙邊民航聯繫、法律本地化及對等執行判決等。

中方亦表示，特區居留權及居民權定義問題，一定會在七月一日前解決。

經過日前流會風波，中英防務及治安專家昨早開會，討論解放軍先遣組人員六月底前來港問題，取得一定進展。

中方代表陳佐洱表示，早前流會，涉及的誤會經已過去，毋須多提。中方在會上以積極精神討論，並在先遣組一事上完全滿足英方關注，對於英方要求，給予資料和說明，雙方今午會復會討論。

英方代表包雅倫同意中方已交給英方有用的資料，英方希望知道先遣組人員任務、人數及將會使用的大氣電波頻道等。英方認為，達成協議的先決條件，是要全盤了解中方想法，由英方設法配合，與中方擬出解決方案，英方務求先遣解放軍人員以最少數目及最適當時候，進駐香港。

在居留權問題方面，入境處長葉劉淑儀參加了中英專家會議。陳佐洱表示，應該是有用的，港人居留權及特區永久居民定義，關乎基本法及人大有關決定，而英方意見是有用的。他希望早日解決問題，中方對在六月底有解決方案充滿信心。雙方專家今日會復會。

中英專家經「流會」後「復會」，陳佐洱(左)及包雅倫(右)以乎有點兒「面阻阻」。

“流会”后“复会”，双方代表与记者见面时有点儿“面阻阻”

管治形象，刻意避免。先遣人员在军营着军装，出军营着便装，并同意放弃使用“大型集装箱货柜车”运送军用物资。

4 月 9 日，我方根据第 23 次会议形成的共识，进一步细化、完善，向英方提供了一份中国军队先遣人员提前进港的书面方案。

4 月 15 日，中代处接获英方关于第一批先遣人员进港安排的说帖和新闻稿，与我方 4 月 9 日意见基本一致，我方表示同意。

当日，英方发表了新闻稿，等于公开承诺就接纳第一批中国军人进驻与中方达成了一致。这也为日后解决第二、第三批人员来港奠定了良好基础。

解放军在深圳河北岸等了48年

1997 年 4 月 21 日，世界的目光聚焦在香港。中国人民解放军将第一次踏上这块久违了的祖国领土。

1948 年底，当人民解放军在淮海地区将国民党杜聿明、黄维兵团死死围住，同时实施对平津守敌的战略包围时，英国内阁对中国局势进行了一番谨慎论证，最终采纳外交大臣的建议：守住英国在中国的立足点——香港。

1949 年 4 月，解放军集结长江北岸，待命渡江，英国军舰“紫石英号”强行逆江而上，误闯解放军防区，既而引发激烈的武装冲突。“紫石英号”事件使英国紧急增兵香港至 4.5 万人，同时密令港英当局修订、公布新的《紧急条例》《入境条例》，强化了违者处以死刑等条款。但是他们知道，如果解放军真要解放香港，英军可能比对日作战时输得更惨。8 月，英国外交大臣和殖民地部大臣联名向内阁提议：我们争取留在香港，因此必须避免激化英中关系。这一建议成为了英国处理香港问题的指导方针。

1949 年 10 月 17 日，解放军抵达深圳河北岸。让英国人松一口气的是，解放军沿广九铁路到达布吉车站后，没有再逼近香港。第四野战军四十四军的吴富善将军手持望远镜，朝香港凝望了一个时辰后，悄然消失了。那时，在毛泽东心中“长期打算，充分利用”的对港方针已经瓜熟蒂落，这使得新中国能够通过香港保持与外部世界的联系。

栉风沐雨，解放军在深圳河北岸一驻就是 48 年。时至今日，中国共产党第二代领导核心创造性地提出了“一个国家，两种制度”新国策，通过与英国的和平谈判解决了收回香港主权的历史问题；第三代领导核心现在正领导着收回香港的巨大工程，坚定而有条不紊地向前推进。为了和平解决历史遗留的国际争端，一谈就是两年，然后再给13年的过渡期，在过渡期里继续谈……回顾半个世纪的国家发展史，如果新中国成立初解放了香港，国家充其量只多了一个类似广州、上海那样的大城市；而现在用“一国两制”方针和平解决香港问题，得到的将是一个继续保持繁荣稳定的国际经济中心大都会。

开进的那天恰是英女王生日

第一批先遣人员共40人，由驻港部队副司令员周伯荣少将率领，包括22名校官、8名尉官、9名士兵，配备了8台车。

周副司令英气勃发，学贯中西，不仅曾就读于国内顶尖军事学府，还曾到英国皇家国防研究学院深造过，与驻港英军司令邓守仁少将是校友。其他先遣人员也是个个了得，不仅都是一方专才，还在深圳的驻港部队基地接受过法律、英语、粤语、军事等多种训练

21日上午10时30分，深圳福田区的解放军驻港部队基地为先遣队员举行了简短而隆重的欢送仪式。三军仪仗队列队集合，奏国歌，驻港部队政委熊自仁主持欢送仪式，逐一宣布了40人名字，刘镇武司令员致欢送辞。

11时，先遣人员车队从基地出发，中午1时30分经深圳皇岗口岸，跨过深圳河大桥，进入香港的落马洲口岸管制站。

我和港英政府、英军代表以及众多记者已在那里迎候多时。望着渐行渐近的先遣人员车队，真有一种迎亲人的感觉，谈判桌上的条件、人数、时间、物资、车次等一项项磋商细节又浮现眼前，与行进中车队的画面虚实重叠。

落马洲口岸处于暂时封闭状态，空气好像骤然凝固，四周很安静，

解放军终于进入香港，我和周伯荣副司令员一起向聚集口岸的中外记者挥手致意

只有低沉的马达声轰鸣。我望着驶来的车队，心里唱起了雄壮的《解放军进行曲》，这首歌我在戴红领巾的时候就喜欢，当时曾想长大了当一名“最可爱的人”。

向前！向前！向前！
我们的队伍向太阳，
脚踏着祖国的大地，
背负着民族的希望，
我们是一支不可战胜的力量……

周副司令乘坐的黑色奥迪轿车停在我面前。他下车第一个与我握手，相互问候，然后一起满怀喜悦地转身向中外记者们挥手致意。美国媒体 CNN 把这一场景作为当天头条新闻播放了。

办理入关手续时，港英海关女关员向中国军人献了花。然后，八名英兵分别登上车，引领车队沿吐露港公路及狮子山隧道向中环威尔斯亲王大厦英军总部进发。八台中国军车的车牌一律以中英商定的“AD”字样打头，表明先遣人员的身份（PLA advance personnel），车号由“AD7080”始，顺序至“AD7087”。这是中代处以杨建华大校为首的军事技术专家组和驻港部队后勤部以最快速度在香港办完验车、上保险、注册登记等一系列陌生的手续后，连夜赶到深圳基地去给每辆车安上的牌照。所有先遣人员的军服都十分漂亮，右臂上佩戴着专为驻港部队设计的臂章，上面除了标志性的红五星和金黄麦穗外，还有未来香港特区区花紫荆花的图案。

下午 2 时 30 分，车队抵达中环威尔斯亲王大厦，沿途有不少香港民众围观。英军驻港总司令邓守仁将军率海陆军代表、文事和军事顾问和军营营长在场迎接，随后邓守仁将军主持了欢迎仪式。他致辞欢迎中国人民解放军先遣人员来到香港，说这是中英两国军队的一个历

漂亮、威武的驻港部队先遣人员臂章

车队沿吐露港公路及狮子山隧道，向英军总部威尔斯亲王大厦进发

车牌由“AD”开头的先遣人员车队抵达驻港英军总部，沿途不少市民围观，200余名中外记者见证了这个历史性时刻

史性时刻。

周伯荣将军对邓守仁将军的欢迎表示感谢，他说先遣人员进驻香港是中英双方对香港防务责任顺利交接而做出的一项重要安排。希望今后得到英方的积极配合和支持，为最终完成防务任务交接而共同努力。

据个别报纸报道，当天正是英国女王的寿辰，驻港英军兵舰曾在维多利亚港鸣放礼炮——当然不是为了欢迎首批中国军队先遣人员，而是最后一次在香港为女王祝寿。可惜，这一重要礼仪被众多传媒忽视了。

遭遇媒体“显微镜”

周副司令和第一批先遣人员来到香港，成为全港一时的热门新闻。一些媒体记者成天守在英军总部周围，镜头对准了围墙里头中国军人住宿兼办公的“碧楼”。

一天，某报刊登了一幅几个穿游泳裤的男人在威尔士亲王大厦露天游泳池边日光浴的大照片，文字说明的大意是中国军人进驻后无事可做，在上班时间游泳去了。在深圳基地的驻港部队领导看到后相当紧张，请中代处设法核实。我通过朋友找到那家报社，仔细研究了那张照片的底片，发现上面几个人的头发好像都不是黑色的；我又向周副司令核实了前几天所有同住在英军总部里的先遣人员当班情况，证实那张照片的文字说明完全是“洋冠中戴”。我直接报告驻港部队首长，港媒发布新闻快捷敏感，但有的不太负责任。

在第一批先遣人员进驻后，关于防务交接议题的谈判接近尾声。加上首批先遣人员进港后形象好、得人心，中英双方在 5 月 9 日至 12

日的非正式会晤中，又就第二、第三批先遣人员于 5 月 19 日、6 月 2 日进驻香港顺利达成了一致。

第一顿饭是借来的馒头

回想第一批先遣人员初来乍到时的第一顿晚饭，也十分有趣。

馒头是中国军人常见的主食，可是英方提供的灶具却是做西餐的，

特首晤周伯榮

行政長官董建華昨日在特首辦公室，會晤駐港解放軍副司令員周伯榮少將（右），簡介香港事務及商討駐軍過渡的問題。出席會議的人士還包括中英聯合聯絡小組中方代表陳佐洱（左）。

陪同周伯荣副司令员拜会候任特区行政长官董建华先生

平底锅，火头不大，馒头怎么蒸都不熟，这可急坏了炊事员。天已渐黑，杨建华参赞急火火地跑来告诉我，周副司令和驻在英军总部的先遣人员还没吃上饭。

接杨参赞的电话时，我已经回宿舍了，正在吃饭，听说周司令他们还没有吃上饭，我真想把自己那份饭送过去。

我在国务院港澳办一司工作时，与驻港澳中资机构的老总们都比较熟悉，就立刻给中代处的房东——华润集团公司领导打电话。华润集团有个很大的员工食堂，员工中有不少是来自北方的，一定有馒头。果然，正在用餐的华润员工们听说解放军还没吃上饭，立刻行动起来，他们看到食堂里所剩的馒头不多，忙把自己盘子里没动过的都放回屉笼里去拥军。我接着又给粤海集团公司的董事长打了电话，请他们发挥广东、香港相邻的优势，从此负责驻港部队的一应主副食品和日用百货供应，何董事长欣然应承。

几天后，我陪同周伯荣副司令拜访了候任行政长官董建华先生。由于谈判时曾承诺英方，中方先遣人员走出军营时须换便服，周副司令问此行该着什么装？我考虑后建议着军礼服，因为此行特殊，是未来中国香港特区的驻军首长对未来特区的行政长官做首次礼节性拜访，应该体现军政双方的相互尊重和友好。

第四章

先头部队提前进驻谈判

只有一个字的命令："快"

1997年6月的香港，社会诸多方面的气氛都比较高涨，地铁里、酒楼里、商店里，乃至写字楼里，人们谈论股市、楼市、马经，话题总要落到"回归"这件大事情上。数不清的社团、行会、单位的庆回归纪念品犹如万花齐放，有豪华名贵达上万元的，也有精巧简朴仅几元、几十元的，有吃穿用的、佩戴的、摆设的、收藏的，真是美不胜收。例如，即将成立的香港特区政府赠送给每位参加盛典嘉宾的十幅名家宣纸仿真彩印画册就价值5000元。江泽民主席的亲笔题词"香港明天更好"和腾跃的香港中华白海豚形象到处可见，在680万香港同胞心里激起灿烂的火花。这是历史潮流，人心所向。当然，"几家欢乐，几家愁"，毕竟欢乐者众。

中代处里也是喜气洋溢。政权交接方面的重要谈判基本上都已经完成，除了首席代表兼未来公署副特派员赵稷华大使还在与英方就交接仪式的细节继续磋商，我负责主谈的14项议题已陆续与英方达成了协议，有关争议都基本得到了妥善处理，成为过去。

赵大使是一位沉稳、儒雅的资深外交官，为人随和，我和他共事三年多，从未见他对内对外发过脾气，其实他的原则性很强，正规场合说话绵里藏针。由于我们在北京的时候就熟悉，一起参加过中英政府工作小组关于香港新机场建设的谈判，所以他来香港上任伊始就放手让我工作，作为两部派来中代处的最高官员，我们相互支持，合作得很好。

6月16日中午，我突然接到通知，让我到赵大使办公室，接听来自北京的重要电话。电话里传来外交部王英凡副部长的声音："陈佐洱，我正在钱副总理的办公室里给你打电话。"这句话，立刻让我感到了急迫与分量。

王副部长指示我，要带领中英联合联络小组防务与治安专家小组，立即与英方开谈中国人民解放军驻港部队先头部队提前进入香港问题。他说，北京已组成专家组，傍晚就飞抵香港，配合你的工作。来人将会传达具体方案，只要是在底线范围内的，授权你可以当场决定。说到这儿，他加重了语气："时间不多了，一定争取在一周时间内与英方达成协议。关键是——快！"

北京通过这样的方式向中代处下达命令是非常罕见的，而且时限一周也是以往谈判从未有过的。虽然我当时对先头部队提前进港这个新议题还不太掌握，但当我的目光和站在办公桌对面赵大使信任的目光相遇时，我郑重回复王副部长，一定竭尽所能，不辱使命。

香港绝不能一分钟不设防

原来，解放军先头部队提前进港的问题已经在中英外交高层进行了一个多月的谈判，没有取得进展。这个问题本不在香港防务交接的既定方案内，一般的理解是，解放军驻港部队应于 7 月 1 日零时香港回归中国时开进，此前已派遣 196 名以技术和后勤人员为主的先遣人员分三批进入了香港，为驻港部队开进预作了通信、交通、后勤等方面的必要准备。

可是，洞察秋毫的中央领导人在 1997 年 5 月 4 日听取有关汇报时敏锐地发现，上述方案存在严重缺陷——假如驻港部队 7 月 1 日零时才进港，从北到南抵达全部营地尚需 2—3 个小时，这就意味着在驻港部队到位前香港大部分地区将出现防务真空。而此时，中英两国领袖将在全世界的瞩目下进行香港政权交接的盛典，数千名前来见证的各国政要和各界名流也都云集在香港岛。

中央领导人指示，如此重要的历史时刻容不得一点纰漏，刚刚回到祖国怀抱的香港绝不能一分钟不设防。驻港部队必须立即组成一支先头部队，携带武器装备于 7 月 1 日零时以前进入香港，确保零时开始有效履行全香港的防务责任。他要求外交部，立即就此与英国磋商。

外交部通过多个渠道开始了与英方的磋商。5 月 9 日，王英凡副部长紧急约见英国驻华大使艾博雅，提出了驻港部队先头部队提前进港的想法，艾博雅大使将此误解为当时中英双方已基本达成共识的先遣人员问题，当即表态英方会积极配合。这次表面上顺畅的会谈当然未起到实质效果。14 日，王副部长再次约见艾博雅，重申有关要求，艾博雅这才明白了中方的真正用意，予以强硬回绝。

消息很快传到香港，驻港英军总司令邓守仁、中英联合联络小组英方首席代表戴维斯立即表示了对中方建议的抗议。

中国驻英大使马振岗同时在伦敦积极开展对英国外交部的工作，也被拒绝讨论这一问题。

5 月底，中英联合联络小组举行回归前的最后一次全体会议，赵稷华大使在会上再次提出先头部队必须提前进港的问题，仍得不到英方积极回应，这次会议几乎成为几年来最黯然失色的全体会议。

正在“结”越拧越紧的时候，英国发生了政府更替，工党接替保守党上台执政。为了表达中国与英国新政府积极合作的善意、相机推动谈判工作，钱其琛副总理 6 月 2 日亲自致函英国新任外相库克，对中英双方就先头部队问题谈判毫无进展表示关注，同时向英方传送了明确的信息，提前进入的只是必要的部队和武器装备，并不是全部驻军。至于进驻的时间、批数和人数，双方可以商谈。请英国政府指示中英联合联络小组英方代表，同中方代表尽快就具体安排进行讨论。

我这才明白，高层把这项磋商重任交回到联合联络小组专家组是 6

月初已做出的决定。

最僵的僵局

在中方多方斡旋下，英国终于同意于 6 月 13 日“听取中英联合联络小组中方专家的情况介绍”。

是次会议由中英双方首席代表赵稷华和戴维斯共同主持，我随同赵大使与会，这也是我首次接触到关于先头部队提前进驻的议题。

会议甫一开始，戴维斯即生硬声明，英方参会的目的仅是听取中方介绍，不会进行讨论。在赵大使介绍完有关情况后，戴维斯又指中方未能提供详细、全面和明确的信息，表示遗憾。他唯一有点具体内容的回应是，中方提出派遣 2000—3000 人提前进入香港等建议与英方的容忍度天差地别，除非再提供新的建议，否则不会有任何进展。

于是，会议在双方互表“遗憾”中结束。

谈判陷入僵局。这就是我 16 日接到王英凡副部长电话时的背景，此时距中央下达命令已经一月有余，距离香港回归不到半个月。在一周的时间内完成先头部队议题谈判是中央赋予的使命，是形势的迫切要求，也将是我跑完香港回归大业最后一程接力棒全程中最艰难的最后一程。

我心里思忖，难虽难，但是天时地利人和，有利因素还是不少的。首先，天助我也，中央直接关注，回归又在即，英国政府新首脑可能有新的政治期待；其次，在香港开谈，离北京近，离驻港部队更近；在联合联络小组防务与治安专家小组里谈，中方专家个个给力且配合默契，英方对手也都知己知彼。虽然时间极为急迫，但我绝不能在英国人面前显示着急，要深藏不露，又要一往无前，一定要把它谈成。

谈判关键词：“干脆”

16日傍晚，协助我谈判的专家从北京、广州、深圳相继抵港，他们主要来自总参谋部、广州军区和深圳驻港部队基地，我们“关进”屏蔽的会议室里，坐下便开始讨论研究谈判预案，通宵达旦。

此时，包雅伦代表也从英方高层领命，我俩商定第二天就召开新一轮防务与治安问题专家小组会议。

17日上午正式会议前，我和包雅伦先在谈判楼一层的大房间里进行小范围非正式会晤。三年多来，我俩是多项谈判的老对手，对各自捍卫国家利益的坚持和谋求合作的诚意都彼此理解和欣赏，有些惺惺相惜的味道。此刻，他的脸上照常挂着一团和气的礼貌微笑，一双机敏的眼睛透过镜片直视我。他诚恳地说，目前中英双方在解放军先头部队提前进入香港问题上存在一道鸿沟，希望和我竭尽所能地找到一个都能接受的解决办法。英方对于谈判有两点基本态度：一是已做准备，将会与中方进行认真商谈；二是中方必须做出相当大的松动，才能与英方在政治上可以接受的想法相吻合。关于“政治上”的含义，他这样阐释，解放军提前进港非常敏感，希望中方在考虑具体方案时一定要维护两国的形象。包雅伦说，剩下的时间不多了，接着用中文引用我平时爱用的一个词：“干脆！”

我们都不禁会心地笑了起来。这一笑，气氛轻松了许多。的确，这是一场非常时期的短兵相接，不需要、也没时间用太多的外交辞令来包装，要进行的是基于彼此核心利益的“干脆”的讨价还价。从英方考虑，为了维护其管治香港最后时间内的威信和“光荣撤退”的体面，肯定会对中方尽量设限。而从中方考虑，必须确保交接大典万无一失，马到成功。

正式会谈开始。为满足英方对“明确、详细、全面”资料的需求，我首先将先遣部队提前入港问题分为人数、路线、进驻军营、时间和装备五个方面向英方进行介绍。我打出的是预案中的高方案：先头部队人数为1070人；将从陆路由深圳皇岗口岸和文锦渡口岸进入香港；进驻6个军营，分别是位于新界的石岗和新围军营、九龙的昂船洲和枪会山军营，以及港岛的威尔斯亲王大厦英军总部和赤柱军营；将于6月30日18时即提前6个小时开进，并配备驻防所需的武器装备。

我发言之后，包雅伦要求小休，以便英方专家们进行评估。复会后，他首先表了个友好的态，说很高兴在香港政权交接前的最后时刻，防务与治安专家小组会议能继续就重要问题进行讨论。中英双方在以往的谈判中有很多合作，取得了很多成果，希望在目前议题上可以继续合作并尽快达成共识。接着，他说英方专家利用会议小休对我的发言进行了研究，认为：

（1）解放军先头部队人数太多，有损英国管治香港的对外观感。6月30日在港的英军仅有250人，解放军的人数应该与此相平衡，这是推动讨论的基础。（2）反对装甲车进港，并希望中方进一步提供车辆、军舰和直升飞机的数量和型号。（3）对于中方提及的“防务真空”有不同看法，中方已经派遣196名先遣人员进驻香港8个军营，所以已经不存在这个问题。（4）反倒建议参加政权交接仪式的中国领袖和驻港部队先头部队都从水路进入香港，英方会在必要时提供保护。

臆想装甲车“恐怖”

一天的会议虽然没有形成共识，但双方均坦率表达了想法。

为了加强沟通、推动工作，当晚中方专家组邀请英方代表团共赴晚宴，地点选在了位于北角和富中心的一家包雅伦喜欢的杭州菜馆。

席间，我和包雅伦继续互相试探。他暗示，英方对先头部队是否配备装甲车问题看得非常重。装甲车用途特殊，中国军方有关人士曾经在深圳基地开放日介绍它主要用于防暴。如果先头部队在 7 月 1 日零时之前将装甲车开进香港，不仅英方觉得很伤面子，香港公众也会感到害怕。

我立即打断他的就“车”发挥，驳称中国驻军出于履行防务责任的需要，携带任何武器都是合理的；说完转念一想，既然包雅伦强调这问题，也可借此“做篇文章”，也许能争取到一定的弹性。于是我反问包雅伦，假如我向北京请示后，先头部队不带装甲车进港，英方是否可以不再坚持先头部队从水路开进，而同意中方提出的从深圳皇岗和文锦渡陆路口岸进入香港呢？老包想了想，表示也可以回去请示。

虽然此时彼此都不能给承诺，但都多少感到了鼓舞，晚宴一直持续到了 11 点，杭州菜馆里所有的客人和职员早已走空，只留下老板娘一人在大厅等着我们离去打烊，店外附近的摊档上飘来了卖夜宵的油炸臭豆腐香味。

但求光荣撤退

返回中代处后，我立即和同事们起草请示报告，密报北京，希望在次日会前得到复示。这种白天谈判唇焦口燥，夜里还要开会、拟写电报的工作方式此后持续了整整一周，直至协议的最终达成。

18 日开会前，我获得了北京批准在装甲车提前开进问题上可以采取灵活态度的批复。会上，包雅伦也带来好消息，昨晚我们俩互作让步的设想均得到了上级同意。至此，双方对先头部队经皇岗和文锦渡口岸陆路进入香港的路线达成了共识，谈判取得了第一步实质性进展。

会议随即对其他问题进行磋商，在进驻军营问题上争论起来。英方最初仅同意先头部队进驻新界的石岗和新围军营，经过反复较量，我方决定放弃新围军营，英方同意新增加九龙的昂船洲军营，但以道路拥挤为由，拒绝先头部队进入位于九龙弥敦道附近的枪会山军营和港岛的威尔斯亲王大厦英军总部，以及最南端的赤柱军营。英方坚持的真正原因是不愿意在管治期的最后几小时有中国军队出现在繁华市区，影响其告别香港、光荣撤退的形象。包雅伦特别强调，不允许先头部队进入威尔斯亲王大厦，认为该军营是驻港英军总部，并且非常接近英方举行告别香港仪式的场所，这些都关乎英国的尊严。

我也一再表明，按照中英双方已经达成的协议，中国将接管 14 个营地，先头部队只进入其中 6 个已经是一种让步。入驻这些营地是中方履行防务职责的实际需要，合情合理。香港政权交接的盛大仪式将在毗邻威尔斯亲王大厦的香港会展中心举行，恰恰是驻港部队 7 月 1 日零时开始执行防务任务最应该保卫的重要场区，如果不在威尔斯亲王大厦驻扎下来，那先头部队提前进港的意义就大打折扣了。

19 日——第三天，双方继续在营地问题上纠缠。为换取英方的让步，经请示上级同意，我在先头部队人数方面进一步表现了灵活性，表示在中方的某些关注得以满足的条件下，可以将先头部队的人数由 1000 人减至 800 人。

会议小休的 coffee time，我独自走出谈判楼，在花园的大榕树下转圈踱步，想让脑子清醒清醒。脚下是车人穿梭的坚尼地道和郁郁葱葱的香港公园，海风把头顶上的树叶吹得瑟瑟作响，要是换个时空，我会觉得那声响带来的是美妙诗意，可现在却让我觉得被搅得心里烦躁。我折身西望围墙外仅隔几栋大厦的坚尼地道 3X 号公寓楼——站在那楼某单元的窗户前，也能够看到眼前一色一样的风景。很少人知道，那里潜光隐耀地居住着闻名中外的大学问家南怀瑾先生，他是一位我十分尊敬的老师，慈眉善目，长生久视。南老师隐居在香港，除了几个跟随他的学生以外，基本不见外人。我的名字常常出现在报纸、电视上，老人家对我在谈判中强硬、讲道理的表现是欣赏的，就在 1995 年末，我因为所谓“车毁人亡论”被骂得狗血淋头的时候，他让学生给我打电话，同意我去造访。南老师府邸的晚饭，用老师的话形容是“人民公社”的，谁来谁上桌，流水席，大锅饭。每次我去吃晚饭，他都安排我挨着他，坐在右手边的位子。南老师吃得很少，就是几粒花生米、几筷子小菜、一小碗粥。老师常常含笑细听学生们谈古说今，遇到争论不休、莫衷一是的时候，他会像从云端飘然而下，用炉火纯青的平和语气，一语中的给出个答案，而且往往是幽默的，深入浅出的，带着警语、典故的，这是饭席最精美、丰盛的精神佳肴。那一次，他是站在客厅朝海的窗户前单独提点我，鼓励我，还送了我几本著作，扉页上题称“陈佐洱老弟”。他对我讲，收回香港是何等艰难的世纪大事。你对英国人不要客气，但有的时候也要忍一忍，心态要平和。要和香港的记者们多联系，经常请他们喝喝茶，你没钱我可以给你……

我仰望着老师起居的方向，多想即温听厉，再接受老师的提点。这时，老师应该已经送走了一众学生、客人，是开始握笔彻夜写作的时间了。南老师，给我多些智慧和力量吧。

储藏室里达成默契

1997 年 6 月 20 日，双方继续开会，上午仍未取得突破。时间不允许再在原地踏步了，中方专家组边吃午饭边开内部碰头会，决定下午改换战术，化被动为主动，用强硬姿态打造一个互求局面，打消英方不切实际的幻想。

下午会议开始后，中方专家、总参谋部驻军办副主任周振远大校首先“发炮”：请问，7 月 1 日零时以后，搭乘英军官兵的兵舰、飞机将如何离开中国的领海、领空？如果没有中方合作，贵国为“体面撤退”所做的努力都将前功尽弃。可以想象的例子很多，例如 7 月 1 日零时以后，刚上岗的香港特区边检部门可以不给予便利安排，而是非常认真、严格地对每一位英国官兵包括他们携带的行李、武器都进行“排队例行检查”；又例如，搭载着贵国查尔斯王子和末代港督的“不列颠尼亚号”皇家游轮和“漆咸号”兵舰将不得不按中国军方的指示，把所有舰面的武器都套上炮衣、枪衣，才能驶离中国香港领海，在全世界的聚光灯下，那将会是怎样的场面？……周大校在发言结尾时说：“我真心希望中英双方实现互惠互利，而不是两败俱伤！”

周大校说的是大实话，因为一旦上述描述成为现实，不仅对于英方是可怕的，对于中方也将是沉重的，等于向全世界表明，多年来的外交努力，用和平方式解决历史遗留国际争端的范例都将功亏一篑。

包雅伦生气或激动的时候，脸会涨得通红，但他相当有外交风度，从来不会在谈判现场发火或拍桌子。他沉吟了一会儿，始终没有做直接回应。

不知不觉中，又过去了一个下午。在走廊朦胧的灯光下不欢而散的时候，我和包雅伦不约而同地走在了代表团的最后。我猜想，此刻我俩的第六感觉一致，犹如《诗经·小雅·正月》所描写的：“谓天盖高，不敢不局；谓地盖厚，不敢不蹐。”在肩负两个国家的重任、“局天蹐地”之中走到楼梯口时，互相对视了一下，收住脚步。

“我们两个人再谈谈吧？”包雅伦轻声用英语试探地问道。

我点点头。我俩就又向回走，看到谈判大厅里工作人员正在收拾桌上的文具、茶杯、话筒什么的，我们就没往里走，却发现旁边有一

一天艰苦工作后，中方专家组在谈判大厅里合影

个空着的小房间，两人就进去了。这是一个堆放杂物的储藏室，三四平方米大小，有一张条凳。我俩把门虚掩，同坐在条凳上，没有灯光，没有译员，谁也看不清谁的面容，但彼此却能感知对方的存在和气息，当然，更感到自己肩负的使命。

包雅伦直截了当问我，中方还能做哪些松动？

由于每天都和北京保持频繁联络，我胸有成竹，略加思索后回答，为争取英方的合作，中方可以再做出两个重要让步：第一，可以放弃开进位于九龙闹市区的枪会山军营，但港岛的英军总部和港岛南的赤柱军营一定要进。第二，可以再调减些先头部队的人数。最后，我用很诚恳、很严肃的语气说："前提是英方也必须持灵活态度！"

我听见包雅伦吐了口气，拖长声调"嗯哼——"了一声。我相信，中方的两个松动能够为僵持中的谈判带来亮光。

我们默默无声地进来，此刻又默默无声地分开，进来时心情沉重，出去时心里却有了光明。我们各自应该都知道，还有戏。

不出所料，21 日的会情骤变，双方迅速就军营问题达成一致，先头部队开进石岗、昂船洲、威尔斯亲王大厦英军总部和赤柱军营。

先头部队为什么是509人

在先头部队人数问题上，经过几番磋商，英方终于不再坚持应与届时英军数量 250 名相若的立场，我根据预案也逐步调减建议人数。北京给的底线是 500 人。我心想，无论数列是有限的还是无限的，9 是数目字中量最大的，而且也是中国的一个吉利数字，“1949”“1997”等等，北京城有九门，天安门城楼面阔九间，城门上饰有九路钉，成语中也有九九归一、九重天的说法，所以就一咬牙提出：“509 人——这是中方所能做的最大让步了。”

包雅伦不置可否，要求中方提供 509 名官兵在四个开进营区的分布方案。我建议小休 20 分钟。

在楼下中方代表团的休息室里，我请驻港部队参谋长陈知庶大校、总参谋部周振远大校会同几位专家马上为 509 人弄出个四营区的“布防方案”来，一刻钟内完成。考虑到英方对于先头部队进驻英军总部始终心怀芥蒂，专家们将 509 人按 146、183、78、102 的编制分在了石岗、昂船洲、威尔斯亲王大厦和赤柱军营。我鼓励大家群策群力，为这方案准备好充分的支持理由，一旦英方质疑，就由我方专家相继发言解释。

果不其然，包雅伦听取我介绍有关方案后，指进驻威尔斯亲王大厦的中国军人太多。陈知庶大校立即解释，威尔斯亲王大厦不仅是驻港英军的三军总部，也是香港回归后驻港部队的指挥中心，具有重要的战略意义。按照中国军方惯例，对于重要场区的防务安排是要设双岗的，所以需要额外的人员。

防务交接仪式其实是临时起意

这时，杨建华大校提出了一个聪明的建议，7 月 1 日零时在附近的会展中心正举行中英两国政府关于香港政权交接的仪式，在这同时，也可以在威尔斯亲王大厦举行一个中英两国驻军的防务交接仪式，有迎有送，都有尊严，双方的面子都能照顾到。

此话一出，英方代表团成员短暂交头接耳了一阵，包雅伦不再进行反驳，让助手接过中方的“布防方案”稿纸，说立刻将此上报伦敦。

因为这个建议，世界才能在 7 月 1 日的威尔斯亲王大厦看到解放军接管军营的一幕：

1997 年 6 月 30 日 23 时 53 分，中英防务交接仪式正式开始。中方卫队长谭善爱中校、英方卫队长埃利斯中校各率本国卫队，相向立定，互行持枪礼。谭善爱是个大个子，威武庄严，昂首挺胸，往那儿一站，似乎比埃利斯中校高了一个头。

埃利斯中校先敬礼报告：“威尔斯亲王军营现在准备完毕，请你接收，祝你和你的同事们好运，顺利上岗。长官，请允许我让威尔斯亲王军营卫队下岗。”

谭善爱中校声若洪钟般地大声回复：“我代表中国人民解放军驻香港部队接管军营，你们可以下岗，我们上岗。祝你们一路平安。”

23 时 56 分，中方两名士兵肩扛步枪，迈着正步走向营房大门，立正上岗。

中英防务交接仪式是临时起意，得到英方积极响应

埃利斯中校是最后离开军营大门的英国军人，他向停泊在50米开外的军舰“漆咸号”兵舰走去。“漆咸号”以西不远的上环水坑口，是1841年英国殖民远征军登陆香港的地方……

防务交接仪式达成意向后，双方再接再厉，在装备和进港时间问题上也很快达成了共识。中方承诺先头部队将不乘敞篷卡车，而改乘大客车或中型客车进入香港，承诺只携带自动步枪、轻机枪等轻武器，连同军旗都不会展露在车外；英方则同意先头部队提前进港的时间不能早于当晚21时。

至此，中英联合联络小组防务与治安专家小组就先头部队提前进入香港的所有问题均达成了一致。包雅伦表示，所有的内容还需要得到伦敦大臣们的批准，预期23日上午可以向中方做正式的确认。我表示欢迎英方在专家层面确认达成共识，强调这些共识来之不易，是双方共同努力、互相尊重、互谅互让的结果，希望英方代表尽快带来皆大欢喜的消息。

中方防务与治安问题专家小组圆满完成所有军事问题的谈判，
部分成员在返回北京和深圳前与我在谈判楼前合影

翻译员的笑容

此时，我发现坐在对面包雅伦代表旁的译员陈淑华小姐眼睛亮了起来，脸上绽放笑容但又瞬息收敛，恢复一本正经的常态，埋头速记老包的回应，然后用平淡的中性语调准确翻译成中文。

陈小姐是港英政府翻译室的首席译员，业务最强，据说撒切尔夫人来港也是她担任翻译，她不仅英文好，而且中文、普通话也很好，尤其擅长运用中国的成语、谚语，比如能把“耳熟能详”等不太热门的词组在即席翻译时脱口而出，多场谈判中这个“耳熟能详”词组曾在她的口中切近地出现过多次，给我留下深刻的印象。

给我印象深刻的还有她在执行公务时的微妙心态，这几年，中英联合联络小组几项重要谈判的英方译员都是由陈小姐担任，所以我和她虽然个别交谈机会不多，但观察她甚至注视她的机会却不少，因为我需要借助她的翻译，一字不漏地了解英方组长说的话。我发现，她不但是一位忠于职守的公务员，而且作为译员她认真践行严复先生提倡的“信达雅”职业操守，一丝不苟，甚至力图善美；即使在谈判桌旁，她的心态也是与绝大多数的香港同胞一样——希望中英双方在香港过渡期加强合作。对于每一次谈判冲突深层的原委道理，她可能不一定完全了解或者不太想去了解，但明白，凡事中英和则香港幸、裂则香港衰，总希望自己能为此多出点力，又好像觉得无可奈何。所以，我能多次观察到，双方剧烈争吵时，专家组成员的表情或许可以是激动乃至愤怒，而她的语调虽然一如既往地平淡，却会流露出一丝痛苦；一旦双方接近达成共识，她偶然也会情难自禁地调神畅情，流露出一丝激动和兴奋。

我理解陈小姐内心深处的纠葛。她所代表的香港公务员的素养和敬业精神、高质量的专业水准，给予我和专家组的同事们很大支持，

与英方代表团同游泰山，前红衣者为英方译员陈淑华

也是对我们的一种激励。为了同一个目标——实现香港平稳过渡——同心协力，甘苦与共，在迎接回归的日日夜夜里，有多少同胞和陈小姐一样，默默奉献着，支持我们一步步迈向目标。

香港回归后，陈淑华小姐作为中国香港特区政府驻东京的贸易代表来北京，参加清华大学专门为特区高级公务员举办的短期国情培训班。我会见培训班全体学员时，才再一次见到她，这时的她神情焕然一新，更显风采。

全省抽调依维柯

那晚回到中代处，发完密电，我和战友们才感觉到了什么叫“力尽筋疲”，五天五夜的疲劳一下子压到眼皮上，赶紧回家冲凉，睡觉。

22 日，英方没有动静，媒体也没有一点动静，这次磋商的保密工作中方做得好，英方也做得好。从疲劳状况恢复过来的我们，沉浸在

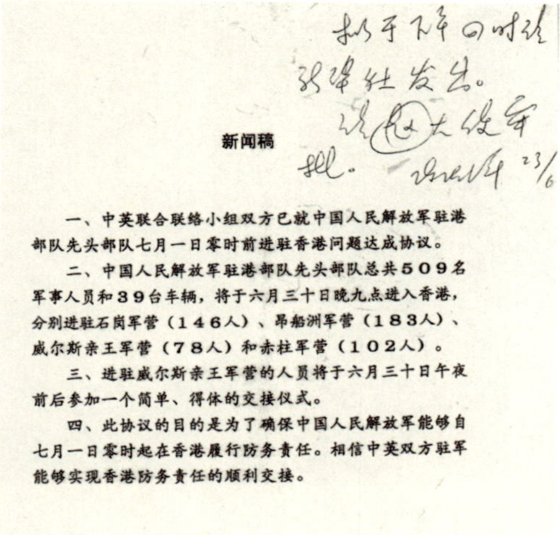
新闻稿

一、中英联合联络小组双方已就中国人民解放军驻港部队先头部队七月一日零时前进驻香港问题达成协议。

二、中国人民解放军驻港部队先头部队总共５０９名军事人员和３９台车辆，将于六月三十日晚九点进入香港，分别进驻石岗军营（１４６人）、昂船洲军营（１８３人）、威尔斯亲王军营（７８人）和赤柱军营（１０２人）。

三、进驻威尔斯亲王军营的人员将于六月三十日午夜前后参加一个简单、得体的交接仪式。

四、此协议的目的是为了确保中国人民解放军能够自七月一日零时起在香港履行防务责任。相信中英双方驻军能够实现香港防务责任的顺利交接。

宣告先头部队提前进驻香港的待发新闻稿，上有我的请示批注

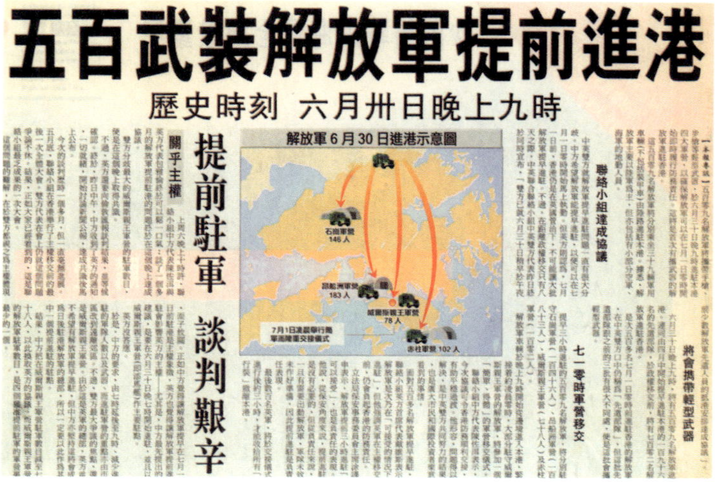
五百武裝解放軍提前進港

歷史時刻 六月卅日晚上九時

提前駐軍 談判艱辛

解放軍6月30日進港示意圖

聯絡小組達成協議

七一零時軍營移交

將會攜帶輕型武器

關乎主權

6 月 24 日，各大媒体都报道人民解放军将提前开进的消息及路线图

焦急的等待之中。

23 日上午过去了，直到下午 4 时左右，也就是伦敦时间早晨 8 时左右，英代处正式通知我们，英国政府高层接受了 21 日专家小组会议形成的全部共识。我立刻草拟新闻稿，请赵稷华大使审批后发送新华通讯社，并邀请中央电视台驻香港记者马上赶来中代处，我要接受采访。

当晚，中国人民解放军驻港部队先头部队将提前进入香港的消息传遍了全世界。自接受谈判任务到发布成功消息，正好经过七天。

6 月 27 日，中英联合联络小组双方还通过未来特区行政长官办公室，就英军 7 月 1 日零时后三小时内的撤离安排和当日早晨 6 时驻港部队大部队进港的安排互相进行了简要的书面通报。

先头部队进驻的各项准备工作随即紧锣密鼓地开展起来。由于前往赤柱营区要经过港岛南沿崎岖狭窄的道路，中国军方常用的北方牌大客车无法通行，需要换上较为“苗条”的依维柯中型客车，但是驻港部队没有那么多依维柯。作为香港回归大后方的广东省政府，主动承

排列整齐、蓄势待发的依维柯，是特殊时期特殊的车队

香港市民在倾盆大雨中热烈欢迎解放军驻港部队，送上“威武文明之师”的牌匾

解放军驻港部队海军于 1997 年 6 月 30 日晚在蛇口妈湾港口做赴港前的最后动员，做最后准备

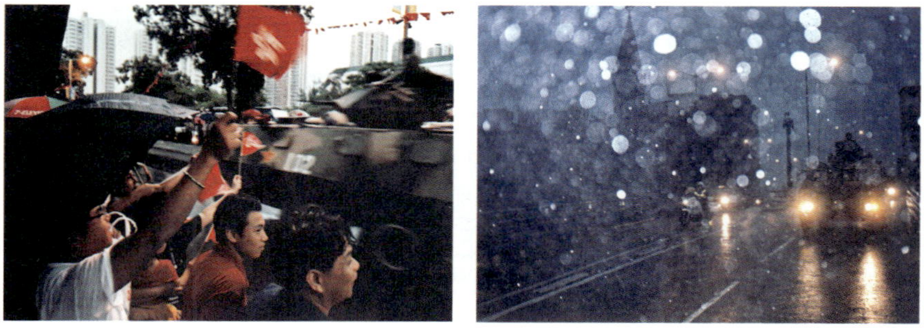

解放军驻港部队进驻香港，受到热烈欢迎

担起筹组清一色 39 台依维柯车队的任务。

深圳河两岸的深圳市民和香港同胞都在热情筹备沿途夹道欢送、欢迎解放军驻港部队的活动。7 月 1 日清早，天还没亮，成群结队的两地同胞就冒着大雨，守候在公路两旁，冷风冷雨无法浇凉一颗颗火热的心。驻港部队“威武之师，文明之师”的车队刚在 4 万深圳市民的歌声中接受了红旗和鲜花欢送，立马又见到了富有爱国爱港光荣传统的香港新界同胞，他们在部队将开进的公路上搭起一座又一座彩门，编排了地方特色的文艺节目夹道欢迎，又送匾额，又送鲜花。

方言成了特殊密码

谈判取得成果固然令人欣喜回味，谈判之外也有许多令人难忘的回忆，可以称之为值得回味的“花絮”。

由于关于先头部队开进的谈判时间非常紧迫，形势不断变化，为了在必要时尽快向北京请示并及时接受指令，经上级同意，我们除了通过常规的机要密电联系之外，还辅之以手机电话用暗语联络的办法。广州军区来的军事专家给我配备了三个不同号码可以漫游境外的手机，我随身携带，谈判时一旦任何一个手机铃声响起，我会立刻中断会议，跑步到楼外的小花园去接听。

与我通话的通常是外交部港澳办主任朱祖寿，偶然也有王英凡副部长，我们三人都能讲上海话，通话时用上海话加约定暗语交流，就增加了窃听、破译的难度，为谈判争取到多一点于我有利的时间。这实在是在非常情况下的非常做法，打的就是准备被对方窃听、破译，然后通过程序信息被送到对方代表团手中这起码需要半天的时间差。而我从通过手机汇报情况到接听北京指示一般只需要等候 20 分钟——

后来才知道，这短短的大约 20 分钟里，前方谈判桌上的情况及汇报请示不但已经从香港传递到北京外交部，而且从外交部报到了钱其琛副总理，甚至通过钱副总理报到了中央最高领导人那儿，而且还能将急如星火的重要指示层层反馈回前方，利用时间差的优势继续推进谈判，在半小时或一小时内就使得谈判桌两旁的局面发生实质性变化。

英军告别曲《友谊地久天长》

回归前夕，还有一件事让我印象殊深。究竟发生在哪一天似乎已无从考究，我查阅了 1997 年 6 月下旬的香港各家报纸，都读不到有关报道。

那是在解放军先头部队提前开进的谈判结束之后，一天我收到英方寄来的请柬，邀请中代处出席在香港大球场举行的英军告别阅兵式。我和杨建华参赞、胡厚诚委员等六人欣然应邀。

当日乌云遮月，香港最大的露天大球场笼罩在昏暗的灯光中，看台上观众密密匝匝，绝大多数是外国人，男女老少，拉家带口的。大家好像都处在肃穆的气氛里，没有笑声，甚至没人大声说话。忽然，哀婉、壮烈的苏格兰风笛声声响起，流转回畅于整个空间，军乐队的鼓也咚咚咚地加入进来，一声声，仿佛在提醒离别时刻的降临。阅兵开始，身着整齐制服的英军荷枪，举旗，一方队一方队地从人们眼前嚓嚓走过，有人告诉我，其中有在第二次世界大战时屡建战功的廓尔喀兵团。

阅兵接近尾声时，风笛奏出著名的《友谊地久天长》旋律，用英国的民族乐器演奏英国民歌，声声撩动心弦，观众们纷纷站起身，手挽手，和着音乐大声唱起来，有些人眼里噙着泪花。香港，这个

150多年前名不见经传的渔村，如今成为名副其实的东方明珠，她不仅是大国利益历来的角力之地，也是国际投资者的聚宝盆，凝聚了千千万万人真实的智慧、资金和感情。他们来自中国内地，来自四海五洲，几代人以不同方式毕生劳作，见证了香港奇迹的诞生和成长。那优美而略带伤感的风笛，诉说着这块土地的历史，乐曲里有离别的怅惘，也充满对未来的渴望。

此时，我的内心被深深触动，我从座位上站了起来，向邻座的一位外国人伸出胳膊；他略显惊喜，迅速挽起了我。我们的歌声瞬间融入了风笛搅动的海洋。我要把对香港的爱，对她的责任，对香港未来的稳定繁荣所必须付出的承诺和决心，大声唱出来！《友谊地久天长》不仅是告别，也是祝福。在那泪水纷飞的大球场里，我对自己说："香港的明天一定要更好，必须更好！"

此时，对于大球场外的整个香港来说，恰是另一番大相庭径的欢天喜地，从天上到地下都笼罩在越来越浓重的欢庆回归的喜悦中。整个城市都张灯结彩，喜气洋洋，各种庆祝活动热热闹闹地竞相登场。

香港千百辆红色、绿色的出租车在工联会统筹下，都在车前挡风玻璃的上方"长"出了两个漂亮的"红角"，那是中国国旗和香港特别行政区区旗，在行进中猎猎飘扬。我知道，这两面旗也在千百万香港同胞的心中飘扬，在我们这样的从北京来接力最后一棒、与同胞们休戚与共迎接回归的国家公务员心中飘扬。

政权顺利交接、平稳过渡结束的历史时刻，全香港地区下着从未见过的大雨，天、地、人在瓢泼的雨中浑然一体，在历史的转折点上接受冲刷和洗礼。

1999年12月21日，中英联合联络小组在香港举行完成历史使命的盛大告别酒会。为配合我和英国副外相的时间表，宣布的日子比《中英联合声明》的规定提早了10天。我以中国国务院港澳办的受邀

1999 年 12 月 20 日凌晨，我和包雅伦在澳门政权交接场地喜相逢。我时任国务院港澳办副主任、中国政府澳门特区成立庆典筹委会副主任，老包亦荣升英国驻香港澳门副总领事

中英联合联络小组完成历史使命时，与新机场谈判中方翻译袁芳（左）和多项谈判的英方翻译陈淑华（右）留影

2009 年拜会全国政协副主席、前任特首董建华先生，重访已经改建为前任特首办公楼的坚尼地道 28 号

嘉宾和中代处老代表的双重身份，从刚结束的澳门回归庆典现场匆匆跨海赴会。那天，我与我的老对手包雅伦大使碰了杯。回想当年他第一次请我吃饭，我提出以水代酒的日子，万般感触涌上心头。有朋友给我看那天的《明报》，有篇报道，记者问包雅伦，你对中方代表谁的印象最深？对他们的评价怎么样？包雅伦毫不犹豫地说，陈佐洱。我跟他谈得最多，吵架最多，但是达成的协议也最多。

2009 年 9 月我出差香港，去坚尼地道 28 号造访全国政协副主席、前任特首董建华先生。特区政府已经把这个记载了回归前许多难忘岁月的地方改成前任特首的办公楼。我拜会董先生之余，也是想故地重游，重温一下旧日的梦。董主席和他的秘书谭慧云小姐陪着我楼上楼下看了一圈，一层没有什么大的变动，二层原来的谈判大厅已经一分为二，隔成了两间一样的前任特首办公室，董先生用一间，另外一间虚位以待。我特意去寻找当年和包雅伦密谈的那个很黑很小的储藏室，却找不到了。我指着印象中的那个地方对董主席说，那间储藏室应该就在这位置。他说，噢，那问一下工作人员。原来，这里在重新装修的时候，把储藏室拆了，变成了特首办公室工作人员办公室的一部分。

第五章

财政预算案编制谈判

《论语》道，“足兵、足食、民信”乃为政之三要。在现代社会，国防、经济和民心依然是社会政通人和、繁荣稳定的根基。如果说防务问题谈判旨在“足兵”，那么有关编制跨越1997年的财政预算案的磋商则意在“足食”，为香港回归后新成立的特别行政区打造好的家底。

一个财政年度分两半

财政预算案是现代政府理财的重要工具，是政府收支计划和经济政策的集中体现，对经济民生影响重大。

按香港的惯例，每个财政年度从当年的4月1日起，至次年的3月31日止。显然，97/98财政年度将跨越香港历史性的回归，其中前三个月为港英政府管治，后九个月将由中国香港特区政府管治。这个年度财政预算案的编制理应由中英双方共同完成。又由于财政政策、收支计划的连续性，之前一个财政年度的预算案必然对后一个年度的预算案产生重要影响，因此在中国香港特区政府尚未产生前，由中国中央政府代表未来特区利益，与英方就97/98、96/97两个过渡期财政年度的预算案编制进行合作，既是香港政权交接的应有之义，也是实现香港财政政策平稳过渡的客观需要，符合《中英联合声明》精神。

英方对于这些重要原则表面上不持异议，实际上却想独自把握，以便配合其“光荣撤退”方案的实施。因此，不仅想方设法阻挠中方参与预算案编制，还急功近利、不负责任地做大开支以粉饰政绩。中方为了给未来特区留下一个好家底，几经周折，不懈努力，才得以在预算案编制过程中发挥了应有的影响力。

在这过程中，我个人也经受了不少历练，多次处于舆论的风口浪尖，可谓是谈判生涯中最跌宕起伏的难忘一课。

一度对“钱”重视不够

中英双方自1994年开始就过渡期预算案编制问题交换意见，决定成立专家小组进行正式磋商。

为了主导谈判的方向，英方抢先公开向社会宣布，它将向中方“介绍”96/97年度财政预算案的编制过程，并就跨越回归的97/98年度预算案“咨询”中方意见，一个“介绍”、一个“咨询”，先入为主地界定了中英双方在未来专家小组中的角色。

港督彭定康于1994年10月发表的施政报告以及英方在当年底向中方提交的书面意见均表达了上述观点。

令人遗憾的是，中代处内部一度对此缺乏警惕，在1994年底召开的两次联络小组全体会议上居然没有对英方立场提出异议。

1995年我接到准备上手财政预算案编制谈判的任务后，和同事们对有关情况进行了研究，认为英方的观点是明修栈道，暗度陈仓，徒取合作之名，实际上是把中方的作用限制在听取“介绍”和接受“咨询”的范围，这不符合《中英联合声明》精神，也是对未来特区政府不负责任的做法。中方应该实质性地参与到两个过渡期预算案的编制过程中去，尤其要对97/98财政年度预算案编制采取以我为主的立场。

当然，以上看法不仅是对英方立场的挑战，也是对以往谈判思路的修正。我先后向新任首席代表赵稷华大使和国港办鲁平主任做了汇报，并非自恃高明，而是和每一个有担当的国家工作人员一样，竭忠尽智地为决策提供参考。

我的看法得到了赵大使和鲁主任的支持，决定成为中方正式立场。

我与赵稷华大使

现在回忆中英谈判的那段时光，我们参与的所有人都满腔热情，憋着一股无私无畏的劲头，虽然对问题的看法有时有差异，但基本不存私心芥蒂，大家的目标和行动都植根于国家和香港的根本利益。我想，这种精神也是我们成功完成一系列谈判、实现香港完整回归祖国的一个重要因素。

隔空对招

内部统一思想之后，就该寻找好的时机，与英方过过招了。

机会很快就来，1995 年 2 月 27 日，报载港督彭定康宣布，考虑到 1997 年香港回归中国在即，有必要将香港的财政预算案“知会”中方，因此已将港英政府 95/96 年度的财政预算案向鲁平主任通报，俨然一副真诚的姿态。

被港人戏称“肥彭”的这位末代港督向来善于选择性放料，这次恰好为我“抛砖引玉”。这一天，我应邀出席香港友好协进会的一场活动，其间记者询问我对彭定康宣布通报的看法。我当即表示，香港回归临近，跨越1997年的预算案，中方理所应当介入和参与。考虑到预算案存在周期性，中方的参与不能等到1996年或1997年，而应该从今年开始，逐渐深入。我还针对英方内部传出的一些对中方颇为藐视的说法纠正说，中英在预算案编制磋商中的关系，不是英方上课、中方听课，而是相互学习和磋商，特别要学好《香港特别行政区基本法》第107条“量入为出，收支平衡，避免赤字”等有关规定。……这番话随即被左中右各家媒体大幅报道，被称作“中方第一次公开表达对预算案问题的立场”。

港英当局的三把手、财政司麦高乐[1]坐不住了。两天后，他也利用某个场合，重申了一番要等到1996年才会就跨回归预算案“咨询”中方的老调。

我又根据《中英联合声明》附件二里的规定，通过传媒批驳了这位在香港被尊称为“财爷”的英国老爷的言论，强调中英两国对于香港跨1997年预算案的合作不是“咨询”和“被咨询”的关系，而是要共同编制、共同审议。就这样，“空对空”地过了几招。

---

[1] 麦高乐（Sir Nathaniel William Hamish Macleod，1940— ），先后就读于圣安德鲁大学和布里斯托大学，1966年加入港英政府工作。曾在财政科、铨叙科（1991年后改称公务员事务局）及政务总署出任多个高层职位，后历任助理布政司、助理财政司、贸易署署长、工商司、副财政司、财政司，1995年退休。

首聘港人担任中方顾问

我一边抓住机会对外阐述中方的立场观点，一边参与筹组谈判队伍。中方专家组成员来自财政部、外交部、新华社香港分社和国港办，包括财政部预算司高强司长、税改司王晓峰处长、会计司刘玉廷处长以及外交部港澳办李春岩参赞（后改朱祖寿参赞）、国港办经济司刘强处长和新华社香港分社经济部王林处长，前几位是国家一流的理财专家，后几位则是前方、后方，对外、对内的港澳问题专家。

为了体现“港人治港”、当家做主，以及弥补我和内地专家们对香港资本主义的财政运作了解不足，还特别邀请了四位全国人大常委会香港特区筹委会预委会经济组中的香港委员担任中方专家组顾问，他们是安达信香港公司总裁方黄吉雯、东京银行香港分行总裁邵友保、前香港交易所董事黄宜弘和前行政局首席议员钟士元，都是香港财经界很有影响力的人士。他们是 600 多万港人中首批代表香港的未来、站在中方一边参与中英联合联络小组谈判的，第一次与英国人平起平坐地讨论香港的命运。

英方得知中方的这一安排后颇有抵触，但又无可奈何，因为这毕竟是中方自己的事情。不久，就想出了一个干预的理由：这四位顾问来自香港社会，担心他们在财政预算案编制过程中接触到的机密资料可能与英方存在利益冲突，所以必须先向英国履行一个宣誓仪式，实际上是要这四位顾问必须首先明白自己是臣服于英国的殖民地居民身份，即使被中方聘请了，坐在了中方一边，也还得不忘效忠“祖家”英国。

我们把这个无理要求顶了回去，中代处回复说，这四位顾问都是全国人大常委会聘任的香港特区筹委会预委会成员，他们已向祖国做

我与专家组成员高强，他后来曾担任财政部副部长、国务院副秘书长、卫生部部长

中方专家组及顾问阵容。前排左起：顾问黄宜弘、钟士元、方黄吉雯，财政部预算司司长高强，陈佐洱，顾问邵友保，外交部港澳办主任朱祖寿

过公私分明的庄严承诺，无须再在中英联合联络小组里安排宣誓，更不能向英方宣誓。

赶着鸭子上架

当时，中英联合联络小组已经商定第一次财政预算案编制专家小组会议于 3 月 30 日在北京举行。但会议举行前发生的公开和不公开的分歧，日益脱离了英方预计的轨道，他们显得犹豫起来，不仅迟迟不公布英方专家组成员名单，还在 3 月 30 日预定的会期前夕以“公务繁忙”为借口，竟向中方表示不能出席会议。

我听说，当时英方有两种意见，一派主张跟我们磋商财政预算编制，说愿意谈就谈吧，先给他们上上课，他们连什么是资本主义都不懂，要教会他们怎么来编预算案。我听后回应说，还是首先要教你们学学基本法，编制预算要跟基本法里规定的理财原则相衔接。所以我建议把第一次专家会议放在北京开。起初英方没有察觉，答应了，后来有人私下跟他们讲，中方是要你们到北京去学基本法，他们就不干了。而英方的另一种派压根儿就不主张跟中方合作，认为编制这个财政预算案是当今英国管治者自己的事情。

英方举棋不定，我们要把它变成一个既成事实，所以要赶着鸭子去上架。我迅速答复英方：“贵方突然的‘公务繁忙’不成理由。中方代表团各成员的时间表都已排定，难以更改，必须按双方原来的协定赴北京开会。”同时，我请新华通讯社发了篇稿，报道专家小组会议将按照中英双方事先的商定，如期于 3 月 30 日在北京钓鱼台国宾馆召开，中方为此已做好一切准备。

英方对这一切保持缄默，不做任何回应。

位于香港中环花园道、与缆车总站比邻的中英联合联络小组英方代表处

时间到了28日，离开会只剩两天了，英方还对双方如期赴会不明确表态，看来真得用行动“赶鸭子上架”了。29日，在事先与传媒打了招呼之后，我带领在港的中方专家组成员和顾问乘坐第一班航班，“隆重”地飞往北京，在香港启德机场我向记者朋友们表示，明天将在北京恭候英方代表团的来临。与此同时，赵大使在29日一天内，两次亲赴英代处，催促英方专家组启程赴会，给英方造成极大的压力。

后来听说，英方内部颇为紧张，英代处和港英政府高层密集会商——去，还是不去？其中强硬派坚持不赴北京开会，要逼中方接受了英方意见后再开始正式磋商；温和派则主张先把会开起来，通过谈判来争取英方利益。为了避免彻底与中方闹翻，造成损人不利己的下场，最终后一种观点占了上风。

其时夕阳已经西下，离香港飞往北京的最后一个航班起飞时间不到一个小时。港英当局破例打电话给启德机场和航空公司，要求为以库务司兼候任财政司曾荫权为组长的英方代表团开一路绿灯，航班必须在这批 VVIP 登机后才能起飞。

这次开会前的较量有惊无险，深夜，我在北京从英国驻华大使馆得悉，英方的同行们终于抵达了北京，已经下榻使馆安排的酒店。

一同向基本法取经

1995 年 3 月 30 日，春光明媚的北京钓鱼台国宾馆里松柏青翠，迎春花、玉兰花、蝴蝶花迎风怒放，中英关于香港财政预算案编制第一次专家小组会议在这里如期召开了。

开场白中，我引用一句宋词“飞霞半缕，收尽一天风和雨”，寄语希望双方不计前嫌，从此真诚合作。我说，今天和昨天不一样，很高兴能在北京就磋商香港过渡时期财政预算案编制的有关问题同英方举行专家小组会议，也能使我们略尽地主之谊。

曾荫权先生系着鲜艳的蝴蝶结领带，面带微笑，心领神会，随即说道，好天气显示好预兆，事情开始时往往会有困难，但只要可以开始，便会很顺利。这番颇有默契的寒暄为会谈带来了好的气氛。

曾荫权在香港有一个很善意的外号叫作“煲呔曾”。它是广东话引申出来的，“呔”指领带，“煲呔”就是蝴蝶结领带。听人说，他出门做事，总是面带微笑，西装笔挺，衣领上面结着一个跟西装颜色相配的煲呔，据说他家里有超过 100 个煲呔，放在衣柜的三个架子上面。香港著名时装设计师邓达智评论说，曾荫权的领结抢眼但不刺眼，有幽默的卡通图案在上面，甚至有上世纪 60 年代兴起的意大利迷幻色彩图案，打破了高官服饰的沉闷感，成为营造了个人风格形象的一个成功例子。

为了拉近与这位新谈判对手的距离，我邀请记者们走近谈判桌，

中方首次祝贺曾荫权荣升港英财政司

郑重表达了对他荣升新职的祝贺。在英国管治香港的150多年中，港英政府总督之下的布政司、财政司和律政司三个重要职位从来都是由英国人担任，而此次在香港回归前一年半之际，曾荫权先生接任财政司，是英方启用的第一个港人。我表示相信他会为香港政权的顺利交接、使财政政策与基本法相衔接担负起更重要的责任。这是曾荫权首次得到中方的正式祝贺，似乎出乎意料，他连声道谢。

当天的会议，双方面对面地交换了对合作编制预算案的设想。我表达了中方的立场：第一，中国政府无意干预1997年6月30日前香港的行政事务，但鉴于96/97年度与97/98年度财政预算案密切相关，英方应该在96/97年度预算案定稿前咨询中方意见；第二，97/98年度预算案的执行跨越了1997年7月1日，为保证财政预算和运作的平稳过渡，该年度的预算案应由中英双方共同编制，又由于年度里的大部分时间为香港特区政府管治，因此该年度预算案应以中方（届时将包括候任行政长官及其提名的财政主管官员）为主进行编制；第三，考虑到编制预算案是十分复杂的工作，请英方为中方专家尽早参与到编制工作的实际过程创造条件。

我郑重其事地阐述了基本法第107条对未来香港特区政府的财政政策做出的明确规定，即“香港特别行政区的财政预算以量入为出为原则，力求收支平衡，避免赤字，并与本地生产总值的增长率相适应”。这是总结了香港几十年来正反理财经验拟定的，不仅对未来特区政府有约束力，而且也应是港英政府在后过渡期理财须遵循的原则，这样

财政预算案编制专家小组第一次会议在北京钓鱼台国宾馆举行

才能实现 1997 年前后财政政策的衔接，使得 600 多万香港居民和国际投资者放心。

曾荫权擦擦眼镜

曾荫权虽是港人，但作为英方专家组组长只能萧规曹随，只见他发言前摘下眼镜，用绸帕轻轻擦了擦，似有难色地重新抬起头，重申了彭定康、麦高乐等港英高官表达过的立场。

会后，我和曾荫权接受传媒采访，尽管没有缩小分歧，但本着合作的精神，我们在介绍客观情况的基础上对会谈给予了积极评价。我向记者们表示，会谈气氛友好、务实、坦率。曾荫权也表示，中英双方在原则问题上有分歧，不容易解决，“但实务很多，为什么我们不开始做实务工作呢？”他又说，双方如在香港未来的繁荣稳定、财政政策顺利交接的大前提下充分合作，加强谅解，“相信其他的分歧不是大问题”。

我们宣布，已约定继续保持磋商，不久以后在香港举行第二次会议。

麦高乐搅局

北京会议初步建立了合作的势头，但某些英国人似乎不愿乐见其成。会议的次日，刚刚卸任的前港英财政司麦高乐主动约见记者，批评中方“临时改变立场”，对此感到“极之失望，极之迷茫”。他披露，中方曾在 1994 年 6 月举行的中英联合联络小组会议上建议英方就 97/98 年度预算案咨询中方意见，并就 96/97 年度预算案的编制过程向

中方专家小组成员和顾问们在中代处举行内部会议

中方介绍情况。麦高乐表示，英方目前的立场完全是根据当时中方建议而制定的，但中方现在却改变立场，要求“共同参与”，引起不必要的争拗。

中代处对麦的言论感到非常不满，这位典型的殖民主义官员有些理念是根深蒂固的。四年前他曾一度作为关于香港新机场建设谈判的英方专家小组组长与我在北京打过交道，被“逼到墙角”败下阵来，据说还掉了眼泪，现在刚刚“无官一身轻”，以为可以放开来讲话，声音、调门儿就不一样了。的确，以往中英双方就预算案问题交换过意见，但麦高乐把当时内部会议上的一般性讨论视为中方正式立场，并公开大做文章，不仅破坏了保密原则，也是断章取义，极不合理的。

我和赵大使立即通过媒体表示，中英双方关于预算案的正式磋商是从两天前的今年 3 月 30 日才开始的，不要被英方一些不负责任的言论误导。

"神童"邝其志坐镇

1995年5月22日至27日，专家小组第2次会议在香港举行。这次会议主要是听取英方如何管理公共财政的介绍，并根据英方安排进行了一些考察活动。

曾荫权已升任财政司，原副库务司邝其志转正，接替曾荫权担任了英方专家组组长。邝其志先生是英方阵营里的少壮派，从小有"神童"之称，聪慧过人，他有时不喜欢通过翻译转译，而喜欢不顾及他的英国同事能否听懂，用那刚从北京清华大学短期进修时学来的夹杂浓厚广东音的普通话发言或交谈，而对于他的上司定下的谈判界限却绝不会有丝毫逾越。

为避免流于空谈，我建议会议磋商应与港英正在进行的96/97年度预算案编制工作相结合，希望可以旁听库务司与各政策局讨论预算收支的高层资源会议。邝其志表示落实有困难，相信英方专家组用一

邝其志接任曾荫权继续主谈财案编制，与他摄于北京怀柔红螺寺

系列讲解会让中方对港英政府的理财有更深刻认识。

鉴于英方仍不愿意让中方参与预算案编制的实际过程，我决定利用会后接受记者采访之机，通过引导公众舆论来推动英方。我对传媒表示，中方关注预算案中所有影响到回归后的项目。有了中方的参与，才能实现香港财政政策的平稳过渡。以基本建设工程为例，港府每年 9 月都会对有关工程进行五年预测，今年和明年的预测都会对回归后的香港产生影响，哪些工程会在回归后完成？会带来哪些新的额外开支？这些问题都涉及回归前后财政政策及预算的衔接，都需要中英双方加强合作。中方对预算案的参与应该是实实在在的，希望尽早为中方的参与创造条件。

广东话毕业考

这次会议期间还发生了一个小插曲，让我有机会在推动预算案磋商的同时宣传基本法对香港政治体制的设计。

5 月 26 日，为了解港英立法局在预算案编制过程中的作用，我和 12 名同事赴港英立法局旁听财务委员会会议。

我从 1988 年初进入国务院港澳办就借助听粤语录音带、唱粤语歌学习广东话，那个时候香港人会讲普通话的很少，作为基本法起草委员会秘书处的负责人，我要经常听取香港人士对基本法的意见，还要做记录，所以就抓紧时间学广东话。在学习的过程中，我觉得广东话是一种很有影响力和生命力的语言，遣词造句又妙又好听。现在来港已逾一年，基本适应了广东话的语言环境，所以我在旁听席上放弃了布政司署专门安排的普通话同声传译耳机，原汁原味地观听议员们的辩论。到了 1997 年初，有一次我参加新界工商总会的春茗会，上台致

中英聯合聯絡小組中方代表陳佐洱（中）昨日到立法局旁聽財委會會議。（羅錦鴻攝）

陳佐洱旁聽財會會議後說 97後立局才真正有立法權

【本報專訊】中英聯合聯絡小組中方代表陳佐洱，昨日在港府安排下到立法局旁聽了財務委員會會議半句鐘，以便研究制訂財政預算案的程序。不過陳氏在離去時卻再三強調，九七年七月一日後的立法局才是真正享有立法權的立法機關。

對於這次有中方官員旁聽會議，議員均認為是好事，應加以鼓勵，好讓中方官員多了解立法局運作。民主黨的張文光還說，最好讓國務院港澳辦公室主任魯平來旁聽，看看立法局議員如何質詢港督及布政司，看清楚立法局是否英國官方的機構。他指出香港現在已有真正的立法機關，行使重要職權，如監察、批准政府的支出，希望這權力九七後仍繼續存在。

陳佐洱聯同多位有份參與香港過渡期預算案編制會議的中方官員及兩位中方專家顧問邵友保與黃宜弘，在財委會開始後數分鐘，由港府財政科新聞官陪同，到達立法局會議廳觀眾席。

立法局方面亦特別為他們安排普通話即時傳譯，不過，陳佐洱在整個旁聽過程中也沒有將耳筒帶上，只是偶而帶起放在一邊耳旁聽聽。這次是陳佐洱第二次到立法局旁聽會議；上次是在九零年十一月二十八日，當時身為國務院港澳辦公室一司副司長的陳氏，在訪港期間特意到立法局旁聽大會進行，會後陳氏表示，對這個英國法律下運作的機構增加了「感性認識」，並堅持立法局是不能代表民意。

而昨日陳氏在局內逗留約半小時後對記者表示，這次參觀後感與上回差不多，但若要增加一句的話，那便是「九七年七月一日香港享有真正立法權的立法機關，香港特別行政區與港英的不同，這只要看香港基本法與英皇制誥、皇室訓令，便可知有何不同。」

庫務司鄺其志表示，由於今屆期向中方介紹怎管理公共財政，而立法局財委會工作很重要，因此港府便安排這旁聽，以助中方理解。

我和中方专家组成员、顾问在港英立法局旁听

辞约 10 分钟，全是用了广东话，会长张人龙先生和台下的嘉宾居然都听得懂，报以热烈的掌声。传媒还把这件事当成了新闻，说陈佐洱可以用广东话演讲了。

当我离开立法局时，很多记者问我有什么感受，我告诉他们，这是我第二次来到港英立法局，第一次是在 1990 年 11 月，当时我根据《英皇制诰》和《皇室训令》里的条文称港英立法局是港督的咨询机构，曾引起一场不大不小的风波；然而今天对这一机构性质的感受并无改变。我说，香港只有在回归祖国之后才会真正享有立法权，未来特区的立法会才是历史上第一个代表香港民意的立法机构，这是香港基本法做出的规定，基本法对未来特别行政区的行政、立法、司法方面都做出了既不同于西方国家的三权分立，又体现港人当家做主的真正民主的制度安排。

7 月及 9 月份的第 3、第 4 次专家小组会议上，我按照鲁平主任的指示，继续不遗余力地推动英方为中方实质性参与预算案的编制过程

创造条件，要求英方能够通报 96/97 年度财政预算案的最新情况，并安排中方旁听编制过程中的有关重要会议。

英方终于做出了让步，首次允许我们旁听高层资源会议，并就经常性开支、基本建设工程计划以及工程之外的非经常性开支等重要资源分配问题与中方进行了讨论。至此，中方终于接触到港英编制过渡期预算案的关键资料，并逐渐参与到了实际编制过程中，逐渐回到合作和磋商的轨道。

实现参与固然可喜，但参与得越多，发现其中的问题也越多，有些问题还很大，下一步谈判又是场硬仗。

突然的慷慨

时光在紧张充实的工作中飞逝，不知不觉已近 1995 年岁末，关于 96/97 年度预算案的编制工作也渐近尾声。中英双方商定于 11 月 28 日至 29 日在北京举行第 5 次专家小组会议。我与中方专家组的同事们早早着手准备，希望能通过本次会议督促英方就业已完成的开支预算进行总结，并重点讨论仍在编订中的收入预算。

正在这时，一位港英官员的公开讲演引起我的严重关注，甚而影响了即将召开的第 5 次会议议程，并由此引发了一场意想不到的轩然大波。11 月 14 日，港英政府社会福利署署长、爱尔兰人冼德勤[1]先生发表了一篇题为《香港的社会福利制度——世界顶尖的制度》的公开演讲。他骄傲地说，目前香港社会福利的提升速度超过世界上任何一个国家。1995 年的社会福利开支是五年前的 2.5 倍，年增幅达 27%。根

[1] 冼德勤：爱尔兰人，1992 年至 1996 年任港英政府社会福利署署长。

据政府现行规划，到2000年香港的社会福利服务将达到第一世界国家的标准——这番旨在为末代港督歌功颂德、字里行间再三标榜香港福利“惊人增长”的演讲，的确令人十分震惊。

对于香港的社会福利问题，中方一向认为应在财政稳健的条件下，随着经济发展和实际需要不断提高，但此时港英政府突然加速扩大福利支出，我认为绝非福音。首先，它单方面地对1997年后香港福利开支进行规划，明显是越俎代庖，严重违反了《中英联合声明》；其次，即使有关政策不会推行至1997年后，但福利政策在某种意义上具有上易下难的刚性特点，港英在撤退前大撒金钱，将福利推至与财政收入和经济发展不相匹配的高水平，那么日后新成立的特区政府很可能在惯性轨道上难以为继，更遑论遇上内外经济形势不景气或政府卖地等非经常性收入不理想等意外情况。早在9月第4次专家小组会议期间我就注意到，英方在公共开支方面削减教育和大型基建等长线投资，转而扩大了社会福利方面的支出，曾经呼吁英方要“瞻前顾后，深谋远虑，不可急功近利”，看来对方是置若罔闻了。

我立即请有关同事收集资料，对港英的社会福利政策详加研究，发现英方早已将扩大香港的福利开支纳入其实现“光荣撤退”的重要部署，有关政策已不再着眼于香港长远利益，偏离了《中英联合声明》和基本法规定的量入为出、审慎理财原则。彭定康于1992年出任港督后，其首份施政报告即鼓吹大幅提高社会福利，于是从93/94财政年度起福利开支便迅速上升，五年间在经常性公共开支中，扣除通货膨胀因素增长竟达66.5%。若按照冼德勤用社会福利署开支的口径计算，每年的平均增幅就达27%。今年10月，这个曾在英国撰文反对福利主义的保守党前主席彭定康在施政报告中还表示，要在继续提高香港福利开支的同时，实行减税和冻结收费。港英的财政收支已经因为他的新政出现了赤字，照他这么变本加厉地“节源开流”下去，下一年度的赤字很可能继续扩大，中国香港特区政府甫一成立，就将面临很不利的财政状况和政策掣肘。

“车毁人亡论”由来

我带着以上忧虑飞返北京。专家小组会议举行前的两天是星期日，我登鲁平主任府邸汇报请示。鲁主任听后表示，这个问题抓得准，港英当局大幅度提高福利是在给特区政府挖陷阱。可悲的是，一些刚刚走上政治舞台的立法局议员目光盯着眼前选票，在提高福利问题上竟为殖民者推波助澜。

我在笔记本上记下了这段精辟的分析和指示，迎视鲁主任满头漂亮的银发、大病初愈的矍铄目光，深受启发和鼓舞。回到钓鱼台国宾馆的客房里，我拧开台灯，连夜对会议的开场发言稿进行修改，矛头当然对准始作俑者彭定康，而不是某些刚步入政坛的议员。为突出中方对事态严重性的高度关注，我决定利用闭门会议开始前的记者拍照时间阐述中方立场。

11 月 28 日上午，中英联合联络小组财政预算案编制第 5 次专家小组会议如期在国宾馆 7 号楼举行。深秋的北京已经全城供暖，独立在钓鱼台国宾馆东门墙外的银杏树林经过一夜风雨扫荡，落叶纷纷飘落，把树周围和三里河路的人行道铺盖得一片金黄，带来了冬天已近的萧瑟之感。

记者们照例围着中方专家组在 7 号楼门前迎候英方代表团，照例尾随双方专家和工作人员鱼贯进入谈判大厅，不停地拍照。等所有成员在长桌两旁入座后，我用手指轻轻弹了弹话筒，开始发言，省掉了近似惯例的几句风花雪月开场白，开宗明义地说，中方专家组一向重

在专家小组第5次会议上批评港英临撤退前大幅提高社会福利，一个比喻引发“车毁人亡论”的大风波

视和欣赏港英以往多年的理财原则，那就是写进基本法的量入为出原则；不赞成港英政府扩大赤字预算，不赞成在过去五年里经常性开支中的福利支出在扣除通胀因素后增长竟达66.5%的做法，更不赞成港英有关官员公开扬言，用这样的高速度来提升今后五年的香港社会福利。这么重要的跨1997年的政策性规划，过去从来没有在中英联合联络小组的任何大小会议上讨论过，更不存在双方共识。中方曾一再表明，香港的社会福利有必要随着经济的发展不断改善和提高，这个精神也写进了基本法，可以相信，1997年后香港的经济发展和社会福利一定会比现在更好。但是，人们现在看到的是自从这位港督上任后，港英的各项社会福利开支突然变成了一辆在崎岖道路上飞奔的高速赛车，如果继续这样往前开，不用多少年，将会车毁人亡，而车上坐的

正是600多万香港老百姓啊！谁也不难判断，这种只顾眼前、不顾将来，企图在一日内把所有好事都完成的哗众取宠的做法，要么是居心不良，要么是政治上的不成熟。中方真诚地希望，通过双方进一步努力，能够在财政预算案的编制上取得更多一点的共识，使得香港过渡期最后两份预算案的原则能够同基本法的规定相衔接，为香港的平稳过渡和经济社会的长期繁荣稳定做出应有的贡献。

风波涌起

这番开场白可能让英方代表团始料未及，现场气氛很快从秋寒转向严冬的肃杀。邝其志沉下脸来进行反驳，他用“王顾左右而言他”的手法，只字不提我列举的五年来的事实和数据，不提港英政府的社会福利署署长的那篇讲演，先是笼统地表示香港政府开支增长不会超过经济增长，虽然因应社会需要，不同环节增长率会有所区别；接着就辩称过去几年福利开支增长比其他“高一点”，并无其他目的，是可以理解的，指责我说照此下去会“车毁人亡”的形容“过分一点”。

认为我言论“过分”的当然不仅有邝其志。当晚，彭定康亲自出马，率领一众官员对我发起声势浩大的反击。他把我形容是他驾驶“高速赛车”，偷换概念成“港人是最好的司机”，挑拨离间称“香港的社会福利开支完全是香港事务，中国任何官员都无权理会”！甚至危言耸听地谎称中方“把所有福利开支计划削减得体无完肤”，“港人对此决不受落”！我总算再一次领教了西方政客的口才。

显然，彭定康的惊慌、恼怒，是在为其撤退方略的暴露欲盖弥彰。他刻意曲解我的发言：我批评的是他，他却把被批评者偷换成港人；我反对的是违反审慎理财原则和香港长远利益的过快福利增长，他却

後過渡期

陳佐洱灑鱷魚淚？

民主黨立法局議員 張文光

陳佐洱炮轟港府大增社福

港督：港人有權駕駛自己的汽車

有港英议员写文章指我“洒鳄鱼泪”（左）
港英对我强硬回应，掀起一场舆论风暴（右）

诬称“中方把所有福利开支计划削减得体无完肤”；我发出提示性的警告，却被扣上“中方反对提升任何福利”的帽子；中国政府作为主权国政府，代表即将成立的中国特区利益与英方交涉，竟被指责为中方“干预香港事务”。这番极尽歪曲之能事的“高论”虽然经不起推敲，但在当时很多人不明真相的情况下具有很大的蛊惑性，一下子将我推至漠视港人利益、干预香港内部事务的孤立境地，并在肥彭和他某位新闻官的胡萝卜加大棒引领下，迅速形成了香港的“主流舆论”。短短一个多星期，上千篇五花八门的文章，通过文字、电波、视频铺天盖地似的对我进行声讨谴责，更有拿我 1994 年中秋前夕在民建联领袖们陪同下探访大角咀和旺角床位公寓的“笼屋”居民一事做文章，讽刺挖苦我看到他们艰辛生活时发表过的感叹唏嘘。我是第一位探访过

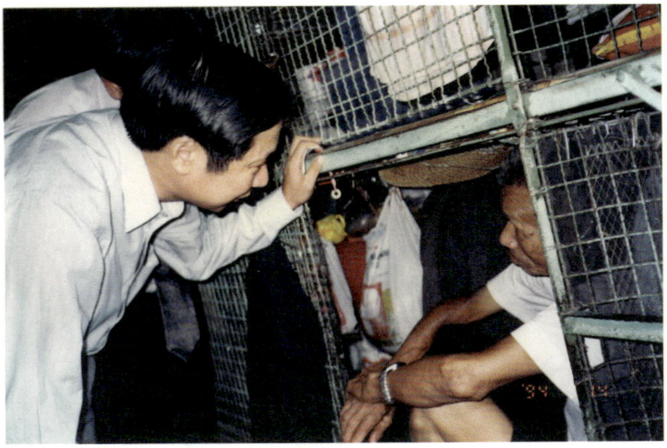

1994年中秋前夕探访旺角的床位公寓——“笼屋”

“笼屋”的中方官员，但我的真诚此时被扬言要颠覆北京中央政府的议员斥为“鳄鱼流泪”。在一片一边倒、情绪化的鱼帛狐声中，唯独不见了我揭露出来的港英近五年以每年27%的幅度提升福利开支的数据和事实，那篇曾几何时以“惊人成就”被吹得惊人响亮的社会福利署长演讲忽然“人间蒸发”了。其间，确也有一些客观的、抱不平的声音见诸报端，仅如沧海之一粟。

“大独裁者论”火上浇油

返观内照，身在北京的我对于港英当局发起的反扑起初竟还毫不知情，没有任何前方舆情摘报或指示传来，倒是钟仕元、方黄吉雯两位老成练达的顾问在28日招待邝其志一行的晚宴上先后提醒我，香港对我上午的开场发言“反响很大”，但他们都说得比较含蓄；而我又疏忽大意，过去听说对自己发言“反响大”也并非一两次，就没细问下去。直到 29 日下午会议结束时，我的盲点依旧，没有信息，没有指示，没有山雨欲来、如临深渊的感觉。

会后的传媒吹风会上，有记者就香港福利问题提问，我继续阐述中方立场，说中方一再表示，香港的社会福利有必要随着经济发展和实际需要不断提高，1997 年后一定会更加好。但中方反对搞福利主义，一些西方国家已经尝到苦果，即使当年身为英国保守党主席的彭定康也曾在报纸上写文章，称大搞社会福利必然会增加纳税人的负担。我之所以对冼德勤先生企图高速提升未来五年香港福利的一段话做特别回应，首先是因为他无权为 1997 年 7 月 1 日至 2000 年的事情做规划，中英联合联络小组从未讨论过，港英政府至今也没做澄清。

这时另有一位记者插问，港督昨晚说"开高速赛车的司机是香港人"，"香港人是最好的司机"，你的看法如何？我回答，港督是英国女王派来集大权于一身的英国人，跟未来由港人选举产生的特区行政长官相比，他是一个独裁者，他不仅没有资格跻身"港人"，也更不会领到未来香港特区的"驾驶执照"。

我与记者的答问基本上是 28 日发言的进一步阐述，却犹如一佛出世，二佛升天，被渲染的"大独裁者论"立即成了"车毁人亡论"的火上浇油，甚至惮赫千里，一直烧到了伦敦。报载，12 月 1 日，英国外交部副国务次官安德鲁・伯恩斯[1]约见中国驻英使馆代办王其良公使，指责我近日对香港社会福利开支所发表的言论以及针对彭定康的人身攻击是不能接受的。这位助理国务次官与香港、与我都挺有缘分，1992 年他曾奉外交大臣之命两次到北京，作为英国政府工作小组组长

[1] 安德鲁・伯恩斯（Sir Robert Andrew Burns，1943— ）：也译为贝恩德，毕业于剑桥大学，英国资深外交官。1965 年加入英国外交部，历任助理国务次官（亚洲）、英国驻以色列大使、副国务次官及英国驻加拿大高级专员等职。1997—2000 年，任第二任英国驻港总领事。

中英财政预算案编制专家小组部分成员在慕田峪长城合影，
与随行记者们合影

与我这个中国政府工作小组组长“热烈”对谈过香港新机场建设问题，铩羽而归。1997 年 11 月他又来香港出任第二任英国总领事，我手持英国驻港总领馆请柬出席他的欢迎酒会，他竟昂起头，视我如陌路人。他对王公使的严厉措辞，该不会是报我在北京的“一箭之仇”吧？

明眼人一看就知，这种交涉的理据十分苍白，中方代表在中英联合联络小组层面就香港跨九七的问题表达看法，究竟哪里不符合《中英联合声明》的规定？至于我对彭定康属“大独裁者论”的表述也是“引经据典”于英国的《皇室训令》和《英皇制诰》，这两部大法规定港督作为英女王的全权代表，在香港集行政、立法、司法大权于一身，统率三军，还享受交税豁免。如果说要从外交层面对违反中英两国共识的行为认真进行交涉的话，那受到谴责的应该是这位手眼通天的末代港督彭定康。众所周知，他与现任首相的关系非同一般，据香港报载，1992 年里约热内卢的“地球峰会”上，梅杰首相曾对李鹏总理说，彭定康是他的代表，今后有关香港事务，中国政府“和他说等于和我说一样”。

事态发展到如此地步，恐怕又一次让英方代表团的同事们始料未及，邝其志回港后很快给我寄来了一组 30 日我邀请英财务专家同游慕田峪长城的照片，简短的附信写得特别热情友好，与我称兄道弟。我能理解邝先生困难的表态。

内子担忧

我回到香港住处，见到小别一周的太太，觉得她好像一下子憔悴了很多。望着我，她许久才说出一句话：“你，才回来?!”多年以来一直默默支持自己的太太一生未遇到过这么大的压力，甚至不愿上街、上班，害怕背脊后有人指指点点、窃窃私语。

我心里一阵歉疚，强打起笑容，慢慢坐下来向她述说事件的原委，鼓励她抬起头来，说：“这就是政治斗争。在政治斗争中，智慧和正气一定要比感情更高、更坚强才能赢。我们对祖国、对香港同胞都问心无愧，历史是公正的，会善待我们。”

她眼含泪光点点头。其实，这些话我也是在对自己说，有信念和勇气，不无一丝苍凉。我轻声哼起蒋大为唱的老电影《戴手铐的旅客》插曲《驼铃》，歌词不一定都对上号，但此时贴己的曲调和旋律，从心田平服地流过。刚才还兴高采烈地喵呜叫着欢迎我回家的大白猫，此刻也缄默地蹲在我俩中间，瞪着一蓝一黄的大眼睛，听我低唱。

知我罪我，其唯春秋。无论压力多大，我自己不可能杜门却扫，仍须一如既往地投身每天的工作，出席各种公开活动，从从容容地面对传媒。为减轻舆论对我的误解、最大限度争取支持，我在维护中方立场的同时，继续不卑不亢地进行一些针对性解释。

不管风吹浪打

12 月 6 日下午，我如约去裕华国货公司铜锣湾分店出席开业剪彩典礼。有同事好意劝我找个托词别去了，我想早已答应的事还应践约，何况裕华国货董事长余国春先生是坚定支持香港回归的老朋友。去了，无非要和传媒行家们照面，也不一定是坏事。

果然，在铜锣湾的店门口一下车，就被众多仍然热衷于“车毁人亡论”的记者包围。我也有备而来，简约说了几句：“请大家仔细看看我当日在北京钓鱼台发言的全文。现在我能看到的引述和评论可惜都有些断章取义，而且也不尽准确。中方一再表示，香港的社会福利有必要随着香港经济发展和实际需要不断提高，1997 年后一定会更加好。”

此时我心里刮起阵阵风暴，面上依然晏然自若

说完之后，我没有回答任何问题，径直走入店里准备好的嘉宾休息室。记者们只能在休息室外拍照呼喊。我意气自如，充耳不闻噼噼啪啪带着不停闪光的相机快门声，以及呼唤我出去答问的高声喊叫，只是和余先生等主人、客人们谈笑风生，我努力平息着心中涌起的阵阵风暴，一再对自己说："沉住气，要沉住气！"我想起《三国演义》里诸葛孔明草船借箭的故事，鼓声呐喊，箭如雨飞，而船舱内孔明却邀鲁肃浅酌轻谈，淡定如常；鼓舞我的还有毛泽东《水调歌头·游泳》里的两句词："不管风吹浪打，胜似闲庭信步。"

至今，我家里还摆放着一张当时在裕华国货休息室里的留影，那一刻的笑容定格在我人生巨浪的浪尖上，后来遇到再大的考验，都可以轻松面对了。

2月14日，我去跑马地香港赛马会豪华的董事会议大厅，出席中港两地官员第二次非正式会晤。参与财政预算案编制后我才知道，作为香港唯一合法的赌博机构，"英皇御准香港赛马会"是全港除政府以外最大的雇主、最大的纳税人、最大的慈善家、全世界最富有的赛马俱乐部。新华社香港分社把两地官员的非正式会晤安排在这儿，似有增强中国承诺回归后保持香港生活方式不变“马照跑，舞照跳，股照炒”的意思吧？参与了香港财政预算案编制我才知道，中国内地和香港两地同级官员的工资差别大约是20倍。但是我们跟他们在一起的时候，一点都不觉得气短，也没有去羡慕他们，而是有一种“穷且益坚，不坠青云之志”的信念，一种与国家一起发愤图强的期待，只是想着要把香港完整地收回来，交给祖国。

颇具戏剧性的是，会晤中我的坐席竟被安在不久前被我当靶子打的港英社会福利署长冼德勤附近，之间只隔一张椅子，又因此被记者们包围。我趁机重申了两句话：跨越1997年的社会福利规划应该在中英联合联络组中进行磋商；愿意听取英方的意见。

两地官员非正式会晤。左首位即是港英社会福利署署长冼德勤

经得住时间的验证

在香港这个快节奏、注意力瞬息转换的大都市，再火爆的新闻也难有持久的生命力。大约半个月后，舆论对我的“情有独钟”渐渐移散了。这的确是一段不容易的日子，我也曾为此付出了一定代价。

但十几年过去，是非对错已被后来香港发生的许多重大事件验证。亚洲金融风暴爆发后，为香港掌舵的特首董建华、特区财政司长曾荫权以及后任梁锦松、唐英年等要员都曾动情地当面感念我，在中英共同编制跨 1997 年的财政预算案时为香港的未来把住了关，他们都还记得并赞赏当年“车毁人亡”那句警示。我说：“我真的希望那仅仅是一句警示，甚至是说错的话。就当作我敲了一回‘木鱼’吧。”

我心永恒的仍然是对最初信念的坚持，对那些热情支持我度过那段时光的人们的怀念。记得就在第 5 次专家小组会议结束后返回香港的航机上，我刚走进公务舱入座，后排一位素不相识的先生走到我面前说：“你是陈代表？在电视里常常见到你。你讲得好，尤其这次讲彭定康开车要‘车毁人亡’讲得好！我们香港市民支持你！”

回到香港不久，有一次搭计程车去办公室。司机从后视镜里认出了我，先是惊喜、后是激动地说：“陈代表，你说得好！英国佬想在走之前把钱用光，你可要为香港‘看住这笔数’呀。我们信你！”车到华润大厦，他不收我车费，但禁不过我坚持要付，就掏出一个本子，让我签上名留念。

我还曾收到由新华社香港分社、《文汇报》《大公报》等机构转来的好些具名、不具名的香港市民支持信，其中一封落款为“一位保障人员上”的信中写道：“先生所言‘车毁人亡’一矢中的”，“现在福利开支之雪球已越滚越大。英政府是刻意留下此一大包袱给特区政府。若

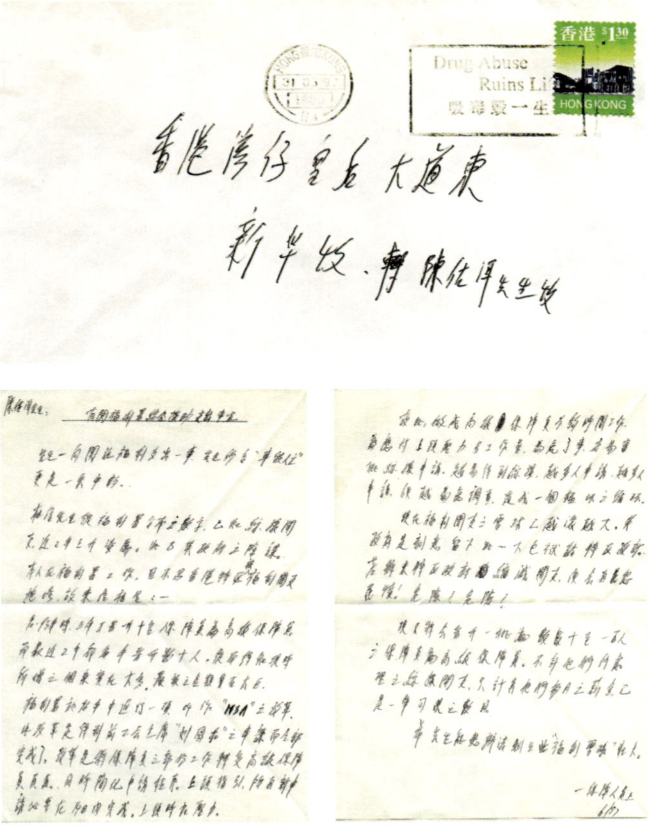

市民来信揭露港英大增社会福利开支，支持“车毁人亡”警示一矢中的

将来特区政府缩减开支，便会民怨民愤，危险！危险！”

我还记得国港办鲁平主任、新华社香港分社张浚生副社长在我承受巨大社会压力甚至来自内部的一些误解时，公开表态支持我。我还记得香港友好协进会的人大代表、政协委员以及香港商界、专业界的朋友们用各种不同方式对我表达的理解和支持。

谢谢你们所有的人，我们相知多年，或仅有一面之缘，又或至今尚未谋面，但你们送来的温暖我都会永存在心间。

布谷鸟与鹰隼

有位前辈曾经形容新闻传媒是把“双刃剑”——可以使你所向披靡，也可以使你血流满面，就看“剑术”如何了。

我基本同意他的说法，因为他以一种近乎敬畏的心情，说出了新闻传媒在社会生活中的强大作用。也许因为自己也当过记者、编辑；也许因为回归前四年我在香港特殊岗位上的特殊经历体验；也许二者皆有之，我对传媒除了怀有敬意之外，更有一份真诚的感谢，感谢它们在香港过渡期相当困难的处境下，敢于尊重事实，披露真相，仗义执言，不断报道和评论中方坚定执行《中英联合声明》的立场和作为，把香港回归祖国最后一程的脚步声向670万香港市民，乃至全世界传扬。这种德行，正是我当记者时理想、称道的，那时我希望自己成为一只喜鹊、布谷鸟，孜孜不倦地把刚激动了我的所见所闻所思第一时间广而告之，甚至期待些许张扬，掷地有声；但自从进入政府部门，经过一段不无痛苦的磨炼后，我则希望自己成为一头足智多谋却低调沉稳的鹰隼。角色转换，并不是后者否定前者那么简单的事，记得有位作家说过：“一个人格完善的人最基本的能力，就是能够适应不同工作环境需要，适合充当不同的角色。”

所以，每当面对第一线敬业的行家们——无论他（她）们背后的老板、主编持什么政治观点，都使我想起心中那似曾相识的喜鹊、布谷鸟的良知，使我愿意和曾经的同行们交谈几句，尽量不让他们苦等却“没得料”无功而返。我常常对视他们探究的，有时甚至咄咄逼人却仍然友好的目光，逐渐交到了一批知己朋友，他们中有的人会在发稿前打来电话，字斟句酌地再核实一遍重要事实；有的人风闻了什么消息，会及时“通风报信”；还有的人即使对中方某举措不理解，下笔批评前也会先来做一番不对外报道的讨论。

香港传媒经常报道我，中英谈判自然是主题，有时也涉猎我的生活领域，诸如衣着领带、搭乘巴士电车，甚至一些与家人亲友在一起纯属私人的活动，由于总体倾向善意，即使报道中有点儿出入，也就摇摇头，一笑了之。

在那位港督对我恼羞成怒、发起泰山压顶之攻势前后，有一篇文章却让我认真地郁闷过，不得不给予了适当回应。文章登在一家很有影响的财经日报上，作者是香港一个很有影响的专栏的集体笔名，文章述评中方代表陈某人忒讲究排场，每次去谈判都要专门乘坐名贵豪华轿车，结论是像这样挥霍公帑的官员，怎么有资格来香港主谈财政预算案编制？等等。文章的真实性等于零，同事们为我愤愤不平，北京有领导为我着急，因为中组部正在考察我，而负责考察的官员又来不了香港，一篇煞有介事的批评假如通过某个渠道传到北京，岂不让我吃哑巴亏？

面对香港媒体这篇子虚乌有的文章，我必须设法了解这篇文章的出笼背景，加以澄清。原来，套用集体笔名的真正作者是香港文坛的一位名女士，也是港英前布政司宴席上常见的座上客。

香港传媒有一条“潜规则”，就是可以各说各，但尽量互不指责、拆台。所以一些知情的行家虽然表示同情，也爱莫能助。这时，有位原来在《大公报》工作、后转投《星岛日报》的本家朋友挺身而出，愿意以“各说各”的方式为我打抱不平。几天后，《星岛日报》登出了一篇记者署名专访，该记者就某财经日报的述评向陈代表求证。

我首先对事实加以澄清，因为每次出席谈判总与代表团同行，来去乘坐中代处挂有外交标志“CC”车牌的考斯特中巴；然后幽默了一段《史记》里“晏子使楚”的故事，这个故事讲的是春秋末期，齐国大夫晏子出使楚国，楚王设法三次侮辱晏子，以显示楚国的威风，而使者晏子巧妙回击，既维护了国家尊严，也维护了自己。我说，北京中央政府统览九州，人才济济，我在其中的确是个无足轻重的小字辈，但被派来参与同英国政府的香港政权交接谈判，也许倒是够格的。

那一次，我还想到了中国的老外交家姬鹏飞[1]对我赴港工作前的临别赠言。姬老是老红军中的知识分子，原来是医生，后来当过纵队司令，新中国成立后跟随陈毅元帅进了外交部，是第一任驻东德大使。上世纪 80 年代末，我加入港澳办时，他是国务委员兼港澳办主任、香港基本法起草委员会主任委员。我在一司即基本法草委会秘书处工作时，他对我教育帮助良多。赴香港任职前，我到交道口圆恩寺胡同他的官邸辞行，他饱蘸浓墨，挥笔为我写了“奋进”两个大字，语重心长地说：“你的能力强，多锻炼一下也有好处。好好干，中英谈判也是一方天地。记住，外交是妥协的产物，政治也是妥协的产物。”

其实，社会与人际之间的事，哪一件不是妥协的产物呢？

16 年后的 2011 年春天，我赴台湾参访，第一次见到某位政坛名人，他竟也一见如故似的提起了当年我在香港的“车毁人亡”风波。我们注视着对方，继而释然而笑，都是年过花甲的人了，面对人民幸福的千秋事业，个人的荣辱算得了什么？清者自清，择善坚持，只要自己无愧于心并已尽力付出，今日也可笑对烟波碧水、万顷晴光了。

[1] 姬鹏飞（1910—2000）：中国外交工作的杰出领导人。历经北伐战争、长征、抗日战争、解放战争，新中国成立后长期从事外交工作，曾任外交部长，国务院副总理，国务委员，国务院港澳办主任，全国人大常委会副委员长兼秘书长等重要领导职务。主持中英关于香港问题的谈判和香港基本法起草，曾任香港特别行政区基本法起草委员会主任委员、澳门特别行政区基本法起草委员会主任委员。

英国人的底牌其实很简单

在中英双方紧密磋商中，96/97年度财政预算案于1996年初基本编制告成。如何就97/98年度预算案进行合作，遂成为谈判中迫切需要解决的问题。

中方的立场是坚定和明确的，这份预算案固然得在英国对香港进行管治期间完成编制，但财政年度的四分之三时间是在中国恢复对香港行使主权之后。目前特区候任行政长官及其候任班子还没有产生，中央政府责无旁贷地要代表特区政府与英方共同编制，并且应以中方为主。我在1995年谈判伊始就表达过上述立场，但英方始终以先讨论96/97年度预算案为由，对此避而不谈。

任何殖民者都不会心甘情愿交出权力，除了明里暗里部署势力、“埋钉子”之外，拖延也是惯用的伎俩，我已在多项谈判中屡见不鲜，几经较量后也应对有策了。1996年1月，中英双方举行第6次专家小组会议，我明确提出很快将进入97/98年度预算案的工作程序，双方应尽快就此达成共识，中方已拟就一份完整而详细的构想，希望能得到英方的合作。我们的构想方案包括三项重要原则和五点工作建议。

这三项原则是编制工作应以基本法为指导，以形成一份完整、审慎、稳健、兼顾各方利益的预算案，对此中英双方应加强合作。五点工作建议：一是成立联合编制小组，每月举行一次会议；二是只有中英双方就政策及有关问题达成一致后，才能进入相应预算的编制程序，具体编制工作仍由港英政府各部门负责；三是中方成员需要出席高层资源会议；四是英方应尽快提出工作时间表，供专家小组讨论；五是中方会继续聘请若干特区筹委会委员出任顾问。

在1996年3月13日召开的第7次专家小组会议上，我督促英方

跨97預算案「中方爲主」

英方三個月 中方九個月

（記者李玉娟報道）中英聯合聯絡小組過渡期預算案專家小組中方組長陳佐洱昨日說，中英共同編製九七至九八年度財政預算案的基礎，應以中方爲主。他表示，希望兩日的會議能爲進入下個年度財案編製程序舖平道路。

英方則在昨天會議上，對中方早前提出一套「合情合理」的方案，作出了回應，雙方今日續會，會就如何落實合作編製跨九七年預算案交換意見。

崔俊良攝

陳佐洱（前）不厭其煩地向英方說：「以我爲主」。

雙方專家昨日舉行第七次首天會議。陳佐洱在會前表示，再過半個多月便進入下個年度財政預算案的編製程序，時間實是不多。他又稱，在一月份第六次會議上，中方已向英方提出了一個重要意見及建議，由雙方共同編製一份完整及穩健的預算案，他說：「這個預算案英方執行三個月，中方執行九個月，理所當然是共同編製，以『中方爲主』。」

他又希望今次爲期兩天的會議能夠爲進入下個財政預算案編製程序舖平道路，因下年度財政預算案的編製程序很快便開始，而在今年開初以來，中英兩國政府在香港問題的合作，保持着良好勢頭，他希望這種合作的勢頭能繼續下去。而今次也是抱着謀求合作的態度來參加會議。

陳佐洱形容昨日半天的會議氣氛良好，他說：英方對我們一月份的建議做了回應，雙方進行了坦誠及認真的討論。」

不過，英方組長兼庫務司鄺其志在會後則無發言，只是帶笑離去。

編制九七年度預算案

中方盼與英兩月內達共識

【本報專訊】中方希望中英能在兩個月內，就九七至九八年過渡期預算案達成共識，以便今年四月開始著手編制工作。中方昨日在專家小組上已向英方提出建議，並促請英方盡快回應。

在記者圍着中方代表陳佐洱之時，庫務司鄺其志（前）「安然」離去。（王應潮攝）

中英聯合聯絡小組轄下的香港過渡期財政預算專家小組昨天開始一連三天的會議。會後，中方代表陳佐洱表示中方已向英國提交一個合情合理的有關過渡期預算案的意見。陳氏指出，九六年的財政預算案將於四月一日開始，按照慣例，九七至九八年的預算編制工作將隨之展開，現時離這編制時間僅得兩個月；陳氏說希望在之前達成共識。

陳氏又保證，九七年後的財政預算案編制完全是特區政府的事，中央政府不會參與。不過，九七至九八年的預算案跨越兩國政府的管治，情況特殊，在特區行政長官及其領導班子未選出前，中方是責無旁貸地暫代參與編制工作。

專家小組上次會議於去年十一月在北京舉行，陳佐洱當時指責港府社會福利開支增幅太多，終會造成「車毁人亡」；英方代表、庫務司鄺其志則反駁說其說話太過分了。昨日會前，鄺氏被問及會否擔心重演「舌戰」局面，他強調雙方一向合作良好，並沒有什麼好擔心。

反复阐明中英双方应共同编制 97/98 年度预算案的立场

尽快回应中方的构想方案，并《从中英联合声明》、基本法以及实现香港平稳过渡和长期繁荣稳定的角度进一步阐述了理据。

邝其志组长回应表示，对中方提出的大部分建议持肯定态度，但拒绝中方参加高层资源会议和成立联合编制小组。他罗列了一些技术性理由，例如英方人手紧张、工作语言与中方有别等，但真实目的是不让中方进入关键决策环节和维护其独立管治香港的社会观感。

这应是预料当中的，经过这些年交手的经历，我明白了英方诸多努力与实现“光荣撤退”之间的关系，一是要通过各种方式在香港政治、经济、司法、社会关系、价值观念等方面尽可能深地打上英国烙印，以保持长久影响；二是要在香港回归前尽最大努力维护其独立、完整的管治形象，尤其对可能引发“共治”社会观感的合作模式深怀戒备，这两者互为表里。对于英方在谈判中提出的种种要求，都要从本质上加以辨析，识别出哪些是其核心利益所在，哪些是有弹性的，并在相应层次上与我方的诉求进行对比，制订出针对性的“搭桥”方案。

拆弹英方“双拒绝”

我在心里无数次地琢磨过老主任、老外长姬鹏飞的教导：“外交，是妥协的产物。”

所以，我始终认为谈判的根本目的不是争出彼此高下，而是在不同利益的争持中“搭桥”，寻求在满足我方主要关注前提下的“统筹兼顾”之道。“一国两制”方针本身，就是和平解决历史遗留问题和国际争端的举世无双的“桥”。我在谈判中坚持这个理念，也受益于此，不仅成功完成了多项任务，还与不少昔日的对手成了长久的朋友。

我和中代处的同事们对英方的“双拒绝”进行了仔细研究，通过各种渠道接触港英政府高层，得知英方虽然希望继续控制高层资源会议这一预算案编制的关键决策环节，但也知道 97/98 年度预算案既跨越香港回归，就必然涉及两个管治主体，如果继续自把自为，于理于情都站不住脚，何况中方已在 96/97 年度预算案编制期间旁听了高层资源会议。所以英方真正想坚持的，是反对成立联合编制小组，以免造成“共治”的社会观感。

对于中方来讲，恰好相反，参与高层资源会议直接关系到能否了解关键信息，能否真正实现对预算案编制的实质把握；而提出成立联合编制小组是在机制上为中方的参与提供保障，也是向社会释放中方实质参与的信号。既然英方同意眼下的专家小组会议将实际履行联合编制小组的职责，实际已为中方的实质参与提供了机制保障，若英方在高层资源会议问题上做出让步，中方也可对英国的“面子”予以照顾，不再坚持另外成立编制小组。

在第 8 次专家小组会议上，我按照上述思路与英方交换了意见，双方在尊重彼此核心利益的前提下，互有让步，达成了共识。97/98 年

谈判取得重大进展

谈判大厅里举行的专家小组全体会议

度预算案编制的合作方式终于“柳暗花明又一村”，走上比较平坦、开阔的大道。

在接下来的几次专家小组会议中，双方就编制过程中的重要事项逐一展开了深入讨论，并陆续达成共识。经过积极努力，港英政府各项开支不再畸高或畸低，基本达到了与经济发展、社会需要相适应的水平，以往持续缩小税基的做法也得到了纠正。

考虑到本财政年度香港将进行政权交接，经与英方商议，专门为此增加了 10 亿港元经费，其中“交”和“接”的用途各 5 亿元，也就是说，拨出5亿给现时的港英政府做收官用，另外5亿留给未来的特区政府后任班子做开张筹备用。

1997年初，编制工作进入了确定预算案批准程序的最后阶段。由于此份预算案跨越回归，并且是合作编制而成，我们建议分别提交港英立法局和香港特区临时立法会审批；但彭定康坚决不承认特区临时立法会，咬定港英立法局是1997年7月1日前香港唯一合法的立法机构，也是唯一有权通过财政预算案的机构，编制的进程险些又因此停顿下来。

经过多次磋商，中英联合联络小组英方代表处终于接受了中方的建议；而中代处也在向全国人大常委会香港特区筹委会汇报请示之后，在对外口径上将这份预算案的审批程序笼统表述为提交“香港立法机关”通过——既不明说这个“立法机关”是属于中方的，也不认可属于英方的，使得最后一个难题得到了圆满解决。

飞霞半缕，毕竟收尽风和雨

编制工作的完成到了“临门一脚”的时刻，身兼港英政府财政司和特区政府候任财政司长的曾荫权先生为了鼓励大家同心协力完成使命，特邀请中英双方专家及工作人员共20余名到他位于港岛南部黄竹坑寿山村道45号的官邸集中办公。

香港的总督（回归后的行政长官）、布政司（回归后的政务司长）、财政司（回归后的财政司长）、律政司（回归后的律政司长）的四大官邸都属于政府资产，在其位谋其政住其屋。不管什么理由，一旦离开其位，三个月内必须搬出官邸。官邸将由政府重新装修、粉刷一新后迎接新的主人。

由于中英双方专家组人数太多，宽敞的财政司官邸一时也显得拥挤起来，连面临大海的花园阳台上都摆开了写字桌。大家不分彼此，形成了一个大组，高效率推进着工作，热气腾腾的咖啡飘香，加浓了胜利在望的喜悦，这样的工作模式和融洽气氛，在其他专家小组里还真难以相匹。曾先生在彭定康眼皮底下敢如此举措，是很需要勇气的。

1997 年 3 月 4 日上午，香港的春日与北京两年前的春日一样和煦、明媚，所有的草木都披上了翠绿的新装，坚尼地道 28 号花园里那棵饱经沧桑的老榕树也不例外，甚至围在老榕树下翘首以待的传媒行家们也都个个春风满面。

中英联合联络小组在此举行最后一次——第 19 次财政预算案编制专家小组会议，全部完成了 97/98 年度财政预算案草稿。在专家小组会议的最后发言中我说，记得在北京钓鱼台国宾馆举行第 1 次专家会议时，我在开场白里引了一句宋词："飞霞半缕，收尽一天风和雨。"现在回首往事、展望未来，似乎可以说天际即将晴空万里了。

消息迅即被中外和香港传媒送向四面八方。被媒体形容为"声音两边走"的曾荫权先生，在第一时间分别向港督和候任特首通报好消息。遵照"一国两制"方针和基本法规定，我们在中央、国务院的两部直接指挥下，实事求是，开拓创新，通过与英方有理有利有节的磋商合作，终于编制出了一份特殊历史时期的符合基本法规定的财政预算案。这份跨越香港回归的预算案完整、审慎、稳健并兼顾了各方面的利益，在编制过程、立法程序和执行方面都是史无前例、空前绝后的，因而受到香港同胞的热烈欢迎和国际社会的广泛关注。

大功告成的第 19 次专家小组会议

第 19 次会议结束，跨越九七的 97/98 年度财政预算案草稿完成。当天接受中央电视台《东方时空》专访

专家小组成员及顾问全体合影

董先生也说上海话

当天晚上，在港岛香格里拉饭店举行庆功宴，候任特首董建华先生和候任财政司司长曾荫权先生都应邀出席。董先生自担任候任特首以来，一直非常重视过渡期预算案的编制，对专家小组的谈判给予了大力支持，他在庆功会上对中英专家组成员两年来的工作表示了肯定和感谢。

自 20 世纪 80 年代中期至香港回归祖国，董建华先生先后担任过

庆功宴，皆大欢喜的时刻

香港特别行政区基本法咨询委员会委员、国务院港澳办及新华社香港分社聘请的首批港事顾问、全国人大常委会香港特别行政区筹备委员会副主任、第八届全国政协委员。

我和他早在一些会议活动场合相识，在跑马地新华社香港分社大楼里见过面，更由于我们都在上海出生，家里都说上海话，所以只要没有其他人在场，我们就用上海话交谈，哪怕与董夫人也是如此，沪语喃哝，格外亲切。

他那现已为全世界熟悉的诚恳、和蔼、笑容可掬的忠厚长者形象，早已经印入我的脑海，我更欣赏他的一句名言："凡是立定目标，全力去做！"常以此激励自己。

香岛小筑印象

大约是在我到港工作的第三年，1997 年初春，忽然接到董先生秘书打来的电话，董先生拟约我到他位于港岛南的府邸香岛小筑共进晚餐。

我想，我和董先生的友谊应该从这天算起。我应邀穿过香港仔隧道，沿着蜿蜒幽静的双向车道前行约 10 分钟，在标有"香岛小筑"牌子的围墙边折入一条窄陡的私家路，车头仿佛要冲进大海，却在府邸的门口安然停下。

董先生高兴地引领我参观，先是室内，后是室外，原来室外有个依山而筑、林木葱郁、花草芬芳的大花园，上衔马路围墙，下连金色海滩，一座红色的八角亭立在翠绿的斜坡上。

董先生和我一面享用精致的西餐，一面促膝谈心，介绍他和他的家族，他的父亲、中国第一代船王董浩云先生开创的东方海外货柜航运公司，现在已经成为世界上最具规模的综合国际运输、物流及码头公司之一，东方海外（OOCL）也成了香港最为熟悉的环球商标之一，它率先在中国提供全线物流及运输服务，航线联系亚洲 、欧洲、北美、地中海、印度次大陆、中东及澳洲、新西兰等地。董先生拿出一本准备好的题签了名的精美画册送给我，不无自豪地介绍说，这是东方海外公司办的一桩特别公益事业——由一艘名叫“伊丽莎白皇后号”游轮改建成的海上流动大学 Seawise University，又美名为“美的城堡”。它年复一年“周游世界”，行踪遍及五洲四海，师生们来自各个不同的国家。

在董先生决定参选未来特区第一任行政长官之后，我们的友谊加深，但接触更为谨慎。记得有一次是由东方海外的周凯旋小姐亲自驾车送我前往相见。周小姐聪明、漂亮、健谈，曾留学英国，说一口流利的普通话，记得在从湾仔直上山顶的她和董先生亲戚同住的寓所，一路上我们谈论不久前在香港上演的英国著名歌剧《猫》和《歌剧魅影》。董先生当时脚有伤，好像还固定了石膏，仍坚持上山来，借用这个不为人注意的地方与我会晤。

董先生当选候任行政长官后，我们的来往更多了，一则是中英联合联络小组中方代表处代表国家利益和未来香港特区利益，就跨越 1997 年的事宜与英方磋商多年，现在候任行政长官产生了，除国防、外交等以外的其他过渡事宜理应及时向他汇报，听取他的重要意见；二则董先生为人谦虚谨慎，视我为朋友，有些事希望参考一下我个人的意见。言谈举止中，乃至一些文稿的字里行间，我深深感受到了他对基本法、对中央政府、对全国人大常委会香港特区筹委会的信任和尊重。

那时，港英当局已为他配备随身安保人员，为了避免不必要的误会，有时董先生约我去香岛小筑见面，方式是我先到半小时，送我的车立即开走；他以“回趟家”的理由与安保人员随后赶到，谈完事又与在门外等候的安保人员一起先走；他们走后，我再通知中代处来车，接我离开香岛小筑。

屡求首日封签名

在临近回归的倒计时的日子里，董先生越来越操劳忙碌，东方海外公司原来的办公地方已经腾出一层楼来供候任行政长官临时办公使用，就在中代处后面一条马路的海港中心写字楼顶层。

那时，去那儿找他的人很多，上下用的都是这座黑色大厦的公用电梯，电梯停靠的每一层都有许多公司、机构照常租用办公，所以我直接去那儿也就不那么显眼了。只要董先生一个电话，五分钟就可以到达。唯一不便的是谈完离开时或到达时他另有客人在，为了互不照面，我得待在单独的会客室里等那么一等。

记得紧挨着回归前后的那些日子里，我去见董先生，总还带有一个额外的“任务”：谈完正事后，总得从公文包里掏出好些回归首日封之类的纪念品，抱着歉意地请董先生签名。说实在的，几乎都是受人所托。在这万象更新、喜气洋洋的日子里求得一张特区首任行政长官签名的首日封确实不容易，也正因为此，我不能不乐于助人。

好在董先生宽容和善解人意，一次也没驳我面子，哪怕时间再紧张，秘书在一旁立等，也总是笑嘻嘻重新坐下来，戴好眼镜，认认真真地在一份份纪念品上签写自己的大名。

第六章

新机场建设谈判

香港享有的“东方之珠”美誉，来自其华洋交融、法制健全、经济自由、多元包容的独特精神气质，也归功于诸多世界一流、功能完善的基础设施。而后者中最具标志性的当属赤鱲角新机场。这项香港开埠以来投资最大的基建项目自 1998 年投入营运，已连续多年被国际权威组织选评为世界最佳机场，其运营效率、服务质量、客货吞吐量均居国际领先水平。

赤鱲角新机场，是中英两国政府在香港政权交接过渡时期排除干扰、坚持合作的一项重要成果。

现在每当飞临香港的上空，我都会情不自禁地放眼机窗外，俯瞰地面和海上的不同景致。无论从东西南北哪个方向朝赤鱲角新机场降落，我都熟悉那地面和海上的桥梁、公路、削平了山头的小岛甚至某一群高楼，它们都与我的心紧紧相连。这些当年香港新机场建设核心

赤鱲角新机场俯瞰

计划项目的组成部分，会使我想起中英机场委员会胡厚诚委员的一句话，“崎岖的道路，重要的里程”。确实，从他的话里、从这些景物里，我看到了一条从 20 世纪 80 年代末开步、越走越开阔的道路。

受挫的“玫瑰园计划”

香港的确需要一个现代化的新机场，这是中国政府一贯的积极态度。针对九龙启德机场地处稠密市区、毗邻繁忙的维多利亚港湾并且接近饱和的状况，中方曾在 80 年代初就建议港英当局另择良址，建设新机场，以适应香港社会经济持续发展的需要。当时港英当局不积极，不想“种了树”让后人来乘凉。但是到了 1989 年，在处心积虑“光荣撤退”的时候却倾其财力，抛出一个称之为“玫瑰园计划”的“机场及港口发展策略”。也许真是送别的“玫瑰”，但对即将成立的中国香港特别行政区，却无异于一根扎在手上的刺，因为扣除“玫瑰园计划”的巨额投入，留给未来特区政府的财政储备将只有区区 50 亿港元，外加沉重的债务负担。

江泽民总书记一针见血地指出，建设香港新机场不能是“你请客，我会钞”。国港办鲁平主任为将来特区政府开张时可能只有明显不敷开支的 50 亿港元储备，而通过传媒连声责问英方：“怎么办？怎么办？怎么办?!”

由于“玫瑰园计划”跨越 1997 年，中方要求英方提供详细的资料磋商，但遭到了拒绝。

英方以为来势汹汹的这个“玫瑰园计划”，能够像之前实施“居英权计划”、炮制“人权法案”一样自把自为，但如意算盘很快落了空。因为国际投资者们都清楚，新机场的所有工程款项和举债都需要由 1997 年后的新香港政府来偿付，如果没有获得现在唯一代表未来香港利益的中国中央政府支持，那么工程完成后谁来“买单”、借贷到期后谁来还款都将没有保障，谁敢冒这天大的风险参与其中呢？

英方的努力在逐步深入中处处碰壁，终于尝到了没有中方合作办不了大事的苦头。1990 年 4 月，港英财政司翟克诚首次公开承认，新机场计划需要获得中方的支持。9 月，港英当局发表声明，欢迎中方派专家组赴港了解新机场建设计划。

事实上，由于英方始终坚持工程计划高成本、高负债，一连三轮专家组会议都无果而终。1990 年的圣诞长假和 1991 年新年在一派寒冬气象中来临，香港又干又冷，社会上对于中英谈判破裂、新机场将停建的传言甚嚣尘上，股市楼市熊跌，大大加剧了当局者心态的沮丧和焦躁。

在此“山重水复疑无路”的时候，英国外相赫德亲自出马了，他带同英国外交部的一批要员直飞北京。

中国给予他相当高的礼遇，国家领导人会见，外交部长钱其琛与他正式进行会晤。赫德道出了英方深层次的担忧，担心中英双方在建设新机场问题上的分歧，不仅是一个为特区政府预留多少财政储备的问题，还有一个冲击香港管治权的问题，言下之意是担心中国在 1997 年以前就要干预英国对香港的管治。

钱外长笑了笑，摇头表示：“中国无意在香港回归前与英国共同管治香港，中方关注的是香港回归后如何有足够的财力保持繁荣稳定。”

赫德的疑虑大减，随即表示“为未来特区政府留下必要的财政储备不是不合理的”，建议双方把关于香港新机场建设的谈判升格，进入政府工作小组层面，并宣布由他的随行、英国外交部负责亚洲事务的助理国务次官伯恩斯牵头组成工作小组，留在北京与中方重启谈判。英方工作小组成员还包括驻华使馆政务参赞、港督政治顾问、港英政府财政司等要员。

在两国外长的推动下，中国政府也随即成立了对应的工作小组，我被任命为组长。

谈判生涯就从机场开始

虽然我参与香港新机场建设专家组谈判已有一段时间，但担纲谈判首席还是平生第一次，不敢有丝毫懈怠。经过和工作小组同事们反复研究并报请国港办、外交部领导同意，形成了以下三点谈判原则：

第一，从香港经济长远发展和保持竞争力出发，的确有建设现代化新机场的实际需要，因此不管遇到什么困难和障碍，对建设新机场都不能轻言放弃。

第二，新机场建设应符合成本效益，任何时候都不能成为财政负担，更不能影响未来特区政府的有效施政。为此，需要花大力气推动英方加大资本金的投入，将负债压缩到 50 亿港元，以期给特区政府留下 350 亿港元的财政储备；并且要让中方参与对工程合约、专营权批出、机管局运作等重大事宜的审议。

第三，作为理想结局，应通过这次新机场问题的谈判立下个“规矩”，确立中英两国在香港过渡期内的合作模式，以规范越来越多的跨越回归问题的处理。

不欢而散

1991 年 4 月 7 日至 13 日，第一轮两国政府工作小组会谈在北京钓鱼台国宾馆 15 号楼举行。

钓鱼台国宾馆 15 号楼

英方组长伯恩斯“人高马大”，戴一副宽框眼镜，一脸修养和营养都很好的福相，与我这个来自中国南方的小个子正好构成反差。因为他的傲慢，我没少跟他拍桌子，他也跟着拍。

这位地道的英国外交官一开腔就居高临下，声称此次谈判的目的仅是“知会中方”（inform you），充其量就是中方还有什么问题可以提出来，英方愿意做些解释而已。

我回应说，谈判是为了共同讨论（discussion）问题，彼此应该互相尊重。接着，我俩就他提出的“知会”这个词儿，纠缠辩论了约莫半小时。我耸耸肩说：“如果阁下确实仅为此而来，那就真没什么可谈的啦。我不知道贵国外相留你在北京究竟有何意义？”

伯恩斯碰了个“钉子”，不再坚持“inform”了。他一面拨弄手中印有“钓鱼台国宾馆”金字的粗铅笔，一面“耐心”听完了我对新机场建设财务安排建议的发言。

他依然十分强硬，几乎全盘否定中方建议，还借此抨击中方的这个建议损害了英方在香港的管治权威，无非是想把他老板前些天表达过的担忧再重复一遍，并想在他的谈判中获得中方再一次的确认。其实这不困难，我可以给他，可是给了之后他还不放心，一触及中方需要实质性地参与这个跨九七项目的话题，双方就僵住了。

这样持续了四天，几乎没有取得实质性的进展；而且每天开谈时间忽早忽晚，因为伯恩斯每天会后都得向伦敦汇报，伦敦得征求港英行政局意见，港英行政局形成了新口径还需反馈伦敦，伦敦外交部定夺后再通过英国驻华使馆向伯恩斯下达指示。这一过程中还有两国八小时时差延误，难怪在北京的伯恩斯心急火燎了。

11 日下午谈判甫一开始，他就声明："我明天就回国了，机票已经买好，成不成就看下午！"

我不为所动，按照既定方案应对。

谈到天黑，国宾馆里各种灯火亮起来，英方组长伯恩斯把文件夹一合，站起身说："好，我明天走了。在此之前你有什么事，可以给我打电话。"

我对他的傲慢"礼尚往来"，也站起身，向他握别道："那就祝你一路顺风！我想，我不会打电话；但如果你有什么事，倒是可以打电话通过中国外交部找到我。"

哀哀父母，生我劬劳

第一次主谈就不欢而散。

我在钓鱼台时嘴硬，心里有些忐忑不安，连夜向鲁平主任汇报。他从容不迫地说："没关系，破就破，原则是要坚持的。"最后，还睿智地补充了一句："看看明天情况再说吧。"

回到海淀区翠微北里的家，又已深更半夜，早过了电梯运行时间，楼道漆黑，我扶着墙壁摸索上楼，掏钥匙打开家门，看见灯光下我白发苍苍的老父亲陈汝惠正坐在对门的沙发椅上。当时他已从厦门大学高等教育研究所退休，20年极左路线制造的冤假错案，10年学术研究成果被剽窃、受压制的遭遇使得他过早地衰老健忘，开始痴呆。他去楼道里倒垃圾往回走可以找不到家门，但没有忘记儿子正代表国家参与与英国谈判收回香港的大事。儿子没回家，他就佝偻着腰坚持守门。他见到我，慈蔼地端详，还是用我童年熟悉的语调，重复着一句话："英国是老狐狸，要当心。"

我的老家在上海宝山，家境贫寒，父亲10岁时爷爷去世，年长10岁的大伯陈伯吹担起了养家糊口的担子。他小学毕业就当了家庭教师，边教书边写作，供养弟弟念书。之后，父亲15岁也从吃饭不要钱的乡村初等师范毕业当小学教师，同时插班攻读高等师范，17岁毕业后在上海立德中学教书。兄弟俩年轻时候就以锦绣文章闻名上海滩，大伯被北新书局、中华书局聘去当编辑，逐渐成为有"中国安徒生"之称的儿童文学家。父亲是抗战时期上海"孤岛文学"的重要作家，著有《女难》《淡水》《死的胜利》等小说和大量杂文，他的人生理想是"要叫爱永远在人类的命运里光耀着"。1945年1月28日，日本宪兵深夜来家搜捕，他侥幸脱逃，母亲则抱着牙牙学语的我颠沛流离，过起东躲西藏的生活。

1945年8月抗战胜利，父亲起草并组织印发《告上海市民书》，百万市民争相传阅。1947年在国民党与三青团党团合并前夕，他拒绝高官厚禄利诱，公开登报声明退出三青团。之后，在中共地下党领导下创办了上海市江湾中学，推行进步教学，资助师生投奔解放区，积极迎接解放。1948年商务印书馆出版了他的教育学论著《父母与子女》，被大夏大学破格聘为教育系副教授。新中国成立后，第一任教育部长马叙伦介绍父亲到厦门大学任教。

受家庭潜移默化的影响，我很小就喜欢文学，13 岁在福建省文学刊物《园地》上发表了第一篇散文，从此一发而不可收。有一次我问父亲："作家是否就是最会讲故事的人？"父亲似乎认为我思考到了一点真谛，欣喜地拍拍我的头……

这时，回到家里见到父亲，我一身的疲劳顿消，脑海里浮现出少年时合家围坐吃晚饭，父亲和我们弟兄仨边吃边高谈阔论，兴致勃勃地引导我们演习逻辑推理，同他辩论，执着追求真理的情景；一会儿又浮现出我参加厦门市中学生演讲比赛前夕，父亲一句一句辅导我咬文断句、比画手势的情景。难以想象，40 年前一个风鼓浪涌的海岛上、一个普通家庭饭桌旁的磨砺，40 年后居然能在首都的钓鱼台国宾馆为国家效力。感恩！

1960 年我中学毕业参加高考时，成绩在福建省文科生中应属名列前茅的，但默写了我范文的同学被北京大学历史系录取，我因"家庭

1959 年全家合影于厦门鼓浪屿。右起：大弟陈佐沂，父亲陈汝惠，陈佐洱，母亲李荷珍，二弟陈佐湟

出身不好”（父亲在当年的一次内部审干中被错定为“历史反革命分子”，直到“文革”后才平反），只能进福建师范学院外语系。四年后以年年各科全优成绩毕业后，我当了中学教师。“文革”后，一个偶然的机会，时任中共福建省委常委、书记处书记林一心在全省模范教师大会上听到了小学生朗诵我写的献词，目睹台上台下许多人潸然泪下，觉得我是匹“伯乐应相中的马”，遂调我到福建团省委去创办《福建青年》杂志。两年以后，这本杂志成为全国最好、发行量最大的五本地方青年杂志之一。

1983年我到中国新闻社福建分社任社长，1987年兼任总社港台新闻部主任。正在北京熟悉总社情况、准备派往国外分社的时候，一次突发事件使我改变了后半生的人生道路。

1987年9月，台湾《自立晚报》的两名记者李永得、徐璐绕道日本，闯进中国大使馆，宣布要公开访问大陆。这是台湾记者打破当局禁令的破冰之旅，轰动一时。而我在中央对台办直接领导下，被指派为在大陆接待他们的对口单位——中国新闻社的代表。

他们的民航班机从东京经上海来北京。为了保证绝对安全，飞机到上海后把所有的行李都重检了一遍，因此抵达目的地的时间延误了。我和中新社接待组的同事，以及许多中外记者都在首都机场焦急等候。两位记者走出机舱门的第一句话是：“让你们久等了。”我立刻迎上去，脱口而出：“欢迎欢迎，等了你们38年了。”

我这句应答，的确没有经过太多思考，因为事实上在机场等了很久，在心里也等得很久。没想到，“等了你们38年”成了第二天世界广为传播的新闻标题，外部有评论说，这是中共的统战语言，人家一来就搞统战；内部有人质问，38年都在等台湾来人，是站在什么阶级立场?！当时我在宣武门新华通讯社大院里办公，在路上和食堂里，能感觉到身后有人指指点点：“这个人去接台湾记者，等了台湾人38年。”

鲁平主任

李后副主任

我一边紧张地忙着接待工作，一边在忐忑不安中度过了好几天，后来听说有上面领导肯定我这句话说得好，再后来听说是邓小平同志发的话，才欣欣然放了心。

好几个中央单位都要调我去工作。我选择了国务院港澳办。1987年冬天，我踏进国港办机关大楼，接受入办面谈。李后[1]副主任问我："为什么选择来港澳办工作？"我说："小学上历史课时，就知道什么是近代以来第一个国耻。现在离香港回归还有10年时间，如能参与其中，一生光荣。"李主任没再问别的，点头说："欢迎你来港澳办。"

刚开始的从政生活令我很不习惯。做记者的时候，希望马上把最新鲜、最深刻的感受告诉公众；而在政府机关则要多做少说，或只做不说，而且各管一摊事，没必要就不交流，思维方式、工作方法很不一样。写作讲究形象思维，描写，渲染，而写公文、电报则是怎么准

[1] 李后（1923—2009）：山东诸城人。历任山东《大众日报》特派记者，总政八一杂志社政治工作编辑组副组长，国务院外事办公室宣传组副组长，国务院港澳事务办公室副秘书长、秘书长、副主任、党组书记，香港特别行政区基本法起草委员会秘书长，澳门特别行政区基本法起草委员会副主任委员。

确、精炼怎么来，多余的字一个都不能要。有位南方朋友一语双关地开导我，你刚从福建来嘛，北京干燥，每天多喝一杯茶，也好磨砺性情。大概磨砺了一年，我才逐渐适应。

而这期间，随着对香港回归工作的介入，一种崭新的使命感在心中扎下了根。复杂历史问题的解决往往像一场漫长的接力赛，甚至需要几代人前赴后继的努力。港澳办的两位主要领导鲁平和李后都是老革命，鲁平是上海圣约翰大学的地下党员，李后是八路军的知识分子，思想觉悟、政策水平都很高，我入门就能在他们手把手的教导下重新学习，投身祖国统一大业，实在是很幸运的。

博人同情的软功夫

次日，我回到国港办自己的办公室，一个上午没有电话。下午2点刚过，电话铃响起来，工作小组成员、外交部港澳办赵稷华主任通知我说，伯恩斯不但没离开北京，还建议明日继续谈。

我大松一口气，谈判真是一场斗智斗勇的较量，我还得多多历练才能游刃有余啊。

13日的谈判甫一开始，伯恩斯堆起笑容，提议可否在全体会前先和我“小范围”地谈一谈。于是，我们俩走进了钓鱼台芬芳馥郁、绿荫覆径的花园。

在曲径通幽处，他像是变了一个人，用彬彬有礼甚至近乎恳求的态度对我说：“后天是我太太的生日，孩子们都将回伦敦去。您知道，我非常爱我的太太和我的家庭，真希望能和他们一起度过这一天！可是外相却把我留在这里谈香港新机场问题……我们互相让一点，尽快把这个问题解决了吧……”

钓鱼台国宾馆 15 号楼后花园，我曾与英方代表伯恩斯在此“漫步软谈”

我心中了然，当即表示一定尽力，只要双方都坚持《中英联合声明》确定的原则，增强互信，都好商量。令人遗憾的是，这一天的会谈仍然未能缩小彼此间的分歧。

第二天，伯恩斯真的离开了北京，不知他为太太祝福的心情会否受到些许影响，或许太太的生日已经“改期”？

再来谈，还是谈不拢

第二轮工作小组会议于 5 月 18 日至 22 日仍在北京举行。

此时我已由国港办一司副司长升任司长。我去首都机场迎接伯恩斯，他一出机舱就向我表示祝贺，在众多照相机、摄像机镜头面前相见如旧友重逢，仿佛上次分手的结果并不重要。

许多海内外传媒也都派出记者聚集北京，关注会谈的进展。香港

1991 年 5 月 18 日《南华早报》刊登漫画
《钓鱼台 15 号楼里的机场谈判对手们》

英文《南华早报》以《钓鱼台 15 号楼里的机场谈判对手们》为题，刊登了一幅大漫画，把英中双方谈判成员伯恩斯、欧威廉、麦高乐、许仕仁、陈佐洱、王凤超、徐泽等人的头像一一刻画，惟妙惟肖。

当晚，国港办陈滋英副主任在位于东二环路的港澳中心酒店举行欢迎宴会，席间鼓励说:“没有什么困难是克服不了的。”这句外交辞令，令伯恩斯一时颇受鼓舞，一连琢磨了好几天，甚至在谈判桌旁数次向我引证，提醒我别忘记了。

但是，第二天开始的正式谈判依然不顺利，分歧的焦点是英方坚持认为，就跨越回归的重大事宜同中方磋商会损害英国对香港的有效管治和财政自主权。虽然双方谈判人员夜以继日地工作，在新机场财务方案的细节——如财政储备和借贷规模上达成一定程度的共识，但大原则定不下来，协议还遥不可及。

看来伯恩斯是真的感受到了越来越大的压力，也许他接到的指示与中方能够松动的极限相差甚远，所以态度日趋悲观。

在预先商定的第二轮谈判的最后一天——22 日早晨，“脸上布满乌云”的伯恩斯先生在下榻的大北窑外贸酒店被一群记者包围。

记者们七嘴八舌地问他，如何评论此次会谈？分歧是否可以得到解决？对今天以后的几个小时是否抱乐观态度？他均以“我不知道”作答，苦着脸对记者们说：“祝我好运吧！”

外交也摆龙门阵

原定谈判开始的时间是上午 10 时 30 分。中方工作组的同事们早早从各自办公室赶来钓鱼台国宾馆集中，可是 10 时许，外交部转来英方的通知说，由于英方代表团需要等候伦敦和香港的指示，将推迟与会；推迟多久，不得而知。

我和同事们走也不是，散也不是，索性坐下来边等边“摆摆龙门阵”，有外交部的同事见多识广，闲话西方某名牌大学教授论谈判学问，说在谈判最后期限将来临时，“以逸待劳，致使对方疲劳或不适”，也是争取达成理想协议的“武器”。大家设身处地联想到现在的自己，哈哈大笑。

这一天的谈判还真延迟到了下午 4 时才开始。你来我往，一口气谈足了八个小时，一直谈到 22 日这一天的最后一分钟即 24 时整。虽然双方在接谈两三小时后都该预料到，今天不会是个“好日子”，不可能推进共识，但哪一方也不愿首先宣布第二轮谈判就此告终，以免承担“谈破”的责任。而把会议开到子夜 24 时，谈到了预定会期的最后一分钟，宣布“曲终人散”，就可以让时间来承担责任了。但是我和伯恩斯还得商量点事，因为按惯例，第二轮谈判结束时是需要一同出来见记者的。我们认为，现在这个样子，两人面对记者恐怕双方都不会有什么好言好语，与其公开互相指责，不如宣布临时取消了会后的联合记者吹风会，改为 23 日即今天上午 10 时和 10 时半分别召开简短的记者会，各自发表经过思考后拟写的书面声明。

取消联合吹风会的消息使得在外从早晨苦等到凌晨的记者们大失所望，“哇！”地齐声叫喊起来，纷纷打电话回报社，调整各家本已预留的版面。当然，“谈不成、原定的联合记者吹风会取消”也是很刺激的新闻。他们忙着发完稿，大约也只有几小时的短休，天亮后又都要奔赴中英双方分别召开的记者会会场呢。

可敬的徐展堂先生

中英两轮政府工作小组会谈硕果仅存的是，双方对于对方立场有了更深入的了解。

据报载，英方内部——伦敦和香港都据此就香港新机场建设问题进行了密集的商议，出现了放弃、全资投入两种截然不同的意见。中方内部也有各种意见的讨论，也出现了一种终止谈判，等香港回归后再考虑建新机场的重量级声音。

所幸的是两国首脑最终都倾向于合作，因此双方都不约而同地否定了内部“拉倒”的意见，尽快为香港建设一个新机场的意向成为了主流，这也正是鲁平主任和我的主观心愿。

外交官员可以有自己的主观心愿，但把握自己心愿的程度很有限，如果主观与客观——国家利益或者说高层决策不一致，那就必须绝对克己复礼；当然，一旦主客观所见一致，志在必得的决心就会猛地增长。

通过各方面的积极努力，包括香港商人徐展堂先生与梅杰首相的直接沟通，鼎力游说，恢复谈判和达成协议的势头迅速上升。据说，梅杰在接见徐展堂时注意听他的阐述，连秘书向他报告苏联的戈尔巴乔夫要求立刻和他通话，他都回复“等一等”。

徐先生是一位满腔热情的爱国者，不但多财善贾，而且侠骨义气，在香港爱国爱港人士中很有威信，在内地和国外也有很多朋友。除了生意，他还喜欢艺术和古董收藏，而且获得巨大成功。他在香港中环旧的中银大厦顶层设立了自己的博物馆，香港市民可以免费参观，很多到香港的外国人要了解中国历史文化，必去参观他的博物馆，英国首相、大臣，法国总统也不例外。他对馆里的每部分藏品都可以如数家珍，记得他曾指着一套举世无双的乾隆时期彩瓷盖碗告诉我，其中的一只小盖碗是在纽约拍卖会上花了很高价钱买回来的，当时这套藏品就缺这一只。他庆幸地说：“如果对方知道我这一情况，一定会叫更高价的。”

徐先生的办公室墙上挂着一幅很大的油画，画的是一个光屁股的

我和徐展堂先生

孩子背对着观众，在一把梯子上奋力向上爬。他欣赏自得地对我说："我就是那个小孩，是光着屁股爬上来的。"的确，他常以自己的苦出身为荣。徐先生在英国有不少投资，对享有"欧洲最佳博物馆"殊荣的英国维多利亚博物馆更有巨额捐赠，有鉴于他的贡献，该馆的中国馆以"徐展堂馆"命名。为表彰他弘扬中华文化所做的贡献，在美国芝加哥美术馆、澳大利亚国家艺术馆、加拿大安大略皇家博物馆以及中国的上海市博物馆都有以他姓名命名的中国艺术馆或陶瓷馆。

高手过招

1991 年 6 月 27 日，英国特使、首相外事顾问柯利达[1]带着英方关于香港新机场建设的最新方案，绕道他国悄然飞来北京。他的谈判对手是中国国务院港澳办主任鲁平，我作为鲁主任的助手参加会谈。

由于双方的保密工作都做得非常好，钓鱼台国宾馆里外都平静如常，见不到一个传媒行家。

坐在对面的柯利达是位瘦瘦高高的老者，矍铄，冷峻，惜字如金，开谈前他的眼睛可以像老鹰一样尖锐地迎着你的目光，一两分钟不发一语，风格与后起之秀伯恩斯先生迥然不同。他是英国首屈一指的中国通，曾出任英国驻华大使，担任过英国前后两任首相的外事顾问，这是他第二次以首相特使的身份来北京执行秘密任务。

鲁平也是高手，他迎着柯利达的目光相视而坐，也紧闭双唇不说

[1] 柯利达（Sir Percy Cradock，1923—2010）：英国资深外交官，著名"中国通"，1978 年至 1983 年出任英国驻华大使，任内促成中英双方就香港前途展开谈判和签署《中英联合声明》，并助力香港过渡期多项重要问题的谈判，为中英两国和平解决香港问题做出了重要贡献。

话，直到柯利达收回目光、开口为止。彭定康曾经这样描述鲁平，说他“是一位外表出众、相当聪明的绅士，酷爱古典音乐，也说得一口漂亮的英语”，“如果是在其他的环境下，我可能会愿意多认识他，但中国的政治让我们之间只能拥抱像默剧一样的敌意”[1]。

鲁平也是半路出家搞政治的。原来在上海圣约翰大学攻读的专业是农业，从小喜欢机械。“文革”前担任我国最出名的英文杂志《中国建设》副总编辑，学贯中西。记得1990年《香港特别行政区基本法》在全国人大正式通过的那天，我搭乘他的专车从人民大会堂回机关，一路上他喜形于色，忽然说：“如果让我再有一次生命，我还是喜欢搞机械或是搞农业。”

他是我入门港澳事务最敬重的老师。我一到港澳办，他就言传身教，教我从学习基本法的精神实质、立法原意开始，逐步吃透中央的方针政策，熟悉香港的人和事，直到引领我走到谈判桌旁，逐步接近“一国两制”这个崭新的伟大课题。他对部下要求十分严格，批评不留情面，但关心也非常细致，甚至体贴入微。我到香港赴任前，鲁主任亲笔给首席代表郭丰民大使写了封信，让我面呈，说明国港办和外交部工作的性质有所不同，希望在香港期间提供关照。他还特别提及，为我妻子在香港安排适当工作，免去我的后顾之忧。

在业余生活中，鲁平的确是位高水准的音乐爱好者。当时CD还不普及，他的家里摆满了古典交响音乐的录音磁带，同一曲目的作品可能有好几盒磁带，是由世界各地不同指挥家指挥不同乐团演奏的。每次谈到交响乐，他都津津乐道，甚至滔滔不绝。在那种场合，他对中国第一个交响乐指挥博士、我弟弟陈佐湟的兴趣比对我的兴趣大得

[1] 彭定康，《东方与西方：彭定康治港经验》，台湾时报文化出版企业股份有限公司，1998，P99—P100。

多。可惜，香港回归前，能腾出来欣赏音乐的时间太少了……

柯利达的新方案带来了期待中的亮点，即英方同意就香港过渡期内跨越1997年的重大事项听取中方意见。在这个前提下，中方也做出妥协，考虑到作为港英当局卖地收入的一半——土地基金已经为特区政府积累下700亿港元，而且前景看好，就接受了英方提出的为特区政府留下250亿财政储备的建议。

6月29日，双方关于香港新机场建设的磋商终于达成了共识。柯利达建议立刻正式签署协议。鲁平主任表示："且慢，关系这么重大的协议，我们俩只能是草签，正式协议应该由两国政府首脑在北京签署。"

柯利达没料到中方这一手，一听火了，威胁说："那就拉倒，不签了！"

对于语带情绪的气话，鲁平不为所动，甚至不屑在意，因为1989年"政治风波"后，西方国家一直对中国实行所谓的"制裁"，外交来往多数是中低级别的，即使有高层来往也尽量不同中国总理握手；所以这次香港新机场协议如能把英国首相"调度"到北京，与中国总理一同签署协议，那就成全了一个借力香港问题推动中国外交在当时特殊环境下迅速打开局面的巧计，意义非凡。

当天，双方关于协议签署方式的较量自然不会有结果，因为事情重大，柯利达需要请示。

但仅隔数小时，柯利达就要求复会。虽然天色已晚，鲁平主任欣然同意。柯利达风风火火走进谈判大厅，显然已胸有成竹。他开门见山地答应，梅杰首相将来北京和李鹏总理正式签署协议，但是要求打破常规，改在首都机场为英国首相举行欢迎仪式。鲁平主任和外交部与会的同事明白英方用意，无非是想回避曾被渲染一时的天安门广场。

"不，欢迎仪式必须按中国政府的惯例在天安门广场举行。"鲁平主任以退为进地说，“否则就没有欢迎贵国首相的红地毯了。”

柯利达衡量再三，不情愿地同意了中方的接待安排。

第一份直接参与的成果

我遵照指示，立即动笔起草协议草稿。双方的各主要关注点都在脑子里，只需加以整理、条理化而已。

经中方说理坚持，协议的题目定作《关于香港新机场建设及有关问题的谅解备忘录》(以下简称《谅解备忘录》)，之所以在“香港新机场建设”后面添加“及有关问题”五个字，是有深意的。就是说，从今往后，过渡期里大凡跨越1997年的事宜都要中英双方商量着办，参照新机场建设的模式办。

这一晚，鲁平主任和我都住在钓鱼台国宾馆里，翌日即6月30日——离英国交还香港还有整整六年的清晨5时，我轻轻敲开他的房门，把漏夜清稿后打印端正的《谅解备忘录》中文草稿报送给他。他心情特别好，笑吟吟地把一首熬夜挥就的词《卜算子》送我先读为快：

雨扣榻前窗，
风扰伊人觉，
已是深更夜静时，
何事争相报。

晨起万空晴，
鹊雀声声早，
只见青遍柳树梢，

方晓春之到。

鲁平审阅了《谅解备忘录》草稿之后，即于7时以“特急件机要专送”上呈中央领导。9时许，李鹏总理审阅后呈报江泽民主席审批，江主席于10时批复同意。

与此同时，我和外交部条法司和翻译室的同事们，与英方代表团成员、外交部香港司司长包雅伦率领的小组一起，逐字逐句地完成了核对《谅解备忘录》草稿中英文本的工作。

接到中央批复后，鲁平主任和柯利达特使在长长的谈判桌两头，在一式两份的中英文本的每一页的边沿都签上了自己的名字，大厅里弥漫着香槟酒的香气。

柯利达举着高脚酒杯对鲁平微笑说：“您是国家利益的坚定捍卫者。”

鲁平也还以微笑说：“您也是国家利益的坚定捍卫者。”

这是几天来我第一次看见这位英国特使露出笑容，尽管他冷峻，但是能让对方起敬。

令人感慨的是，不久前从香港报纸一篇介绍李光耀新书的文章中得知，柯利达爵士晚年生活艰辛，得了糖尿病，还失去了双腿，和老伴独居于伦敦租来的寓所，没有佣人和看护。李光耀先生探访了这位剑桥校友，不胜唏嘘。最近又获悉，这位亲历中英谈判，为中英两国和平解决香港问题发挥过重要作用的政治家已经逝世。

为特区留足1000亿家底

1991年9月3日，李鹏总理和英国梅杰首相在北京人民大会堂正式签署了继1984年中英两国政府签署关于香港问题的联合声明之后另

中英两国政府首脑在北京人民大会堂签署
《关于香港新机场建设及有关问题的谅解备忘录》

一份也是唯一一份重要文件，场面庄严隆重。

回顾近八个月机场备忘录的谈判过程，用鲁平主任的话说“像老太太买菜一样锱铢必较”，是为了给特区政府多留财政储备，从英方最初预算的50亿港元一点一点往上争取，最终达到了250亿，再加上约700亿的土地基金，特区政府将会有1000亿港元家底，可以放心“开张”了。

《谅解备忘录》的签署具有里程碑意义，不仅表明中英两国政府就香港新机场建设问题达成了共识，而且也为两国在过渡期就跨越1997年的重大事宜如何进行合作强化了重要原则。此后，两国关于香港财政预算案编制、公营事业专营权甚至防务交接等一连串重要谈判都是以此为依据、依仗这把“达摩克利斯剑”谈成的。

协议签了不一定能兑现

《谅解备忘录》签署的当年，中英联合联络小组下成立了中英机场委员会，共同推进新机场建设。中方的专职委员是胡厚诚，胡委员乃工科出身，曾在江苏省扬州市委担任要职，后调任澳门新华社副社长，待人诚恳、率直，行事严谨、智慧，就在澳门任满准备返回家乡江苏的时候被国港办鲁平主任延揽麾下，随即派往香港中英联合联络小组中代处常驻。

根据《谅解备忘录》的规定，英方本应及时向机场委员会提交新机场建设的财务安排方案，但却迟迟没有动作。在中方不断催促下，直到1992年3月才拿出了一个令人大吃一惊的方案——短短半年多，英方的新机场成本预算已从洽谈《谅解备忘录》时的986亿港元上升至1122亿港元，并冒出了225亿港元的“或有负债”概念，可能将给未来特区政府留下高达730亿港元的债务。说穿了，英方还是想乱花钱。

4月23日，鲁平主任在国港办开会研究，陈滋英副主任、王凤超司长、中英机场委员会胡厚诚委员和我参加了会议。我们一致认为，

本港新聞 2

新機場[難產]歷時七個月
癥結在管治權與財政儲備

中英五番談判未開

耗資千二億·事前未諮詢
中方一直抱質疑態度

《备忘录》签署后，机场建设成本及债务预算急升，又陷入新困局

英方提交的财务方案背离了《谅解备忘录》确定的“机场项目应符合成本效益，而且在1997年6月30日以后不应在财政上给中华人民共和国香港特别行政区政府造成负担”的重要原则，也突破了《谅解备忘录》中关于港英政府举债限额50亿港元和为特区政府预留250亿港元财政储备等规定。所以，在5月20日的中英机场委员会第一次会议上，中方正式表达了对这个“问题方案”的批评。英方辩称增加的债务属于临时机场管理局和地铁公司，并不受《谅解备忘录》中关于政府举债额的限制。6月3日至5日，中英双方又在北京举行了关于香港新机场建设的高层会谈，并召开了机场委员会第2次会议，均因英方坚持上述方案而无结果。

还是谈不拢的香港新机场问题，又引起香港社会的不安和国际传媒的关注。6月17日，港英当局的二把手、布政司霍德借一个民间研讨会平台有意泄露中英会谈的内容，散布是中方在阻碍新机场建设进程的谣言，进一步造成视听混乱。

有来无往非礼也。为让社会舆论了解真相，揭露英方“猪八戒倒打一耙”的伎俩，我奉命于21日在北京召开记者会。我首先批评了英方不甚磊落的泄密行为，然后摆事实讲道理，就新机场预算成本上升、或有负债、外汇基金等重点问题逐一阐述。

我表示，在半年时间里，英方对新机场的成本预算上升了13.8%，仍不做上限封顶的承诺，这怎么能让600万香港市民放心呢？为了躲避《谅解备忘录》的规管，英方将政府全资拥有的地铁公司和临时机管局的举债称作“私人投资”，是自欺欺人；表面上看，方案里的政府投资稳定，可是却冒出来225亿港元“或有负债”，这难道不是另一个数字游戏吗？我又指出，外汇基金的主要职能是稳定港元汇率，不能用于机场借贷的担保，更不能作为政府对机场的直接投资。香港的财政结余是几代香港市民积蓄的辛苦钱，不可以大手大脚地花。中国政府没有任何私利，但要对生于斯长于斯创造发展于斯的全体香港市民及子孙后代高度负责。中方至今未能对这样的新机场财务安排方案表态支持，是基于维护未来特区政府和港人的根本利益。本来，《谅解备忘录》签署后，英方可以在《谅解备忘录》的范围内展开各项工程的建设，问题是新提出的财务安排大大超出了《谅解备忘录》规定，所以才不得不再与中方商量，又开会又解释，提到高层，又回到机场委员会里反复讨论。万一新机场工程延误，责任在哪一方，天下自有评说。最后，我说中方对香港新机场建设始终抱有积极支持的诚意，不主张麦克风外交，今天是不得已回应之。

这篇讲话立即被香港各家传媒大篇幅地报道，并被冠上了好些带有夸张性的大小标题。摄于社会压力，英方不得不在 1992 年 9 月 16 日举行的机场委员会第 5 次会议上，提出新的方案，其中有意将机场铁路沿线 62 公顷土地一次过批出，并将 1997 年前获得的全部地价收入 400 亿港元作为新增注资投入机场项目。这个方案虽然形式上做出

中英「罵戰」又一回　霍德洩密遭「砲轟」
國務院港澳辦一司司長陳佐洱
指責英方在新機場談判中搞鬼（全文）
霍德楊啓彥隨心所欲洩密
陳佐洱向記者發表講話的神態。
中國政府不能隨便說：Yes or No
新機場不能成爲吞食港人財富老虎口

在北京的记者招待会内容被各家传媒大篇幅报道

了增加注资的安排，但对于土地收入的处理突破了《中英联合声明》中有关通过土地委员会批地的规定，一定程度上是预支未来特区政府的钱，与第一个方案没有本质区别。

我上呈越级信

10 月 27 日，末代港督彭定康来狠的了，宣布没有获得中方支持也要单方面建机场。随即，部分新机场工程被分拆成若干小工程后，陆续开工。中方做出的反应是暂时中断与英方的联络磋商。

被鲁平主任斥为“千古罪人”彭定康所制造的僵局，使得中方内部对于中英合作的前景再次出现了不同意见，有主张干脆终止与英方就新机场建设问题进行的磋商，等香港回归后再谋划建设一个新机场，或者用深圳机场代替香港机场。这些主张来头比较大，我不得不反复认真思考，但没能动摇我的一个基本理念，那就是为了香港的平稳过渡和政权顺利交接，中英双方合则两利，掰则两不利。

痛恨彭定康是一回事；但从保持香港国际航运中心地位和维护中英在香港过渡期内合作的大局出发，力争把新机场尽快建起来又是另一回事，不建或迟建，都对香港不利，不会得人心。况且港英当局已经将部分工程分拆上马，累计投入已近 400 亿港元，即使中英达不成一致，也会给未来特区留下一堆“半拉子”工程，造成巨大浪费。

我明白，我的领导鲁平主任也持这样的看法，但不知他是否已向上反映？恐怕在一定场合他的过于直截了当会有所不便。我是一介书生，虽人微言轻，但顾忌可以少些，于是几经踌躇，“斗胆”——其实还是战战兢兢，以个人名义越级向国务院领导上呈了一封通宵达旦写就的信，题目是《对英方晓之以理，诱之以利，香港新机场应尽快建设》。数天后，国务院办公厅用保密红机电话通知我，朱镕基副总理在我的信上批示了四个字，“甚有见解”。

曾荫权乘小飞机首降新机场

1993年4月27日，英方终于向中方提交了第三个比较像样的财务安排方案，并希望尽快恢复磋商。这份新方案不但消除了政府的或有负债，还增加注资225亿港元，同时把1997年后地铁公司和机场管理局的负债总额从原来的730亿港元降到了450亿港元，总体上说是在朝符合成本效益的方向靠拢。国港办在同前后方各兄弟部门紧急会商后向中央、国务院做了专门请示，建议同意英方恢复磋商的要求，在坚持《谅解备忘录》的基础上争取它进一步增加注资，降低债务；若再做积极回应，也可考虑对其批出机铁沿线土地的方案灵活处理。这个请示获得了中央、国务院的批准。

在恢复磋商的中英机场委员会第7、第8次会议上，中方围绕这一策略与英方进行反复讨论。1994年2月2日，英方提交了第四个财务安排方案，表示若双方就机场铁路批地问题达成共识，英方同意中方提出的增加注资、降低债务的建议，愿意提高注资至603亿港元，地铁和机管局债务则下降到230亿港元。机场整体成本将由1992年估算的1122亿港元调整到1080亿港元。经过接下来几个月一系列具体问题的进一步谈判，中英双方对新机场建设财务安排方案终于达成了共识，并在11月4日中英机场委员会第13次会议上，由中英联合联络小组中英双方首席代表赵稷华和戴维斯签署了协议。我作为联合联络小组中方代表、机场委员会中方委员出席了会议，一起出席的还有新华社香港分社外事部长杨友勇、经济部长陈克强，中英联络小组机场

委员会双方首席代表赵稷华、戴维斯签署会议纪要。左起：港英机场统筹处长林中麟，经济司肖炯柱，包雅伦，陈佐洱，杨友勇，胡厚诚，陈克强，中方一秘赵湛滨

委员会中方委员胡厚诚，中英土地委员会中方第一负责人陈荣春，以及英方的包雅伦、曾荫权等高级官员。

财务安排协议的成功签署，有力推动了新机场建设其他问题的磋商。为了在符合成本效益的原则下提高机场项目财务安排的灵活度，中英就港英政府拟与机场管理局和地铁公司签署财务支持协议的问题达成了一致，使得这两个机构可以在必要时举债融资。双方还陆续就《机场管理局条例》、机场管理局董事会组成、航空货运专营权批出、兴建第二条跑道等重要问题达成了共识。

随着重要议题在谈判桌上陆续尘埃落定，新机场建设的一系列工程紧锣密鼓地开展起来，并陆续竣工投入使用。中英机场委员会、财政预算案编制专家小组多次赴新机场及其配套建设工地视察。1997 年 2 月 21 日，第一条跑道落成，港英财政司曾荫权搭乘一架螺旋桨推进的小型公务机从香港启德机场起飞，平稳降落在赤鱲角新机场上。

赤鱲角机场雏形

青马大桥雏形

甜丝丝的成就感

因为当时整体工程未完工，港岛还没有陆途交通可以抵达赤鱲角新机场工地，我和包雅伦、胡厚诚等中英机场委员会成员“同舟共济”，同乘一艘快艇乘风破浪，穿过堪称世界第一长的公铁两用悬索式

机场统筹处长（左）陪同视察大桥工地

与英方官员共同主持隧道开工仪式

临时机场管理局负责人陪同我们视察机场工地

乘直升机前往新机场工地视察。左起：机场统筹处长林中麟，中国银行香港分行总经理杨子林，中英土地委员会中方第一负责人陈荣春，中英联合联络小组中方首席代表赵稷华，陈佐洱，机场委员会中方委员胡厚诚，临时机管局副主席卢重兴

吊桥青马大桥的桥洞，登上了由大屿山以北的赤鱲角、榄洲两个小岛填平连接起来的 12.5 平方公里的新人工岛。

香港全境多山、岩岛和港湾，大大小小的岛屿星罗棋布，这一带原来都是大陆山脉的延伸部分，属于华夏陆块，大约一万年前港岛和九龙半岛还是连成一片的陆地，后来由于山体的沉降与海水的侵蚀，才形成现在这样的地理状况。而整个香港地区的人文状况，也并非如港英历史教科书描述的在鸦片战争前是“荒凉不毛之地”。赤鱲角原来也并非一个小小荒岛，早在 1833 年岛上就建有一座很有特色的妈祖天后庙；勘察建机场时，还曾在岛上发掘出一批新石器时代中期至青铜器时代的陶器文物，说明在 5000 多年前，就有我们的祖先在这里劳动、创造，繁衍生息。

当曾荫权面带笑容步出机舱时，所有见证第一次成功试飞的人都为新机场工程的进展举手相庆。但是要如末代港督所愿，在撤离前为新机场落成剪彩已经铁定是来不及了。新机场建成投入运营后，这条 3800 米的跑道，将能夜以继日地承载包括波音 747 在内的世界上任何型号的客机、货机起降。

现在，我每次来到繁忙有序的香港新机场，当看到络绎不绝的涂有不同国家和不同航空公司标志的客机、货机呼啸而起或缓缓降落，形形色色的人们在这里聚集又分散，都会想起我最早来到这里时的景象。那时这里是一个处女岛，从机场选址、施工、经费一路谈下来，到最终拍案，画出新机场的雏形，的确不容易。后来，我经常头戴安全帽，跟英国人和新机场的管理者一起察看施工进程，眼看着这个新机场从孕育到慢慢长大，变成现在的模样。

想到这些，我心里总有一种甜丝丝的成就感。

港英最后的政绩工程

4 月 27 日，我应邀出席青屿干线开幕典礼。青屿干线是新机场建设十项核心工程之一，全长 3.5 公里，由青马大桥、汲水门大桥及连接两大桥的马湾高架道路组成，耗资 110 亿港元，历经五年建成，是香港回归前完工的最大规模的新机场核心工程。英方为了弥补不能看见主体工程新机场落成的遗憾，同时着力展示一下政权交接前最后一大政绩，筹备了这一隆重的庆典，邀请了包括英国前首相撒切尔夫人在内的超过 1000 名海内外嘉宾出席。

庆典仪式在英格兰风笛演奏中开始，接下来是香港 18 区的团体巡

与戴维斯同车巡视青马大桥

青屿干线庆典夜景

游，其中既有西洋的现代舞和交响乐表演，也有中国传统的舞龙、舞狮，很具有香港中西交融的特色，直升机在天空列队表演，船艇在海面游弋前行，围绕着长龙般逶迤的青屿干线，海陆空一片热闹喧腾。等到斜阳西下、夜幕升起，青马大桥、汲水门大桥和马湾高架道路突然亮起灯光，天空中刹那绽放出璀璨的烟火，还有金色瀑布般的烟花从桥身倾洒入海面。浮光跃金的绚烂光影中，我和部分 VIP 嘉宾乘坐十几辆敞篷车，在雄伟的青马大桥和汲水门大桥上缓缓巡行一周，来回计约 5 公里。

香港舆论对于这场盛典的报道却不甚热烈，例如《信报》1997 年 4 月 28 日文章以《夕阳观盛世，清冷伴余晖》为题，认为虽然港英政府有意营造胜景，但不能掩饰垂暮和冷清之感，恰如大英帝国在日落前的余晖。我倒并不完全这么看，当日的盛景让我难忘，让我依旧觉得有其可赞可贵之处。包括青屿干线在内的香港新机场建设工程是中英双方求同存异、成功合作的成果，虽然几经周折，但是最终还是共同带给了香港一份弥足珍贵的礼物——一个现代化机场和一系列高水平的配套基建设施，这对于保持国际经济中心城市地位长期不变的香港意义深远。开幕庆典的灿烂烟花虽然转瞬即逝，但它蕴含的和平、合作、负责任的精神却将长放光彩。

与彭定康的唯一一次握手

我至今保存着这场典礼的请柬，上面有撒切尔夫人、彭定康、陈方安生、曾荫权的亲笔签名。

在典礼上，我和撒切尔夫人进行了很友好的交谈，共同祝福香港的明天会更好。由于老对手彭定康陪同撒切尔夫人一道走过来，我只

撒切尔夫人、彭定康、陈方安生、曾荫权亲笔签名的请柬封面

英国前首相撒切尔夫人出席庆典，与其握手交谈

得与他也“松散”地握了手——唯一的一次握手，几根僵硬的手指从他软绵绵的掌心滑过。

在他担任港督、推出背信弃义的“政改方案”后的五年里，与他握过手的中方官员绝不会超过五位。

师友情长

在漫长的新机场谈判中，中方始终重视听取香港同胞的意见，向香港各方面的专业人士虚心请教，汲取他们的智慧。

在1993年，中方推动成立了机场咨询委员会，该委员会由黄保欣、邵友保、胡法光、梁振英、简福贻、黄景强、邵善波、刘江华、蔡伟石、陈鸿锟、杨汝万等香港经济专业界知名人士组成，咨询委员会紧密配合中英新机场谈判的进展，就财务安排方案、机场管理条例、专营权批出等重要问题向中方提供了大量宝贵意见，为谈判的成功做出了重要贡献。例如，为新机场修建第二条跑道的重要建议最初就是张鲸丰、吴坦等委员提出来的。

至于我个人，没学过理工，没学过财务，如何担当起香港新机场建设中方专家组成员的责任，继而又担任中国政府工作小组组长、中英机场委员会委员呢？ 唯有虚心求教。至今令我常怀感念的以下三位老师都是可尊可敬的香港同胞，他们从未得到过一元酬金，也从未提出过任何要求，却在上世纪90年代初那种严峻的环境下，冒着身家性命的风险，为祖国、为香港奉献自己的知识和智慧，甚至奉献出许多宝贵的时间和金钱。

回首那些往事，我的眼前会浮现一位精力充沛的老人形象，他花白的头发总是梳成整齐的六四分，方正的脸庞上戴一副价格不菲的老

与忘年之交邵友保委员在一起

花加近视眼镜，西装革履，出入提着个鼓鼓囊囊的公文包，一看就知是位银行家，他是日本东京银行香港分行总经理邵友保先生。我认识他是在 80 年代末，他常率基本法咨询委员会团体造访北京，我常负责接待邵团长一行。当时他 70 岁出头，我则将奔五十，也许是他在团里独一无二的带有山东口音的流利普通话促成了我俩的忘年交。

而真正交上朋友是因为当时刚刚开始的新机场谈判。有一次他来北京，我只身一人，带着英方提交的一些资料，深夜敲响了他下榻的西苑饭店的房门，向他求教。他问:“有现金流量表吗?”我答:“没有。”他强调:“这很重要。”于是，我们向英方要求提供现金流量表。之后，他又专门应邀来京，教我和我司里的同事怎么看、怎么分析新机场建设的现金流量与成本效益关系，算出了按英方当时提供的方案，未来机场铁路从建成到 2036 年回报率只有 2%，而它的母公司香港地铁历来认为回报率低于 10% 是无法经营的。再后来，我到香港中英联合联络小组中代处常驻，准备开谈跨 1997 年的财政预算案编制时，就提名聘请他为中方四顾问之一。

特区成立后，他荣获铜紫金勋章，由于年事渐高，较少参加社会活动，但仍每天上午在自己的万友贸易公司上班，下午去东京银行办公，热心于全国政协委员的工作。2006年北京“两会”召开之初，我惊悉他在香港突然病故的噩耗，心里一阵悲痛，当即坐在人民大会堂会场的座席上写下一副寄托哀思的挽联：“推广基本法尽心倾力，财案跨九七画策筹谋，爱国爱港长垂高范；廿载论交情切磋受益，一夕隔人天含悲挥泪，嘉言嘉行永念先生。”他生前的职衔很多，我只在挽联中列举了以上与我关系最密切且公开的两项，横批是“沉痛悼念邵友保顾问”。写完后，请我的“老家”中新社发了条消息，翌日见诸香港报端。

偷得半日闲

另外两位老师都是优秀的专业人士，都比我年轻。一位是留学美国归来、研究政治经济学的邵善波先生，一位是留学加拿大归来、从事土木工程设计的黄景强先生。善波先生曾是美国哈佛大学肯尼迪学院亚洲项目研究员、香港基本法咨询委员会副秘书长，后来主持香港“一国两制”研究中心的日常工作，他对基本法，特别是基本法中关于政治体制的研究颇有心得；中英关于香港新机场建设争议爆发后，他又对这一问题十分关注，不时提供一些对中英双方举措、社会各界动态的分析研究，包括自己的意见建议。善波先生观察时事敏锐，正义感强，性情率真，以致讨论某些问题时可以挥斥方遒，情不自禁。

与自己的朋友善波相比，景强先生则表现得沉稳寡言、思维缜密，他的中英文根底都很好，除了经营一家控股内地数家工厂、酒店的香港新标志集团公司外，还热心于港澳的文化教育事业而且颇有建树。我曾数次就新机场建设的工程问题向他求教，他每次都是仔细地

与邵善波（左）和黄景强委员（右）摄于惠州。回想同游新界郊野，是在港工作期间难得的“神仙半日”

足踏鹿径，隔海背依深圳沙头角

听，不急于发表意见，等回去后经过几天几夜反复推敲计算，才来约我“茶叙”，相当客观地说出自己的看法。有一次，他研读了英方提供的新机场效益可行性报告，在经济核算部分发现英方把新机场建成后的各项收费总额夸大到令人瞠目结舌的程度——竟是当年数额的整6倍，指出其目的无非是要吸引中方的眼球，让它那个投入少、负债多的财务方案过关，而给未来的特别行政区背上沉重包袱。

1996年春的某日，善波和景强因见我工作压力太大、神经高度紧张，约我悄悄地“偷得半日闲”，去露红烟紫的新界郊野sightseeing，放松放松，成全了我一次认识香港另一角的难忘旅行。

景强自驾，我坐副驾座，善波坐后座，一大早三人行，在新界公路旁搭棚的大排档吃了简便早饭，便驱车去沙田，直奔名扬岭南的万佛寺。“清晨入古寺，初日照高林。”我们趁着好兴致，你追我赶地一口气拾级430多阶，登上一个小山岗，礼拜了金碧庄严的万佛主殿和宝塔，瞻仰了正在兴建中的准提佛母菩萨宝殿，会见了开寺祖师肉身金像的后人吴住持。

下山后，驱车经大埔工业园区继续向东，驶入了少有人烟的新界八仙岭，时而走进乌腾蛟的村落里拍照留影，时而访问在客家古风丁屋世代居住的村民，一直绕行到与深圳沙头角隔海相望的香港西北端鹿颈，我真有唐人王维《桃源行》的意境，“坐看红树不知远，行尽青溪不见人”。想不到繁华摩登的香港还保存着这么一片秀美、幽静的大自然风景线。我们再经过新围边境禁区，翻越海拔近千米的全港最高峰大帽山，回到忙碌的吐露港公路，穿过最老的狮子山隧道和红磡海底隧道，于中午返回了香港本岛。

善波、景强二位后来都曾任全国政协委员，在200位香港委员中似乎并不很“突出”，但我知道，他们仍一如既往地在为祖国的发展和香港的繁荣稳定献计出力，发挥着积极作用。

机场瘫痪，救救香港

香港新机场的建设工程终于在 1998 年上半年大功告成。7 月 2 日晚，全港各处张灯结彩，依然笼罩在庆祝特别行政区成立一周年的喜庆气氛里，而新机场开张前的最后一项庞大工程——无接缝搬迁，在启德机场全部航班结束后的夜色中开始紧张进行。几个小时过去，当旭日再次从维多利亚湾碧蓝的怀抱里升起的时候，香港向全世界宣告，创下了“一夜之间从启德转场赤鱲角的奇迹”。

接下来的几天里，新机场的运行顺利。岂料“祸兮福所倚”，众所周知，香港机场历来是亚洲货物转运的重要枢纽，其数量和质素多年鳌踞世界第一。可是 7 月 7 日机场货运站的电脑系统和机械设备突然出现了严重故障，除部分生鲜食品外的所有货运处理被迫停顿，大量待出港的货物滞留在机场，进港的飞机则无法正常停靠卸货，货运站一片混乱，陷入了瘫痪。

负责货运的香港空运货站有限公司表示，通过检修，有关故障有望在 18 日之前解决；后又表示，要待 8 月底机场货运服务才能完全恢复……有传媒评估，由此导致的损失每天高达 18 亿港元。社会各界议论纷纷，一些报纸甚至刊出醒目的标题——“救救机场，救救香港”。

面对这突如其来的难题和压力，董建华特首 7 月 13 日向国务院港澳事务办公室发出公函，第一次开口请求中央政府支援：在香港新机场货运处理系统全面恢复前，允许有需要的航空公司借用深圳黄田机场（现更名宝安机场），帮助香港维持重要的货运服务。

国港办当日下午收到董特首函，随即提出工作建议上报中央政府。14 日上午，正好国务院举行会议。主管港澳事务的钱其琛副总理跳过了公文周转的正常程序，直接把国港办的呈文送到主持会议的朱镕基总理面前。朱总理浓眉一扬，挥笔写下了“要全力支持香港特区解困”的重要批示。

下午 2 时，廖晖主任遵示在国港办三楼会议室召集了民航总局、海关、公安部、交通部等各有关部门的负责人，研究落实总理、副总理的指示。各部门早就在密切关注着香港新机场发生的严重困难。现在一听传达国务院领导指示，众口一词表示要竭尽所能，帮助董建华先生排忧解难。不到两个小时，各部门无私的专业意见已经集思广益，形成了一套相当完整的支援方案。会上决定，由我带同与会各部门代表立即飞赴深圳，与广东省、深圳市有关领导连夜会商，具体细化方案。

下午 4 时会议结束，廖晖主任嘱我先用保密机和董先生通个电话，

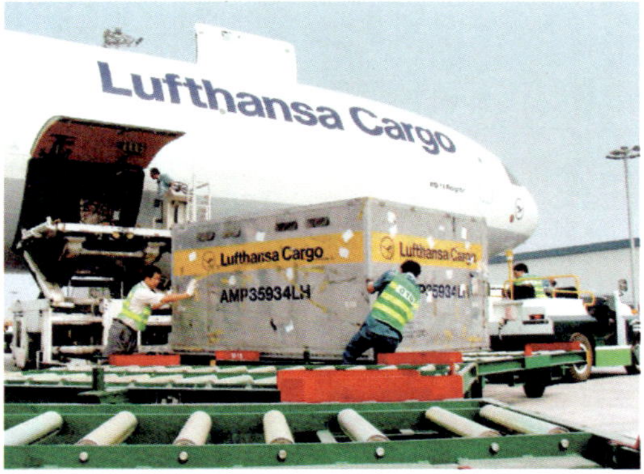

新机场货运突现严重故障

全力助港分流空運

會議 陳佐洱今在深晤葉澍堃 駐港部隊隨時支援

【本報訊】北京消息：國務院副總理錢其琛昨天在北京主持聯席會議，決定全力協助香港特區克服空運貨物困難。國務院港澳辦副主任陳佐洱昨晚抵達深圳，今天上午十時他將在深圳市政府與特區政府經濟局局長葉澍堃會面，研究深圳黃田機場可對香港新機場提供的幫助。

據悉，由錢其琛主持的聯席會議出席部門包括中央政府的民航、海關、邊檢和行政部門的負責人。會議決定提供一切方便，全力協助特區政府解決新機場出現的空運貨物困難問題。

董建華公佈有關消息

國務院港澳辦公室副主任陳佐洱，率領有關部門代表，昨晚抵達深圳，並將於今天上午十時在深圳與特區官員代表會面，因應特區需要，積極研究黃田機場可提供的服務。特區政府代表團將由經濟局局長葉澍堃帶領，成員包括各有關部門代表。

行政長官董建華昨天公佈了上述消息，行政長官說：「我代表特區政府和全體市民，衷心感謝中央政府對特區的關懷和支持。我相信透過中央的協助，定能舒緩本港出入口業在貨運上面對的困難。這次中央政府的迅速反應，充分反映香港在『一國兩制』下的新優勢。」

特區政府於七月十三日去信中央政府，簡述目前香港在航空貨運上遇到的問題，並要求內地有關部門盡量給予有需要的航空公司提供協助，安排他們使用黃田機場分流貨運。

【本報記者林嶺、王善勇深圳十四日電】深圳機場（集團）公司民航業務發展部經理劉斌透露，自七月十一日至今，深圳黃田機場已承運了本由香港新機場運至國外的二百多噸貨物，通過北京、上海中轉出境。

深圳機場航空貨站設備配制年處理貨物能力為二十萬噸，而現在機場國內外貨物年處理貨物為七—八萬噸，尚餘很大空間，他相信深圳機場有足夠能力每天接受二十至三十班貨機。

他指出，全部轉運過程中可能出現的最大困難是裝車和卸車，由於深港兩地的貨車大多為貨櫃車，不具備運載「飛機板」的設施，需要用人手將貨物搬運至貨櫃裝箱，因此需要調配大量人手。而機場已和駐港部隊深圳基地及武警部隊官員聯繫，駐港部隊司令員劉鎮武將軍表示全力支持，他們非

祖国对香港新机场施以援手的好消息迅速传开来

向他传达中央政府的批复，通报下午会议情况，并请他通知特区政府派出相应代表团于明早 10 时来深圳，与我和我的同事们会商如何借用黄田机场支援香港货物空运事宜，争取迅速实施。

董先生在电话里对中央政府高效决策的反应近乎惊喜。他于傍晚向社会发布了以下“号外”式的消息：“……我代表特区政府和全体市民衷心感谢中央政府对特区的关怀和支持。我相信通过中央的协助，定能舒缓本港出入口在货运上面对的困难。这次中央政府的快速反应，充分反映香港在‘一国两制’下的新优势。”

好邻居二话没说，腾出机场

下午 5 时刚过一些，我和国务院各有关部门的同事从各自办公室直接到首都机场候机大厅集合，但北京飞往深圳的最后一个航班已经起飞，幸好还有一个飞往广州的航班，我们遂改赴穗转深。当我们搭乘的飞机落地、缓缓滑向广州白云机场候机大楼的时候，一列考斯特中巴车队开入了停机坪，广东省政府的同事们已等候多时，接上我们一起登车上路。

星光灿烂，车灯如柱，在驰往深圳的高速公路上，中南海总机接线员接来了钱其琛副总理办公室的电话。钱办通知我，下午廖晖主任在会后整理上报的支援方案已经国务院领导批准，钱副总理指示我们一定要认真细致地贯彻落实，特事特办，把工作做好。

一路风尘仆仆，抵达深圳时已是深夜，位于罗湖区新园路的市政府迎宾馆为我们亮起一片耀眼的灯光。我们一行人除随身带的公文包外几乎都没有行李，所以车队直奔会议楼，与熬夜等候的深圳市常务副市长李德成一行会合，坐下便转入正题开会。国务院、省、市各有关部门工作人员济济一堂，大家的心都被新生的香港新机场陷入瘫痪的消息绷紧了，在毗邻香港的深圳更能感受到这种唇齿相依的气息。

全体会议、分部门的对口会议交替进行，直到晨光熹微，支援的具体实施方案终于形成：黄田机场将辟出一个专门区域供分流香港的货机使用；有需要的外航航班只需提前 48 小时向民航总局提出申请，即可来深圳起降，收费超低；机组人员可以便利往来港深两地公干或休息，无须事先签证；为保养维护飞机所需的零部件，也可以从香港便利免检运入。为最大限度提高转运的便捷性，采取特殊的清关和物流措施，所有从黄田机场卸载的转运货物都不在内地进行清关，只需贴上封条，就可由广东省提供的专门车队取道福田保税区特别通道，直达皇岗口岸进入香港落马洲；拟交付黄田机场起运的货物在香港完成清关后也只需贴上封条，由专门车队不停留地进入深圳，通过福田保税区特别通道抵达黄田机场，直接装机付运。为了保证货物集散、装卸的快捷和安全，驻深圳的武警部队特别选派了 200 名指战员，协助装卸和搬运货物。

深圳机场还专门成立了协调领导小组和现场指挥小组，甚至预备必要时压缩内地航线，确保对香港的支援服务。……由于上述种种特殊安排，经黄田机场转运的货物可于 40 分钟内直达香港或由香港直达黄田机场。

确保40分钟出入境

15 日早晨的深圳天清气朗，迎宾馆花园里葱郁的草木开始苏醒，和园外“发展是硬道理”的建设工地上的机械声、汽车喇叭声以及偶然响起的粤港直通火车笛声蓬蓬勃勃地融为一体。

还未到 10 时，内地的各级官员都已瞪着猩红的眼睛，正襟危坐在会议厅里，桌前摆放着深圳市政府刚刚赶印出来的实施方案讨论文件。左等右等，没有香港同事们到来的消息。

我让同事每隔五分钟给在皇岗口岸迎候的市外办边境联络官打一次电话。10 时半左右，口岸那儿来了消息，特区政府代表团到是到了，但有两位官员没带证件，入境遇到了麻烦。我记起昨晚中南海的“特事特办”指示，当机立断，请口岸给予一次性放行。

11 时，会议总算开始举行。在允许海内外记者会前拍照的五分钟里，我向久等的媒体表示中央政府高度重视香港新机场面临的问题，收到董特首请示的函件后，朱镕基总理亲自作了重要批示，钱副总理和廖晖主任亲自部署。根据中央领导的指示，自己会同有关部门的官员“闻风而动，马不停蹄”赶赴深圳，大家心往一处想，力往一处使，待和香港特区政府的同事们商定后，一定会向社会公布具体的支援措施。

特区政府经济局叶澍堃局长为代表团仓促组成以致迟到道歉，我解围说，这几天你们处理香港新机场货运问题非常辛苦，迟几分钟没有关系。

两地政府解困香港货运的紧急会议开始。我简单一番开场白后，请李德成常务副市长代表内地各级各有关部门，向特区政府代表团详细介绍了利用黄田机场协助香港新机场分流货物的各项具体安排设想。经过数小时的洽商，双方取得共识，确定黄田机场将在 18 日上午 8 时前完成所有准备工作。

匆匆午饭后，热情的深圳市官员们又陪同香港同事一行实地考察了机场，并沿预定的特殊通道经福田保税区到边境口岸走了一遍，加深了对从装卸到起运、出入境“40 分钟”的理解和印象。

叶澍堃局长代表香港特区政府对中央政府和广东省、深圳市政府迅速给予的支持表示感谢，但最后强调香港实行自由的市场经济，有

我和李德成（右）、叶澍堃（左）一起向海内外传媒介绍内地协助香港新机场货运分流的配套措施

没有来香港的货机愿意使用深圳机场是各航空公司的事，政府也无能为力。

但是，中央的支援措施在香港社会却立刻引起强烈反响，香港中华厂商联合会、香港付货人委员会、香港货运业协会等重要行业团体纷纷表示欢迎和受到鼓舞。

消息公布后不久，国家民航总局即收到了韩国、白俄罗斯航空公司转飞深圳黄田机场的申请，并迅速予以批准。

经过多方努力，香港新机场货运处理恢复正常的时间得到了提前。尽管在暂停货运处理期间，转飞深圳黄田机场的货机不是很多，但中央政府及时雨般的支持，大大提升了外界对香港、香港新机场的信心。难怪传说俄罗斯羡慕中国，因为中国的改革开放发展，有香港这样优越的国际经济中心城市互补、贡献；新加坡羡慕香港，因为香港有强大的祖国做坚强后盾，遇上困难还能有她遮风挡雨。

追昔抚今，可以毫不夸张地说，香港新机场从谋划、建设到运营，每一阶段都凝聚着祖国的无私关爱。无论是20世纪80年代初的中英谈判、90年代中英联合联络小组内的交锋，还是香港特区成立后所经历的亚洲金融危机、“非典”疫情冲击、国际金融危机等严峻挑战，祖国始终毫无保留地支持香港发展经济、改善民生、推进民主、保持社会和谐，和香港一起克服种种困难。这样的血脉相连、荣辱与共的联系，正如在香港回归10周年时流行的一首歌里描绘的：

共闯共行跨出许多足印，
披风披雨心更锻炼得真，
你用时光教我知道，
爱是可以越来越深，
就算风波更多，
用真爱说多谢，
途中你身边永是我，
……

第七章

设立终审法院谈判

从伦敦枢密院到香港终审法院

《中华人民共和国香港特别行政区基本法》第一章总纲第二条规定："全国人民代表大会授权香港特别行政区依照本法的规定实行高度自治，享有行政管理权、立法权、独立的司法权和终审权。"这是中国在"一国两制"国策下对香港做出的一项重大制度性安排，是"港人治港"、高度自治的重要体现。

如何为未来香港特区建立史无前例的终审法院及其相关配套制度？如何实现香港司法体制在回归前后的平稳衔接？这是一个备受港人和国际社会关注的大问题。

在英国管治的150多年里，香港法院的终审权掌握在伦敦的王室咨询机构枢密院司法委员会，这个有上千年历史的机构是专门受理海外领地、王家属地和英联邦成员国家终审案件的。香港每年有一二十

香港"一国两制"研究中心编印的《香港特别行政区基本法》中英文版本

宗案子要上报伦敦枢密院，对社会有重大影响的法律原则问题是上诉焦点。虽然英国和香港同属一个法系，但相距两大洲，历史文化背景和价值观念很不相同，加上枢密院的成员大多年事已高，对香港世态民情一知半解，做出的判决往往与香港上诉庭的判决很不相同。尽管如此，终审权始终是在伦敦，而不是在香港。

可是签署《中英联合声明》之后，老谋深算的英国却想在香港易帜前设立终审法庭了，目的是要让它过渡到未来的中国香港特别行政区去。

英方搬起石头砸了自己脚

1988 年 2 月，英方向中方提交了一份设立终审法庭的建议大纲，包括架构组成、判决权和诉讼程序等主要内容。中方本着友好合作的精神，慎重研究了半年，认为在 1997 年前提前进行过渡性安排，使未来相关特区终审法院的各项具体安排明朗化，将有助于促进政权的顺利平稳过渡，增强港人信心，于是决定接受英方的建议，但是要求通过充分磋商，以使 1997 年前设立的终审法庭完全符合基本法的有关规定和中方要求。

可是良好的愿望没有成为现实，被包括英国在内的某些西方国家对中国的“制裁”打碎了，英方代表处奉命在 1989 年“政治风波”后单方面中断了与中方的磋商。

1990 年 8 月，英方重开中英联合联络小组谈判。为了香港司法体系的平稳衔接，中方代表郑伟荣不计前嫌，在第 1 次有关专家小组会议发言中，就开宗明义地声明：“对于英方提出于 1997 年前的适当时候设立终审法院的建议，中方原则上不持异议。”

这以后又开了四次专家小组会议，在1991年的第20轮中英联合联络小组全体会议上，双方首席代表以互换发言稿的形式达成了原则协议。双方同意香港终审法院将由四名常设法官组成，并备有两份非常设法官名单，其中一份为非常设本地法官，一份为非常设海外法官。将来审案时，审判庭由四名常设法官和一名非常设法官组成，这一名非常设法官可在两份名单中挑选。双方同意将继续保持友好合作，甚至设想在1993年就把终审法院成立起来。

不料这个好势头又遭遇了节外生枝，中英联合联络小组关于终审法院的原则协议公布不久，港英法律界、立法局和传媒中的某些人就掀起一股股反对浪潮。先是香港大律师公会和律师会公开批评指责，后是以“二李”为首的八名议员怂恿立法局通过反对中英协议的动议，右派媒体连篇累牍地为英方在1991年协议中的“让步”叫屈，对中方坚持按基本法规定设立终审法院的立场横加攻击。对此，中国外交部发言人严正指出，作为港督咨询机构的港英立法局无权否定中英联合联络小组的原则协议。

而这时联合联络小组的英代处却却步了，以“立法局有了动议”为借口，迟迟不再执行已经达成的协议。正如当时新华社香港分社研究部的一份报告指出的：“这股浪潮是英方试图在新条件下重搞‘三脚凳’政策的又一次暴露。”“这次操纵立法局推翻1991年原则协议，是将英国的利益装扮成香港的‘民意’向中方施压。”

英国人把司法体系看成命根子

在终审法院谈判被打入冷宫的日子里，香港的历史脚步仍一天不差地走向回归。一段时间以后，英方尝到搬起石头砸自己脚的苦头。

1991年，中英两国政府首脑发表新闻公报，责成中英联合联络小组加快军事用地和终审法院两项谈判，前一项是中方更为关注的，后一项是英方更为关注的。由两国政府首脑的“责成”可见，任何外交行动都是要顾己及彼的，不能光想着一方面的事情。

重视军事用地交接谈判，是出于中方必须在1997年回归前履行香港防务责任的需要，没有明确的驻军营地，防务部署、先遣人员提前进港等有关准备都无从谈起；英方重视的是终审法院谈判，因为试图按英国的设计把终审法庭设立起来，并使之延续到1997年以后。应当说，英方对于司法在资本主义政权组合中的重视程度，远甚于我们。

1994年3月，我出任中英联合联络小组中方代表后，在当年完成军事用地问题谈判以及其他多项谈判继续齐头并进的情况下，即重点关注和着手准备终审法院问题的谈判。

彭定康想趁“铁票”在手建终审庭

1994年5月，英方向中代处交来了一份终审法院条例草案建议，发出了希望第三次再续这一议题谈判的信号。一旦这份文件获得中方同意并通过立法程序，港英当局就可以张罗起终审法庭的事来。

有利于平稳过渡的事，中方是乐此不疲的，因为过渡得越平稳，回归后特区的繁荣稳定就越有保障。所以，如果能够按照与香港基本法相衔接的原则，在1997年前就设立港英的终审庭，然后过渡到1997年后成为特区终审法院，中方当然乐见其成，即使英方违约了两次，仍愿意第三次坐下来磋商。可惜的是，英方提交的终审法院条例草案完全是用英国脑袋写成的，如果按此通过港英立法程序并设立了终审庭，那必然与平稳过渡冲突，特区终审法院的设立必然得另起炉灶。

1994 年 10 月，中国外交部的一位高级官员对外表示："照目前情况看，香港的终审法院不可能在香港回归前成立。"此话一出，英方更着急了。11 月 1 日，在一个双方非正式的会晤场合，英方要求我澄清，我根据外交部关于香港终审法院问题的对外表态口径说，中方当然希望 1991 年中英双方就终审法院达成的原则协议能够得到执行，在香港回归前就成立终审法院。这是个大的原则，但怎么成立，那就要具体谈了。

英方抓住我这句话，像抓到了救命稻草，很快就送交一份说帖，称对陈代表的表态感到"鼓舞"，英方专家随时准备与中方就终审法院问题恢复谈判。

中代处对形势做了分析，认为英方仍然企图在香港回归前就成立一个完全体现英国意志的终审法院，造成既成事实让中方接受。而港督彭定康特别希望在其可以完全控制的本届立法局任期内完成条例草案的立法，因为明年 7 月底任期将满的本届立法局 61 名议员中，有包括港督本人在内的 4 名当然议员、18 名委任议员，而下一届立法局的全部议员都将由间接或直接选举产生。这个口口声声自我标榜为"民主斗士"的彭定康竟担心民主选举出来的下届议员不靠谱，一旦失去本届这种"铁票"优势，条例草案可能会通不过。我们将有关情况和研究上报了北京。

1995 年 1 月 18 日，收到国港办和外交部两部会签的回复，肯定了我们的分析；并且下达指示，要中代处尽可能拖住英方，争取在 1996 年全国人大香港特区筹委会成立之后再解决这个问题，也就是说将来要以我为主"解决这个问题"。

于是，北京国港办政务司和中代处的法律专家们把英方提交的条例草案稿再一次从头到尾捉摸个透，陆陆续续分三批向英方提交了问题单子，要求给予解答。通过提问题单子，引导对手修改一些不切实际的想法，让条例草案向基本法靠拢。

3 月 6 日，我们又收到两部电报，得悉彭定康在 1995 年 1 月回伦敦述职时已获首相梅杰同意，即使未能与中方达成共识，港英也将单方面行动，于 7 月底以前将条例草案交立法局强行通过。可能他也已得到来年中国全国人大将成立香港特区筹委会的信息，感受到了特区筹委会和 7 月后失去“铁票”的双重威胁。

难怪英代处在“耐心”回复一批批问题单子的同时，不停催促我们召开专家会议。彭定康还亲自出马，在社会公开场合摆出一副霸王硬上弓的架势，多次高调指责中方正在为终审法院谈判“制造障碍”——明明拆掉香港平稳过渡“直通车”轨道的是他，他却倒打一耙。

北京菜市场上关于诚信的笑话

为了赢得民心和舆论的支持，经中央同意，我们主动向英方提出了召开专家小组会议的建议。1995 年 3 月 24 日，时隔三年之久，中英双方终于就终审法院问题的重开谈判，举行第 5 次专家会议。

开会前的一天，北京的法律专家们飞来香港，不但给中代处的同事们带来了一大捆北方香脆可口的青黄瓜，还带来了一则真实的笑话，是其中一位专家在现场耳闻目睹的：一天他推着自行车到翠微路附近的菜市场买菜，听见一个中年妇女和摊主正在为菜价问题争执，她责问道：“你刚才还说是 ×× 毛钱一斤的，怎么现在就变了？不整个儿一‘彭定康’吗?!”天哪，末代港督在中国普通市民嘴里竟成了不讲诚信的代名词了。

会上，我首先强调，终审法院问题之所以拖延至今未解决，确实是受到了人为干扰，但责任不在中方。我指出，假如英方要在 1997 年前就成立终审庭并期待过渡到 1997 年之后，那必须符合《香港特别行政区基本法》的规定。近来英方官员多次公开表示，港英立法局无论如何要在某年某月通过该条例草案，言下之意必须按照这个时间表来进行磋商和筹备工作，中方不能接受。为了使香港司法体制与基本法的规定相衔接以实现平稳过渡，也为了给双方的磋商创造一个良好的氛围，中方再次要求英方承诺，在双方未就终审法院条例草案的磋商达成共识前，不得采取单方面行动。

接着，我提出了七个方面的磋商路向，建议以后专家组会议照此开展工作。

莫把1995错当1842

会后接受记者采访时，我公开批评了彭定康在中英时隔三年半重开谈判的消息刚一发出时，就散布对谈判前途表示悲观、蓄意把责任往中方身上推的言论。“奉劝彭定康先生莫把 1995 错当成 1842，1842 年英国可以强迫中国签下割让香港的不平等条约，但今天如果还要迫使中方按照你们的时间表来设立所谓的终审庭，这办不到！”

我的“开炮”，让站在身旁的英方代表包雅伦表情相当复杂和无奈。

4 月 27 日至 28 日，第 6 次专家小组会议在香港举行。我在发言中回顾了香港终审法院问题的历史由来和中英双方的谈判过程，强调香港未来的终审权不是固有的，是中国全国人民代表大会授予的。设立终审法院本来是特区成立以后的事，中国政府从实现香港平稳过渡的良好愿望出发，同意 1997 年前适当时候可以成立，并与英方在 1991 年就已达成了重要原则协议，但港英立法局却通过所谓“动议”，导致

公开回击彭定康的施压指责

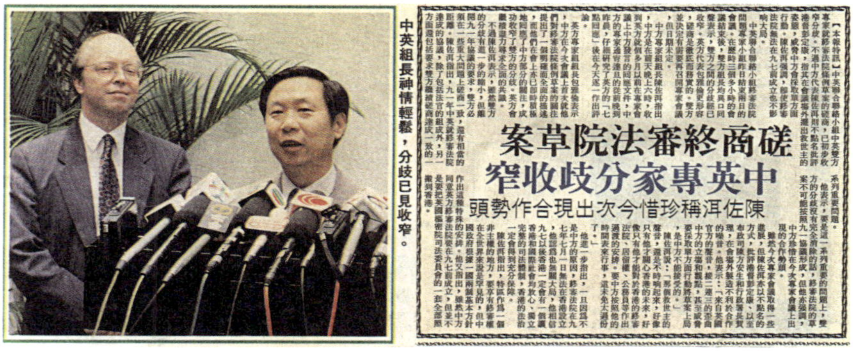

记者们敏锐地注意到："中英组长神情轻松，分歧已见收窄。"

协议执行不下去。1994 年，英方虽然向中方提交条例草案建议，但同时又设置时间表，制造了新的障碍，中方无法加以接受。我再次告诫，为了未来享有终审权的香港特区有自己符合基本法规定的司法体制，英方单方面设立的终审庭不可能过渡到 1997 年 7 月 1 日。

经过有理有利有节的坚决斗争，英方的态度在会内温和了许多，在会外也减弱了杂音，英代处不仅向我们提交了根据上次专家小组会议中方意见修改过的新条例草案，连包雅伦的发言实际上也都照着我们提出的七个磋商路向来陈述英方观点。

27 日夜晚，中方专家组对英方的新修改稿进行了通宵达旦的研究。英国已经在法官资格、法官产生程序等问题上基本吸收了中方建议，但双方还存在两方面的重要分歧：一是香港终审法院的管辖权。双方均赞同香港终审法院管辖范围应符合香港作为地方行政区域的地位，不应包括对国家行为的审理。但对于什么是“国家行为”的具体表述各执一词，中方主张要与基本法规定的提法相一致，即采用“国防、外交等”的表述，而英方则认为仅应局限于国防、外交两项。此外，中方坚持终审法院没有违宪审查权，并建议设立判后补救机制，使某些错判或误判的案件能得到再审的机会。英方对上述两点均持反对意见。

总的来说，中方坚持香港所以获得终审权是中国最高权力机关依据基本法授予的，终审权的内容、履行程序等都应与此相适应；而英方则极力淡化“授权”本质，欲最大限度扩大地区性终审法院的权力，尽可能减少来自中央的影响。

在次日的专家小组会议上，我首先肯定英方的进步，继续说理阐明双方两三个重要分歧所在。

英方的态度忒好，包雅伦在发言中多次正面评价中方做出的努力，如“中方一再重申执行 1991 年协议，港人、世人以此知道中国对香港司法制度平稳过渡的承担”，“中方态度十分务实”等。针对我挑明的分歧，他也有了让步迹象，例如关于“国家行为”的表述，他表示“已经注意到中方的观点，会仔细考虑自己所持的立场”等。

第 5、第 6 次专家小组会议开起来后，谈判形势和舆论都逐渐向有利于中方的方向转变。英国政府内部也发出了不同声音。据报载，英国外交部倾向于在取得中方同意以前先推迟终审庭的筹备工作，对中方提出的成立特区筹委会后再决定终审法院问题也并不反对。还有英国商界人士认为，如果港英当局不经中方同意一意孤行，将迫使以后特区政府采取“更加极端”的手段处理这一问题。还有舆论引述英国前殖民地罗德西亚（现津巴布韦）1965 年在其终审法院支持下单方面宣布独立的例子，认为中方是吸取了国际经验，决心不让香港终审法院成为可以在宪制问题上决定香港命运的司法机构。

基本法草案是这样通过的

未来香港将享有终审权，是《中华人民共和国香港特别行政区基本法》做出的具有石破天惊意义的规定。

这部庄严的全国性法律从起草到颁布的全过程都非常严肃、缜密，每一章每一条每一款甚至每一字、每一标点符号都经过了香港和内地起草委员们的深思熟虑，甚至激烈的讨论。其中对于“国家行为”的表述是仅仅涵盖“国防、外交”还是“国防、外交等”，这是个反复多次讨论了几年的老问题，结果谁也不能否认，除国防、外交外，的确还有一些中央管理的事务及中央和特区关系的事务属于国家行为，这

参加香港基本法起草工作纪念牌

1990 年 2 月 16 日第 9 次草委会圆满闭幕，秘书处工作人员在联欢会上表演节目，我充任合唱指挥。后排左二为李后、右一为鲁平

个“等”字不能省略。

基本法的每一条规定和所有附件草案，都是经过全体起草委员在 1990 年 2 月 16 日举行的草委会第 9 次全体会议上以无记名投票方式，经三分之二以上多数表决通过的。

记得会议闭幕当晚，全体草委和工作人员在北京贵宾楼饭店三层的咖啡座大平台上联欢，李后、鲁平两位秘书长都兴致勃勃参加了秘书处工作人员的合唱表演《欢乐颂》，皆大欢喜。

邓小平关于香港问题的最后一次公开讲话

第二天也就是2月17日上午，因为刚下过一场大雪又很快出了太阳，北京长安街两侧，天安门广场、城楼，人民大会堂屋顶上覆盖的白雪熠熠闪光，晴空万里，空气格外清新。

上午，中央领导人将在人民大会堂接见全体起草委员和工作人员。我作为草委会秘书处负责人、秘书长的助手，奉命在福建厅外的电梯口迎候中央领导。江泽民总书记先到，我在迎送他去福建厅稍事休息的途中把昨天基本法草案稿通过的情况做了汇报。

不一会儿小平同志也到了，一进福建厅，江总书记就把这个好消息报告了他，小平同志连声说："好，好。"

随后，中央领导们步向东大厅，接见草委会全体委员和工作人员，小平同志在热烈掌声中发表了振聋发聩的即席讲话。他说："你们经过将近五年的辛勤劳动，写出了一部具有历史意义和国际意义的法律。说它具有历史意义，不只对过去、现在，而且包括将来；说国际意义，不只对第三世界，而且对全人类都具有长远意义。这是一个具有创造性的杰作。"[1]

小平同志讲话字字千钧，我们没有事先为他准备稿子，他刚一开始讲，鲁平副秘书长就示意我赶紧记下来，我忙掏出兜里常备的笔记本。接见一结束，我就从笔记本上撕下记录稿送请鲁平副秘书长审定，然后召集在场的所有中外记者，高声朗读，和他们一字一句核对，因为当时的香港记者听普通话特别是四川普通话的水平还不高，所以要与他们一字一句地核对。

[1] 《邓小平选集》第三卷，人民出版社，1993，P352。

1990 年 2 月 17 日，国家领导人在人民大会堂接见全体草委及工作人员。左起：李鹏、姬鹏飞、邓小平、江泽民

中午，我再把记录稿整理了一遍，斟酌了标点符号，经李后秘书长再次审定后送交新华社全文播发，这就是现在收入《邓小平文选》第三卷的小平同志关于香港问题的最后一次公开讲话，是一篇非常重要的历史文献。

后发制人，主攻八项主张

1995 年 5 月 5 日，鲁平主任就终审法院谈判问题在北京召集国港办、外交部、中代处有关人员开会，我赴京参加了这次重要会议。鲁主任传达了钱其琛副总理的指示，要求我们对外积极表态，仍努力争取在回归前成立终审法院，以争取人心。这个指示是谈判进程的重要转圜，策略从此转为主动制胜。

5 月 16 日，全国人大常委会香港特区筹委会预委会政务组对外公布了八项组建终审法院的主张，其中除了重申中方专家在以往谈判中提出的观点之外，还提出终审法院应由候任行政长官来负责筹组，即以中方为主、英方协助。这八项主张亮出了中方关于终审法院问题的全部政策，在香港社会引起很大反响。

5 月 23 日，我结束中英财政预算案编制的专家小组会议，刚从香

China orders own version of CFA bill

PWC told to amend draft of final appeal court to Beijing's liking

Rain Ren and Wing Kay Po

Beijing's think-tank on Hong Kong's transition, the Preliminary Working Committee, will be assigned to amend the Government draft bill on the court of final appeal (CFA) if Britain refuses to incorporate China's proposed amendments.

After the PWC political subgroup has drawn up the final draft bill, it will be put to the provisional legislature to be passed and enacted on July 1, 1997, according to a senior Chinese official.

China considers the bill drafted by the Hong Kong Government to have failed to address what China regards as essential issues.

Those issues relate to the definition of acts of state, cases involving breaches of China's constitution and remedial measures to appeal against decisions reached by the court.

China wants to know who should have the right to interpret whether a case is an act of state and whether the Hong Kong CFA should have the right to hear and make a ruling on acts of state.

"For example, if a military vehicle owned by the Chinese garrison breaks local law while carrying out a task, will the court have the right to handle the case? Can it be called an act of state since the Basic Law says that the central government should be responsible for defence matters," the official said.

China also wants the bill to set out clearly who would decide whether a case breaches China's constitution. The official said China would like to reach an agreement with Britain so that the bill could be amended in a way satisfactory to both sides.

"However, if Britain refuses to co-operate and introduces the bill to the Legislative Council as it has been threatening to do, we will have to amend it ourselves."

Yesterday, a Chinese Foreign Ministry spokesman, Shen Guofeng, reaffirmed that Hong Kong will have independent judicial powers and the authority of final judgment according to the Basic Law.

At the Foreign Ministry's weekly press conference in Beijing, Shen said the courts of the future Hong Kong special administrative region will have judicial authority on all the lawsuits of the SAR. However, they will not have jurisdiction on matters such as defence and foreign affairs, he said.

Meanwhile – in the aftermath of the Legislative Council's vote against establishing the CFA according to the 1991 Sino-British agreement to restrict to one the number of foreign judges on the bench – the Government is still expressing hope that the outcome might be different when the bill is presented in future.

The Director of Administration, Richard Hoare, said he believes legislators will reconsider their decision when it comes to voting on the bill which will determine whether Hong Kong will have a court at all.

He said there is a "strong feeling" that the court should be set up before 1997, "even if we couldn't reach an agreement with the Chinese".

Legco on Wednesday voted for the amendment by a Liberal Party legislator, Moses Cheng, urging the court to be set up according to the Joint Declaration and the Basic Law – but not the 1991 agreement.

The chairman of the Democratic Party, Martin Lee, said the Legco vote was "effectively a vote of no confidence" in the Government draft bill.

"There can be no clearer signal to Governor Patten and his administration that they cannot hope to go against the will of the Hong Kong people in insisting on having a CFA set up in violation of the Joint Declaration," he said.

传媒评论筹委会预委会的八项主张是“中方版的条例草案”

港坚尼地道 28 号谈判大厅的二楼走下来，就看见包雅伦代表站在楼梯口等我，要求紧急约见。我虽有些意外，但立即同意了。

我们一起走进双方共用的一楼休息室。他表示，英方已从传媒上看到预委会政务小组的八项主张，并且进行了研究，其中大部分都能接受，将据此对条例草案再次进行修改，希望这一做法能得到中方的欢迎，使下次专家小组会议取得更好的进展。

我当即向包雅伦表示欢迎。回中代处后，我立即召集有关同事开会研究。中代处原以为预委会的八项主张会引起英方的强烈反弹，现在看来，英方的态度也在发生重要转变，逐渐向协商一致靠拢。大家一致认为，应该力争抓住有利时机，在第 7 次专家会议上推动英方接受由特区政府候任班子筹组终审法院，中方为主、英方协助的合作模式。若英方接受，我们可以预委会八项主张为基础，对条例草案进行深入讨论：继续坚持按照基本法措辞表述“国家行为”；而对违宪审查权和判后补救机制两个问题可持灵活态度，因为即使在终审法院层面放弃这两个要求，还有全国人大常委会拥有最高的决定权力，必要时仍能加以保障。

翌日上班第一件事就是综合上述意见，向国港办、外交部上报第 7 次专家小组会议的上会方案请示。

两部的批复很快下来了，原则上同意所提方案，并指示我们将终审法院的筹组和条例草案立法问题一揽子解决，争取谈成。

与新对手在饭馆里密商

就在专家小组会议召开前夕，英方突然通知，包雅伦代表因故急返伦敦，英方组长临时由港英行政署署长贺理代替。

这一通知颇费思量，不知英方葫芦里卖的什么药。不过后来很快知道，老包并非因公返祖家，而是他的兄弟不幸病故，赶回去料理后事。

新对手贺理是港英的一位资深政务官，从二十多岁起就来香港做英国政务官，曾经担任过三位港督的秘书，精明、细致的作风在香港是出了名的。他能马上进入原则性与灵活性娴熟运用的外交官角色吗？拭目以待吧。

5 月 30 日，第 7 次专家小组会议召开。我按照两部指示，提出了解决香港终审法院问题分歧的一揽子方案。贺理在两天的会议中，一直小心地烘托着良好气氛，甚至在外交场合表现得过于礼貌和谦让。会议结束我俩走出来会见传媒的时候，他还侧身伸出一只手，礼让我走在前头，弄得我不得不放慢脚步，等他赶上来，并肩跨出门去。但是，他始终未就是否接受中方的一揽子方案做出明确表态。

31 日晚，双方专家组成员及工作人员在铜锣湾一家规模不大但菜肴上乘的饭馆共进晚餐。到了最后一道清蒸石斑鱼上桌的时候，贺理悄然离开了一会儿，回来时面部表情仍如白天那样让人捉摸不定。但他凑近我耳边小声说，饭后要和我小范围交谈一下。

于是，我们找了个空的包间。这时他才显得有些不加掩饰的激动，但还是“有言在先”，礼貌地声明以下要说的话“并没有获得授权”，需要等到交谈后并得到了我的正式意见再报告上级：“当然，您陈代表可能也需要报告中方的上级。”

很显然，贺理是很会保护自己和自己一方的人，他表演的是一次可以反口的试探。但是，这次交谈最终完成了谈判进程实质性的转折。

贺理提出了五点意见：一是英方可以全部接受筹委会的八项主张；二是条例草案通过后，可以同意由中国香港特区政府候任班子负责筹组终审法院，英方加以协助；三是可以同意草案中用基本法规定的措辞表述“国家行为”；四是希望中方认可英方在违宪审查权和判决补救机制上的立场；五是若达成以上共识，希望中方公开支持将条例草案提交立法局，在 7 月份之前通过。

我也按捺不住怦动的心跳，听贺理说完五点意见。没想到英方这么快就让出了几大步，贺理这么小心翼翼的港英官员忽然在外交谈判中显示出这么的大魄力，简直是“竹筒里倒豆子”，背后必大有来头，看来彭定康对外嘴硬，心里猴急了。如果这就是英方正式立场，那么达成协议已近在眼前了。

我不露声色地回应贺理：“我已清楚听取了你的五点意见。遗憾的是，我们这次专家小组会议对外宣布的工作时间已经结束。”

我思忖了一下连夜将这个重要的信息报告北京和北京批复需要的时间，估计一夜加半天够了，用商量的口气继续说：“如果刚才你所表述的一切都不变的话，是不是明天 6 月 1 日下午 2 点半我们再加开半天会议？你在会上发个言，把五点意见做一个正式声明，我也做个正式回应，这样双方就可以立此存照、记录在案，待下周举行第 8 次专

中方免九七現司法真空
提終審庭一籃子新方案

中方昨日向英方就終審庭問題遞交了「一籃子」的新方案，首次率領英方小組開會的賀理（左），與中方代表陳佐洱會後言笑晏晏。

记者们发现：首次率领英方小组开会的贺理与中方代表“言笑晏晏”

家小组会议时再争取最后敲定。”

可能是出于秘书职业的谨慎，贺理先是把我的话大致又复述了一遍，要求我再次确认，等我确认了，他那温和平静的脸上露出了笑容，忙点头表示同意。

当晚的中代处又是一个无眠之夜，通过电报将最新情况报回北京后，一边候等指示，一边预作初步的工作方案。6 月 1 日上午，北京果然及时回复了，全部同意贺理所提五点意见，指示我在下午磋商中积极回应。

汉字和英文单词的推敲较量

仅隔一周，6 月 7 日，第 8 次专家小组会议紧接着召开了。

包雅伦回来了，仍担任英方组长，贺理坐在他的边上。

可能老包觉得那么重要的第7次加长会议他缺席了，或者还有些其他想法，会议一开始他讲话中的意思似乎觉得那五点一下子全让给中方“有些亏了”，职业外交官的做法可能是“化整为零”，一点一点地让步，让一点再换回点自己的什么“关注”。

我立刻警觉起来，正色提醒他，那可是双方在过往多次专家会议的基础上又加开了半天会、真诚合作取得的进展，倒退的后果是十分严重的。

对方一看苗头不对，赶忙解释，称只是为了“修补、完善原有的共识”。

至此，双方对协议内容已不存在分歧，磋商的重点迅速推进到中英文文本稿上。文稿由英方草拟；中方逐字逐句地与之讨论。

有几处地方反复交换意见，仍未取得一致。我奉行的是“坚持原则，适当妥协”策略，为避免在文字纠缠中延误了谈判进程，就在得到授权的范围内，对某些表述采取了灵活态度。例如，文稿第四点原为：“中方同意在中英双方达成协议后，经协商一致的《终审法院条例草案》的立法程序应马上进行并尽快在本届立法局结束前完成。中方将对此给予全力支持。”我稍作修改为：“中方同意在中英双方达成协议后，经协商一致的《终审法院条例草案》的立法程序应马上进行，使之得以在1995年7月底前完成。中方将对此给予全力支持。”既保留了英方希望中方“给予全力支持”的关注，又淡化了港英立法局对中英两国政府达成协议的影响，避免了可能引起“三脚凳”观感的社会误解。又如，第五点原为“中英双方同意，香港特别行政区的候任班子将根据基本法和并参照《终审法院条例》的规定负责筹组在1997年7月1日成立的终审法院，而英方（包括港英政府有关部门）将参与此，并提供协助”，我将“和”字删掉，打消了英方一再想把《终审法院条例》和基本法并列的企图，以维护基本法在香港的小宪法地位。

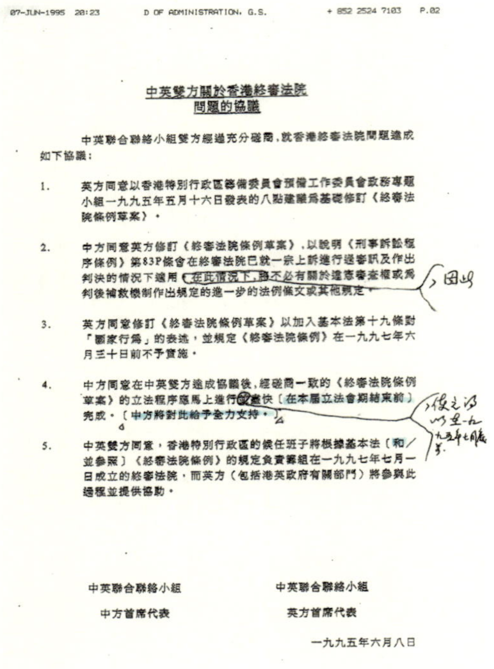

07-JUN-1995 20:23 D OF ADMINISTRATION, G.S. + 852 2524 7103 P.02

中英雙方關於香港終審法院
問題的協議

中英聯合聯絡小組雙方經過充分磋商，就香港終審法院問題達成如下協議：

1. 英方同意以香港特別行政區籌備委員會預備工作委員會政務專題小組一九九五年五月十六日發表的八點建議爲基礎修訂《終審法院條例草案》。

2. 中方同意英方修訂《終審法院條例草案》，以說明《刑事訴訟程序條例》第83P條會在終審法院已就一宗上訴進行覆審訊及作出判決的情況下適用，在此情況下，將不必有關於違憲審查權或爲判後補救機制作出規定的進一步的法例條文或其他規定。

3. 英方同意修訂《終審法院條例草案》以加入基本法第十九條對「國家行爲」的表述，並規定《終審法院條例》在一九九七年六月三十日前不予實施。

4. 中方同意在中英雙方達成協議後，經磋商一致的《終審法院條例草案》的立法程序應馬上進行[illegible]盡快〔在本屆立法會期結束前〕完成。〔中方將對此給予全力支持。〕

5. 中英雙方同意，香港特別行政區的候任班子將根據基本法〔和／並參照〕《終審法院條例》的規定負責籌組在一九九七年七月一日成立的終審法院，而英方（包括港英政府有關部門）將參與此過程並提供協助。

中英聯合聯絡小組 中方首席代表

中英聯合聯絡小組 英方首席代表

一九九五年六月八日

谈判进入“字与字、词与词”的较量。在英方提供的协议磋商稿上作修改

英方最终同意了我们对中文稿的全部修改意见，但在英文文本的措辞上还保留一些分歧。例如对于“参照”一词的英译，英方接连拒绝我们提出的“with reference to”“taking account of”“having regard to”三个建议，主张使用“consistent with”，最后在确保和中文稿内容一致的基础上，我们也采纳了英方的意见。

经过两个整天的紧张磋商，6 月 8 日晚 8 时，文稿的绝大部分已经修改完成。我和包雅伦商定，简单用完晚餐后继续工作，今晚不把文稿全部修改完就不散伙；同时我要求中方专家组内部做好一旦文稿核定立即上报的准备，争取 9 日上午获得批复并正式确认达成共识的文本，下午由双方首席代表正式签署。

五年谈判换来19行文字

香港的春天多雨，绵绵的细雨，落在海岛绿色的土地上滋润细无声。

我和包雅伦步出谈判楼时，正遇上这样的雨丝。包雅伦撑起他的蓝色布伞为我遮雨，立刻迎来一片相机闪光灯。第二天各家报纸为这一场景编写的文字说明五花八门，富有想象力，但总体是祥和的。

当晚 11 时 50 分，专家小组会议就全部文本达成了共识。回到中代处已是 9 日的凌晨，我们将中英文本全文明传发回北京。几年谈判争来论去，归根结底，成果不过是一张 A4 纸就能够全记录的寥寥 19 行文字。

黎明时收到了两部批示同意的复电，可以想象，北京的两部领导和同事们也在通宵熬夜……

6 月 9 日上午，谈判楼外的空地上，有许多记者在仍不断下着的绵

同在一把伞下。包雅伦的撑伞动作，引发媒体诸多解读

绵细雨中等候。我和包雅伦在二层谈判大厅正式对协议文稿做了最后确认。

会议结束，我一边往外走，一边构思倚马千言的“七步诗”，盘算着对楼外等候的记者们说些什么。当然要公布达成共识的喜讯，也要借此机会回顾和展示中方以香港根本利益为依归，与英方合作，为确立未来香港崭新的司法制度、设立史无前例的终审法院所做的不懈努力，还要不厌其烦地宣传，香港前程的唯一指路明灯就是《中华人民共和国香港特别行政区基本法》。眼下要实现平稳过渡，就得使香港原有的一众法律、条例都与基本法的规定相衔接。

走下台阶站定，面对迅速围拢过来的传媒行家们，我顺着刚才编织的思路说道：“很高兴告诉大家，长达五年之久的设立香港终审法院问题，经过中英双方协商，已经达成共识，并将在今天下午由联合联络小组双方首席代表正式签署协议。这是一个完全按照基本法规定建立的终审法院，一个独立完整的、史无前例的司法体系必定会在1997年7月1日的香港特区出现，它是香港长期繁荣稳定的有力保证。当

赵稷华、戴维斯签署正式协议。第二排左起为贺理、包雅伦、陈佐洱、业幸平、张晓明

务之急，是双方都必须面对特区筹委会和特区政府候任班子即将在明年产生的事实。由特区候任班子负责筹组特区终审法院是唯一可行的办法，是‘一国两制’‘港人治港’、高度自治方针的重要体现。欢迎英方参与和协助，在办成这件大事的过程里将有英方的一份贡献。中方同意尽快完成立法程序。”

当日下午，在和和气气的氛围中，赵稷华大使和戴维斯大使签署了关于香港终审法院问题的正式协议。

谈出了“以我为主”的感觉

1995 年 5 月 31 日，我曾给鲁平主任写过一封信，其中一段是这样的：“一旦中英就关于终审法院问题达成新的共识，意义很大。一是在我主动进取下，终于全部完成了 1991 年两国政府首脑新闻公报中要求加快工作进程的两件事（军事用地，终审法院）。二是开创了以我为主、迫英居次的合作先例，香港过渡时期的交接工作从此进入一个新阶段。三是又一次消除了港人及国际社会对中方及香港未来的疑虑，增加了信心。”

6 月 9 日协议签署并对外公布后，得到了国际社会的欢迎，普遍认为香港司法体系在回归前后的连续性有了保障，避免了可能出现的法律真空，对香港具有里程碑意义。英国几乎所有的传媒都对此热议，一些媒体批评英方对中方让步太多，也有比较持中的评价，如《金融时报》12 日社论认为：“英方已经认识到，今后在诸如建立香港终审法院这样的重大问题上，已经不能像以前在选举问题上那样单方面处理。英国大胆、单独采取行动的日子已经过去，今后协作将占上风，中方将不可避免地发挥支配作用。”

其实，英国的传媒自上世纪 80 年代以来始终注视着香港问题的进展，进入 90 年代后更对政权交接、平稳过渡的一是一非加以充分报道和评论，兹事体大，关系到英国的政治、经济、外交，乃至海内外千家万户的国民。

英国外交部大厅有位女神叫China

英国也是一个了不起的国家，各族人民在欧洲西北角的大不列颠岛上创造了 2000 多年灿烂的文明，从把罗马征服军团等入侵者彻底赶下海，到一度走向整个人类文明的前列，这个国家的历史有不少值得研究、借鉴，甚至赞赏的篇章。

联合联络小组每年至少有一次机会去伦敦开会。就像每次在北京开会会址安排在钓鱼台国宾馆一样，一年一度的伦敦会议总是安排在英国外交与联邦事务部里的谈判大厅。外交与联邦事务部位于著名的唐宁街首相官邸与议会大厦之间，一座气派的 18 世纪巴洛克风格的四方大院。走进楼里的感觉，形同走进欧洲某个宫殿，阳光透过玻璃天棚照射东南西北排列整齐的高大窗户和走廊，宽阔的大理石盘梯，精美的雕塑，巨幅的油画……我每次经过接待大厅，总喜欢仰头细看天花板上画的一群美丽女神，据说每一位都代表一个与英国建交早的国家，其中有一位叫 China，但我怎么也认不出她来。上世纪 90 年代的四年中，我从首都伦敦、伦敦郊外名胜古迹，到北部的苏格兰爱丁堡，西部的莎士比亚故居、牛津、巴斯古城，东部的剑桥、菲利斯杜港，直至最南端的多佛尔港，所见所闻，不能不使我对眼下的谈判对手产生某种敬重之意。

在多佛尔这座英雄城市里，留下了我一段难以忘怀的记忆。那是

英国外交部大楼

英国外交部大楼内

英国外交部接待大厅天花板上的女神们

在温莎堡

我国驻英使馆的馆址自清朝至今未变更过，内有一间当年孙中山被囚禁的蒙难室

1994 年的岁末，圣诞节前夕，中英联合联络小组第 31 轮全体会议在伦敦举行。为了淡化会上唇枪舌战的紧张气氛，创造会后的轻松氛围以进行进一步的非正式磋商，按惯例，东道主一方得安排一两天的参观旅行。这次英代处的计划是从伦敦出发，去英国离欧洲大陆最近的南方城市多佛尔参观，午饭后乘“欧洲之星”火车穿过英吉利海峡海底隧道，到法国的边境城市加来做短暂停留，然后返回伦敦。虽然只在法国停留一两个小时，但既然踏上法国土地，就要先获取签证。英代处说，英国外交部可以为中方代表团向法国驻英使馆统一办理签证，只需两天时间。

大巴上的辩论

全体会议结束的第二天，12 月 17 日早晨，中英双方的代表和专家、工作人员们身着休闲便装，同乘一辆大巴，离开伦敦向东南方向奔驰，一路上观赏车窗外的风景，有轻松话题，也有严肃话题。记得当时我的邻座是身为港人的港英宪制事务司兼英方代表，他曾以港英 30 年代修改一夫多妻制法律为例，说明即使香港回归在即，只要“有需要”就可以修改现行法律，与我辩论。我则强调《中英联合声明》的平稳过渡精神，指末代港督突然放宽《公安条例》，把英国都没完全承认的国际人权法案凌驾于基本法之上，是在为未来特区设“绊子”。

车到多佛尔，各种交谈付之一笑。远处是蔚蓝色的英吉利海峡，近处是饱经沧桑的古城堡。久闻第二次世界大战时丘吉尔首相曾在这里部署重兵，严阵以待敢于北犯的德军。这座于 1168 年建在悬崖峭壁上的城堡果然占据了抵御外敌登陆的有利位置，外围墙壁较正常的矮，便于架设枪炮俯射，城堡的地下有秘密隧道，当年是为抵御拿破仑而筑，二战时扩建成为指挥中心。德军曾对多佛尔狂轰滥炸，几乎把城市全部夷为断壁残垣，但古城堡巍然屹立，只在外墙留下炸弹片的累累痕迹。我参观完古城堡，站在海天苍茫的白色悬崖上南眺，涛声拍岸风吹衣，虽然这里是距离法国只有 30 公里的海峡最狭窄地段，但只见波光闪耀，一望无际。

在英国度过的生日

午餐时间，大巴驶入规划齐整、清洁安静的多佛尔市区，停在一家富有英格兰特色的餐馆前。我们穿过陈列着古代旗幡和兵器的过道，进入一间古色古香的大厅。双方人员在一张铺上雪白桌布的长条桌两旁依次坐下，不过今天桌上没有文件、铅笔及话筒，摆放的是餐具、酒杯和鲜花。英方首席代表戴维斯站起来，用叉子清脆地敲了敲玻璃

难忘的多佛尔午餐会，在“祝你生日快乐”的中英语歌声中，我起立接受一张难得的贺卡

酒杯，说："女士们，先生们，在午宴开始前我要宣布一件事，今天是我们中间某一位的生日。"他把友好的目光投向长桌对面的我。

我心头一热，忽然想起这人真是我。我在中英语合唱的《生日快乐》歌声和打拍子的掌声中起立，接受英方代表团所有人签了名的贺卡——一张普普通通又很不普通的生日贺卡。原来，细心的英方同事从我的护照上得知了出生年月日，便默不作声地设计了这幕小小喜剧。无论是出于友谊、礼貌还是别的什么想法，我和中方代表团的其他同事都挺高兴的，因为我们知道，获得如此待遇只是因为此时此地我们并非一般游客，而是中国的外交代表。我把这张生日贺卡一直保存至今……

9月29日，中英双方举行了香港终审法院问题第9次专家小组会议。中英双方在协议确定的框架下，就法官选任、法院选址、一般职员任用等具体事项进行了友好协商，终审法院各项准备工作终于有条不紊地展开了。会后，我对记者们说："现在距离香港回归只有641天，还有很多有关政权交接的事宜要完成，希望在终审法院问题上的合作，以及所确立的中方为主、英方协助的模式，能够为双方在其他方面的合作提供榜样，使得香港能够顺利实现平稳过渡。"最后，我吟诵了毛泽东在红军胜利完成长征后所作的《忆秦娥·娄山关》，寄望未来："雄关漫道真如铁，而今迈步从头越。从头越，苍山如海，残阳如血。"

这一切，就发生在1995年的春天。

第八章

居留权和特区护照谈判

梁铭彦离职风波

尽管中方几乎在每次联络小组会议上都要求英方维护公务员队伍的稳定和良好运作，不要采取任何人为导致公务员队伍动荡和可能在 1997 年前大量流失的措施，特别是处理公务员提前退休的申请及发放退休补偿时应严肃、慎重处置，可是 1997 年元旦刚过，中方的告诫却被不幸言中：触角敏锐的香港舆论顺应民意，把焦点聚集到了半年前突然“退休”的原港英政府人民入境事务处处长梁铭彦身上。

1997 年 1 月 10 日，一向精明强干的梁铭彦戴着那副文气的眼镜，拖着沉重脚步，穿过港英立法局大楼长长的花岗岩走廊，进入了气氛凝重的议事厅。他的潇洒风度不再，形单影只地坐在聆讯席，接受周围梯形座席上议员们连珠炮似的质询。

1996 年 7 月 5 日，这位兢兢业业为香港服务了半辈子的前政府高官突然在与中方紧密磋商居留权问题和特区护照签发准备的聚光灯下“消失”了，的确是个离奇事件。面对质询，梁铭彦显得十分痛苦和冤屈，今天他决心一吐为快。

人们最想了解的自然是他突然离职的原因，从港督、港英布政司到直接操办的公务员事务司林焕光先生都一口咬定，梁是出于“私人理由”主动申请提前退休的，声明“英国政府并无牵涉在内”。与此同时，英国的《每日快报》《泰晤士报》《金融时报》和加拿大一些媒体刊出了多篇指控梁铭彦充当中国间谍、出卖情报的报道。于是乎，种种关于梁的揣测不绝于耳。

根据梁铭彦走进立法局接受质询的第二天即 1 月 10 日媒体的广泛报道，一直三缄其口的梁铭彦张开了习惯抿紧的双唇，将离职原因和近四年来生活工作中的不平境遇和盘托出。1993 年，他的在加拿大留

港英立法局大楼

梁铭彦在聆讯席上

港英立法局长廊

去年七月五日迫令即日退休

梁銘彥大爆被逼退休內幕

與梁銘彥證供不同 誰人說謊話？

立局聆訊 林煥光有誤導之嫌

梁銘彥事件

政府回應

辭職日匆匆會晤陳佐洱

香港各报刊以大栏篇幅报道梁铭彦事件

学的爱女不幸遇害，远渡重洋料理丧事后万念俱灰，萌生了退休念头，但又念及香港回归在即，过渡期有大量出入境事务包括即将与中方开谈的事宜需要处理，就决定为香港紧守岗位。但接下来的三年，工作“极之不顺利，受到许多人为的障碍和挑剔”，其间还受到直接对港督负责的廉政公署近半年的调查，后终被证明清白并被道歉。虽经历这些变故，但他视为考验，继续努力工作，直到 1996 年 7 月 5 日上午，他突然遭到公务员事务司的紧急召见。

这位主管人事的高官开门见山地向他告知，港英政府已“不再信任”他，要求他于当日下午 5 时前自行申请提前退休，否则将被责令退休，同时取消数目可观的长俸（退休金）。这对梁铭彦如同晴天霹雳，因为之前的工作表现一直被上司评为“very good”或“excellent”。他几番追问原因，林的答复都是冷冰冰的四个字——“你自己知”，并且拒绝了他出于工作交接和社会观感而提出的延缓两个月的请求。

在万般无奈中，他回敬了一句话:“我无功也有劳。”离开公务员事务司后，他没有再去向其他上司申诉，知道要求像他这样级别的公务员异常退休，肯定是经过了包括港督在内的高层决定。经过反复考虑，他于当日下午递交了“退休申请”。

梁在立法局议事厅向议员和旁听的传媒们做的以上这番告白，和港英政府此前的说法大相径庭，反映了一个华人公务员在复杂的香港过渡时期身不由己的真实处境，使不少以为“现在是为香港服务，将来也还是服务香港”的公职人员都有兔死狐悲、不寒而栗之感。

此时，一位坐在梯形席上“逢中必反”的张姓议员突然向梁发问，把聆讯推上一个新的高潮。张议员说，刚从香港电台获悉，有个姓李的听众上午向该台打电话称，曾在 1996 年 7 月 5 日下午 4 时多看见梁铭彦和陈佐洱在湾仔君悦酒店咖啡厅交谈，是否属实？这个问题让在立法局内外潜伏多时的“间谍阴谋论”立即升温。

梁铭彦很镇定，并不隐讳这次会面，陈述道，一是陈代表和他分别是中英谈判小组组长，常常有不定期、不定范围的会晤；二是因为此后可能没有机会再见面合作，他确实把当天申请退休的事告诉了陈某人，并没有做任何亏心亏理的事。

立法局聆讯梁铭彦那天，恰巧我在坚尼地道 28 号出席财政预算案编制专家小组会议，对于立法局议事厅里的风声涛声一点儿都没听见。傍晚会议结束，我和邝其志先生提着公文包，说笑着走出谈判楼时，守候在外的记者们一拥而上，在台阶上就把我们截住，特别的是轻而易举放过了英方组长，只把我围得水泄不通，伸出的一只只话筒几乎把我的脸庞覆盖，提的问题和张议员一样。

我立刻把脑筋从预算案编制的繁杂数字转到居留权和特区护照问题谈判的“老相识”梁铭彦处长身上。

他和我是 1994 年 4 月在第一次非正式专家会谈时认识的，将近三年的频密讨论、谈判中有分歧，有共识，有猜疑，有理解，重要的是我们共同推进了解决两项重要议题的进程，也增进了相互间的了解乃至理解。这从几年来彼此间的言谈举止里都感觉得到，起码我和中方同事们都觉得梁处长是位业务娴熟、思路清楚、责任感很强的入境事务专家，难能可贵的是他考虑问题时能从香港广大市民的权益出发，能把当前和未来联系起来。我相信，他对我和中方专家组的看法也是越来越佳，因为从根本上说我们的目标一致。

我俩的见面 90% 以上都是因为共同的工作需要，偶尔也在一些社交场合照个面，有几句应景的交谈。唯有一次，他成了我的“一字师”。那晚参加完同一场活动，从英皇中心大厦走出来，我看见一幅广告牌上有一个“叻”的字，在香港报刊上也曾见到过，知道是广东方言字，但不认识，不会念，于是向他请教。他告诉我这个字念“lie”，短促发音后须立即合上嘴唇，字意是“很厉害”，还随口举了几个词组，例如“叻”女、好“叻”等。

梁处长受公务员事务司召见的那天下午4点30分，正好是我俩原来约定“务务虚”的碰头时间。这样的“务虚”碰头，我与其他专家组组长诸如包雅伦、肖炯柱、邝其志都有过。

我应约来到离我俩办公楼都很近的君悦酒店底层咖啡厅，见梁已在等候。刚一坐定，他就语带不安地告诉了我当天上午公务员事务司责令他立即退休的消息，他说对方威胁他，如果不服从就会有更严厉的处罚，所以在来和我见面前递交了提前退休“申请”。

“我决定以后就退休了，所以很遗憾今后我们不能在一起工作了。”他说，“你是唯一一个接受通报的中方代表。”

会晤总共约莫10分钟。

没想到我们两个谈话的时候，已经有人在背后监视，我们却毫无察觉。所以七个月以后事情闹出来，有人会打电话到电台去，如此这般说得细细详详。如果是普通听众，谁的记忆力会如此之好？

隔天，梁铭彦的“退休”消息在媒体公布，我和赵稷华大使相继公开对此表示惋惜，赞赏了梁处长在中英谈判中做出的贡献……

所以，此刻在坚尼地道28号面对传媒们的急促提问，我心中坦荡，又不免因勾起回忆而有些激动，就痛快地向传媒简述了当天的经过，与梁刚在立法局做的陈述不谋而合。我再次表达了对梁的惋惜，最后还有所指地讽刺了那位让张议员及时“捕捉”到的打电话给香港电台的“李氏”，说：“对于时隔半年还清楚记得我与梁铭彦先生会晤时间、地点，并且有心打电话到电台去的听众记忆力，我深表惊讶和佩服！”暗示梁的被迫离职和神秘听众报料可能都有预谋。

我的身后常有“眼睛”不足为奇，梁一旦不被信任也马上被监视，不能不让许多身在港英政府里的高级公务员对彭定康的内治手段唏嘘不已。

虽然我的周围每天都不乏善意和友好，兜里还有根据《维也纳外交关系公约》配发的外交特权豁免证，但一想起随时随地可能被盯梢，我就浑身不自在，穿行在钢筋混凝土加玻璃幕墙的“密林”里更觉得压抑。所以只要从香港飞回北京，脚下的车轮驰上首都机场高速路，开阔的道路两旁一行行高大的绿杨迎面扑入眼帘，我那日夜绷紧的心弦就会松弛下来，胸襟豁然开朗，会深深吸口气，默默地说：“北京，我回来了！”

弄不明白的座次

港英政府人民入境事务处于 1961 年 8 月 4 日成立，当时的主要工作是执行海陆空出入境管制，打击与出入境有关的犯罪活动，签发旅行证件及签证；1977 年、1979 年又分别接管了人事登记及出生、死亡和婚姻登记工作。

称呼梁铭彦先生以及他的后任叶刘淑仪女士为中英联合联络小组香港居民居留权问题、香港特区护照发放准备工作问题的两个专家小组英方组长，我认为是实至名归的，因为实际谈判都是在与他和她相继率领的专家之间进行的。有时候，英方代表包雅伦也会出现。奇怪的是，会址设在坚尼地道 28 号时包雅伦的席次居中，会址设在人民入境事务处大楼时梁铭彦的席次居中，每每如此。究竟为什么，只有英方人员知道。

在入境处大楼开会的次数比较多。入境处与中代处同在告士打道上，只隔了一条窄窄的马路和一座“鹤立鸡群”的豪华写字楼——中环广场。

中方专家们以步当车，五分钟就能从中代处走进入境事务处大楼。

香港入境处大楼，后面的白楼即华润大厦，低座为中代处办公室

大楼的底层大堂和低层是公共场所，多是接待各色人等办理出入境业务的窗口和等候区，高层则是入境处各部门办公的地方。

每当我们走进大堂，总会受到入境处官员礼貌的迎接，引导乘专梯直上高层的处长会议室。会议室里挂着一幅幅展示入境处历史的老照片，更引人注目的是有一座关公云长的金色塑像显赫其中，据说在警务处的大楼里也供奉一座关公塑像，这位享誉千年的中华民族忠义英雄在港英纪律部队高层受到如此尊崇，是我没有想到的。处长会议室的同一层楼，还有一个风味地道的粤菜餐厅，好客的主人们常在会谈后邀我们去那个内部餐厅聚餐。

我与梁铭彦处长关于香港居留权问题的首次非正式专家会议就是在上述会议室里举行的，之后关于中国香港特区护照发放准备工作问题的专家会议也是在这里开始的。

两个议题、正式与非正式的专家会交错推进着，从1994年4月10日至1997年9月9日才殊途同归，大功告成。

关于居留权的四个关键问题

居留权和特区护照，都是与600万香港市民切身利益息息相关的重要问题，直接涉及每个人居留、福利、旅行、出入境自由等政治和经济的权利。尤其在香港即将“易帜”的前夕，家家户户都十分关注。

居留权，是指香港永久性居民享有的在香港不受任何逗留条件限制，以及入境和不得被递解或遣送离境的权利。居留权本身的上述含义在香港回归前后基本一致，但哪些人可以享有居留权，即香港永久性居民的定义却有不同。港英政府《人民入境条例》主要以是否拥有中国血统或英国属土公民身份来确定永久居民；而基本法第24条则将香港永久性居民的条件分列六种，只要符合其中之一就是永久性居民。如何使香港现行的《人民入境条例》及其他相关法律经过修改，与基本法完全衔接，实现平稳过渡，是居留权问题谈判的主要任务。除此之外，还要解决诸如《中国国籍法》如何在未来特区实施、如何吸引回流移民、如何分类解决非中国国籍人士居留权等问题。

1994年4月12日，中英专家小组在入境处大楼高层会议室里，就居留权问题开谈。我在会上首先强调这是港人普遍关心的一个热点问题，也是香港实现政权顺利交接和平稳过渡的重要事项之一，希望能够通过与英方的讨论找到合法、合理、合情的解决办法。考虑到未来

陳佐洱在聯絡組專家會議後强調

中方鼓勵移民回流
居留權將寬鬆處理

盼中英能達致合法合情合理解決方法

【本報訊】中英聯合聯絡小組雙方專家，昨日舉行了非正式會議，就永久居留權、互免簽證協議，以及香港特別行政區旅遊證件等入境事務問題交換意見。中英聯絡小組中方代表陳佐洱在會後強調，中方會寬鬆處理移民外地港人的居留權問題，目的是鼓勵這些人士回流，而非鼓勵港人移民。

此次非正式專家會議昨日在灣仔入境處大樓會議室舉行，雙方代表均形容此次會議氣氛融洽，在各方面有良好的進展，但未有達成共識，並希望盡快安排正式會議，共同解決問題。

陳佐洱及港府入境事務處處長梁銘彥分別率領中方及英方小組參加會談。

陳佐洱向記者表示，在居留權問題上，中方是歡迎已經移民到外國的香港人回流，繼續爲香港服務。因爲他們熟悉香港，他們回來說明對香港、對中國是有感情的，而且他們當中有不少是有經驗的專業人士。

他強調，既然是歡迎原來是中國籍的香港永久性居民回流，中方是會以寬鬆態度處理回流人士的居留權問題，而中方的立足點，是鼓勵他們回流，而非移民國外。

他補充稱，「這在法理上要說得過去，總要有足夠的法理依據，就是要使現在的人民入境條例以及有關規定，與將來基本法第三章內的有關規定能夠銜接起來。」

陳佐洱表示，中方對香港居民的居留權、互免簽證等問題十分重視，也是港人普遍關心的問題，因爲這是九七年政權交接及平穩過渡的主要事項。他希望雙方會晤可就這些問題達致一個合法、合理、合情的解決方法。

入境事務處處長梁銘彥在會後表示，雙方進行了一次十分有用的會談，討論內容包括一些極爲重要的事項，例如永久居留權、互免簽證協議以及香港特別行政區旅遊證件。

梁銘彥說，「這次會談，非常有成效及有建設性，而這次亦只是以後一連串會議的開始，我們希望盡快安排下一輪會談。」梁銘彥說，雙方希望早日可以找到所有問題的答案，令港人將來無論在居留權或旅遊問題方面，都不會遇到任何困難。

中英聯合聯絡小組雙方專家昨日舉行非正式會議，圖爲中方代表陳佐洱（左）會後向新聞界發表談話，旁爲梁銘彥

第一次居留权非正式专家小组会议后“派定心丸”

香港特区的居留权问题属于中国内政，所以专家小组的讨论只能以非正式的形式进行，最终不会形成正式的协议。

梁铭彦和与会的包雅伦都对我的开场白点头表示理解。因为香港回归前后的管制权属于两个国家，英方已经声明，无法在 1997 年 6 月 30 日前把它的入境条例修改得与基本法的有关规定完全一致并使之生效。

会议结束，梁铭彦送我下电梯，一起在入境处的底层大堂会见传媒。我俩都形容刚才的会议气氛融洽，梁铭彦说：“这次会谈非常有成效和建设性，它也是今后一连串会谈的开始，希望尽快安排下一轮。”

我则强调中方解决这项议题的立足点是鼓励和帮助已经移民的港人回流香港，而不是鼓励现在还在香港的人移民到外国去，总会为未来特区永久性居民中中国公民的身份认定找到一个合法、合理、合情的“三合”解决办法——这些话是通过传媒说给身居海内外的香港同

胞们听的，“派定心丸”。

接下来的几个月里，中英双方专家通过不同形式继续保持密切磋商，但在一些问题上存在不同看法，主要有以下几方面：

一是由谁立法的问题。英方既已表明 1997 年 6 月 30 日前无法将入境条例修订得与基本法完全一致并在香港生效，但又希望由它来完成这项修订和立法，然后留给中国香港特区再行实施。中方专家认为，不能接受英方越俎代庖。特区的入境条例修订和立法工作属于香港回归后的中国内政，中英双方专家若在回归前的非正式讨论中取得共识，可以由中方专家推荐给未来特区立法机构参考。

二是在香港出生的中国公民在其出生时父亲或母亲必须享有香港居留权，或在其出生后父亲或母亲取得了香港居留权，该名人士才能取得居留权的问题。英方认为如果只是父亲有居留权，该名人士必须是其父亲的婚生子女或已获得合法地位的非婚生子女。中方专家认为，婚生子女和非婚生子女原则上应享有同等权利；而且同是非婚生子女，母亲有居留权和父亲有居留权如在法律上后果不同，会显示不公平。

三是入境处处长的酌情权问题。英方建议完全保留现行法律中入境处处长可根据他认为合适的居留条件，随时批准非法入境者在香港停留的权利。中方专家认为入境处处长只能批准入境者暂时在港停留，在港停留时间不构成在香港的通常居住。当时约有 815 名越南船民非法进入了香港，以“难民”身份寻求庇护，其中有的已进一步通过各种关系转成了香港居民。中方认为这部分人不符合基本法有关赋予居留权的条件，敦促英方按照联合国“综合行动计划”和国际惯例，坚决将这些非法入境者遣回原住地，以免给未来特区留下包袱。

四是回流移民问题。中方专家提出设想，1997 年前移民外国并获得外国国籍的原中国籍永久居民，如在 1997 年 6 月 30 日前返回香港并定居，可以继续保留香港永久性居民身份，并享有香港居留权。如果 7

月 1 日后返回，则需按基本法中对非中国国籍人士取得居留权的条款处理。

1994 年底，我们将磋商进展情况及双方的分歧向国港办和外交部做了汇报。1995 年 1 月 16 日收到两部批复，其中肯定了我们对于立法问题的立场，指示我们继续以我为主在回流移民、入境处处长酌情权等问题上多做英方工作，在香港出生的中国公民居留权等其他技术性问题上可接受英方建议。面对复杂琐碎的分歧，这封电报适时确立了坚持原则、适当灵活、抓大放小的指导思想。

据此，我们有针对性地调整了工作方法，果然有效争取到英方的合作，缩小了分歧。

彭定康楚楚作态送“画饼”

每当中英在香港过渡事务合作方面取得可喜进展的时候，那位末代港督总不甘寂寞，喜欢来点儿不大不小的动作，吸引公众视线。1995 年 9 月 23 日，彭定康突然接受英国广播公司的采访，呼吁他的“祖家”英国应该给予 300 万持英国属土公民护照［BN（O）或 BDTC］的香港人居英权，立刻引来海内外舆论大哗。这番“慈悲善言”，好像是为了抚慰一部分当时还对九七回归心存疑虑的港人，由他出面来向“祖家”求个“护身符”——英国本土居留权，其实更好像是狼外婆送出一张“画饼”。

中英两国政府关于香港问题的联合声明中有个附件，叫作“双方交换的备忘录”，英方在白纸黑字的备忘录第一项里就声明：“凡根据联合王国实行的法律，在 1997 年 6 月 30 日由于同香港的关系为英国属土公民者，从 1997 年 7 月 1 日起，不再是英国属土公民，……而不赋予在联合王国的居留权。”难道来香港当了三年总督的彭定康竟然“无知”到连联合声明中这么重要的内容都没记住？不，他应该别有用心，利用一部分港人的脆弱心理，虚伪地把自己扮演成最最关心他们的“九天玄女元君”，胡开“空头支票”，行吓唬与讨好的“一箭双雕”。

但是，他没想到这条消息出街的当天，自己就成了众怨之的。

9 月 25 日早晨，我出席其他的专家小组会议，一踏出坚尼地道 28 号的自动滚梯，就迎向守候在谈判楼前的记者们开了腔：“不明白彭定康为什么要公然违背联合声明，甚至掴了他自己的政府一巴掌。他有建议应该向他上司去说，而不应该哗众取宠。这是拙劣的不诚实的表演。请莫再在香港社会上‘搅搅震’！”——“搅搅震”是很形象的广东白话，香港流行，我第一次用广东话说出它来，自己也不觉一乐。在我发炮的同日，新华社香港分社秦文俊和张浚生副社长也公开批评了彭定康违反《中英联合声明》，在中英合作问题上成事不足，败事有余。

彭督不仅遭到中方官员们齐声指责，在本国也碰了一鼻子灰，不买他楚楚作态的账。英国外交部和内政大臣分别声明，无意改变既定政策，断然拒绝了这个置国家声誉于不顾的“香港事务新手——需要为自己扬名的冒升中的政客”[1]发出的所谓“呼吁”。

1 聞要
UNITED DAILY NEWS
一九九五年九月二十六日 星期二

中方抨擊港督居英權言論
陳佐洱憤指彭定康攪攪震

批评彭定康“搅搅震”

[1]《展望》杂志 1997 年 4 月号。

找到了“香港身份”平衡点

1996 年 5 月 15 日，第八届全国人大常委会第十九次会议通过了《全国人民代表大会常务委员会关于〈中华人民共和国国籍法〉在香港特别行政区实施的几个问题的解释》，使得中国国籍法终于在不承认双重国籍的原则和香港实际情况之间找到了一个理想的平衡点。中英双方专家讨论了两年之久的难题由此迎刃而解，受到了香港社会各界各阶层的普遍欢迎。

这项释法的最大特点是将原香港永久居民中的中国公民所持有的外国护照视作旅行证件，而非国籍证明，因此他们仍被视为中国公民，可以申领中国香港特区护照。

释法的核心内容是全国人大常委会根据香港特区筹备委员会的建议几经讨论修改后形成的。作为香港特区筹委会委员、中英联合联络小组中方代表、居留权专家小组中方组长，我在筹委会中做出了自己的一份贡献，充分介绍和推荐了中英专家两年来集思广益的成果。

5 月 21 日，我在香港举行的居留权问题非正式专家小组会议上，向英方通报了这份重要文件，并且抱法处势，回答了英方提出的 20 多个问题。梁铭彦表示，中方的通报使许多问题获得澄清，英方会加快与中方合作，为《国籍法》在特区实施和落实基本法中有关居留权的规定做好准备工作。

会后，我在会见记者时表示，全国人大常委会对《国籍法》在特区实施所做的解释，在最大程度上宽松、灵活、务实、妥善地处理了香港社会乃至国际社会十分关注的 1997 年后港人的国籍问题，与之相关的香港居民居留权问题也将迎刃而解。1997 年后香港仍然是一个彻底的自由港和国际经济地域中心，港人出入境的自由和资金出入境的

全国人大香港特区筹备委员会委员证

實現香港平穩過渡 中英合作越多越好

陳佐洱稱國籍法問題中方願與英方交換意見

【本報訊】中英聯合聯絡小組中方代表陳佐洱昨日表示，雖然全國人大常委會通過了中國國籍法在香港特別行政區實施的幾個問題的解釋，但中方仍願意在非正式專家層面上繼續同英方交換意見。

陳佐洱是在昨日出席獲益出版事業有限公司成立五周年暨《父親·母親》發布會前向記者作出以上表述。他認爲在中國國籍法在香港特別行政區實施前有需要做一些準備工作，包括中方會在非正式專家層面上繼續同英方交換意見，因爲爲了實現平穩過渡中英雙方多一點合作總比少一點合作好。他又説，中英雙方曾在特區護照的設計、簽發的問題上有良好的合作基礎，他又明白港人關心永久居民定義的問題，所以願意聽取英方在這方面的意見，希望很快會有定論。

被問及中英聯合聯絡小組何時開會時，陳佐洱回答説「指日可待」。他指出，在中英兩國外長過去一年三次會晤的基礎上，已經加快中英聯合聯絡小組討論的進度。但是小組要討論的題目實在太多，也涉及香港平穩過渡和政權順利交接。他希望討論的進度能進一步加快。

陳佐洱認爲中英合作多些比少些好。

无处不是外交场，在参加社会活动时被记者包围，由衷表态：希望中英多一点合作比少一点好

自由一定会依法得到保障。

这段时间，香港的传媒报道了一条轰动的新闻，说的是当月11日，末代港督彭定康在出访北美大放厥词后归来，在启德机场竟遇到200多名市民的示威抗议。彭定康在北美说："英国在1997年以后仍然会过问香港事务50年，中国人如果不明白这一点，那将大错。"还说："不要让任何人都以为，一过了1997年6月30日，英国人就会'金盆洗手'，丢下香港不管了！……"结果，他一下飞机，迎接他的是示威者们高举的一幅大标语牌："彭定康，闭上你的嘴巴！"

一向傲慢的彭定康先是一愣，唰地变得面如土色，慌忙躲开人群，钻进汽车一溜烟地跑了。

从报纸上看到这消息，我不禁叹了口气笑起来。时间，时间是最后的赢家，谁真正在为香港的福祉努力，人民有自己的判断。

1996年9月13日，我在专家小组会议上又向英方通报了全国人大香港特区筹委会第四次全体会议通过的《关于实施基本法第二十四条第二款的意见》。该意见是根据全国人大常委会关于《国籍法》在香港实施的解释以及基本法的有关规定制定的，为解决香港永久性居民身份问题确立了三点原则：

第一，处理1997年后香港永久性居民身份问题应以中国《国籍法》和全国人大常委会的解释，以及基本法有关规定为法律依据。第二，本着有利于香港平稳过渡和稳定繁荣的原则，对1997年6月30日前已享有香港居留权并继续在香港定居、生活和工作的人士，应尽量保持他们已享有的权利不因政权交接和法律变化而受到影响。第三，要有利于保持香港特区出入境管制的正常秩序，除与基本法抵触的法律法规外，尽量不改变香港现有行之有效的出入境管制办法。

这份文件和全国人大常委会的释法成为此后中英专家小组讨论居留权问题的重要基础。所幸继任梁铭彦先生的英方组长叶刘淑仪女士是一位出色的巾帼豪杰，她一如既往地奉行服务现在香港和未来香港的宗旨。

双方经过多轮磋商，意见在两个文件基础上进一步接近起来，就大部分问题达成了共识。正是因为中英双方在居留权问题上的密切合作，以及共同形成的符合香港实际情况的政策，有效稳定了港人的信心，不仅回流移民逐渐增多，甚至一些长期在港工作的外籍公务员也选择在香港回归后继续留下来工作。据1997年2月19日《星岛日报》披露，在港英政府的500多名英籍公务员中，约有一半选择香港回归后继续留任，其中政务官达 28 人。

当然，这数百名外籍公务员与现行《人民入境条例》中不被视为通常在香港居住的另几类外籍人士不同，诸如按国际惯例以领事官员、外来劳工、家佣等身份来港的都不被视为通常在香港居住，即使连续居住超过七年也不能因此转成永久性居民身份，1997 年前的法规是这样，1997 年后中国特区的法规也是这样。

世界上最靓的护照

给香港特区永久性居民中的中国公民签发中华人民共和国香港特别行政区护照，是在香港实行“一国两制”方针的具体体现。特区护照除有中国护照的一般特征，还要体现在“一国两制”方针下特定使用地区、使用对象的特点，还要考虑国际上的接受程度。

1992 年起，国港办、外交部、公安部、新华社香港分社和联络小组中代处共同组成专家组，着手研究特区护照的设计、印刷、签发等问题。我从 1994 年开始担任中方这个专家小组的组长，英方组长由梁铭彦担任。经参考世界多国的护照式样，多次听取全国人大常委会香港特区筹委会预委会和英方专家的意见看法，我们于 1995 年 10 月确定并印制出了特区护照的正式样本，开始和英方正式磋商签发特区护照的准备工作。

1995 年 10 月 5 日，我在专家小组会议上把 30 本（其中 48 页的 10 本、32 页的 20 本）微微散发着油墨香的护照样本交给梁铭彦组长，就护照样本的设计和各项防伪措施做介绍，并再次听取他们的专业意见。

护照的封面为深蓝色软皮，印有烫金的中华人民共和国国徽图案和中、英文护照名称，内页采用万里长城图案的专用水印纸，印有紫荆花放射形图案。护照采用国际通行的88mm×125mm规格，纸张、油墨、徽章、胶膜、矩形码等方面运用的现代化防伪技术手段堪称一流。我指出，崭新的中国香港特区护照将在1997年7月1日由中国中央政府授权香港特区政府签发。在此之前，需要与英方加强合作，做好签发前的准备工作，并且希望英国政府带头宣布给予未来特区护照持有人豁免签证。

梁铭彦和他随同的专家们——律政专员、总印务监督、高级化验师、总中文主任等对我们递交的样本十分感兴趣，当场一页页地仔细翻看，像古玩家们在一起把玩、品赏稀有珍品，一致称赞这是本高质量的护照，希望中方再提供200本样本供英方做进一步检测。

梁愉快承诺，英方将尽快着手建立与特区护照相关联的电脑系统等签发前期的准备工作；并自告奋勇地表示入境处有优势，希望参与即将开始的向国际社会推介特区护照的工作。

我表示欢迎和感谢，最后要求英方后天即10月7日在启德机场口岸做一项特别安排，确保专家小组五名中方工作人员随身携带装有一批在香港印制完成的特区护照样本的外交信使邮袋，免检直接登上CA102航班飞机返回北京，以便在中国首都开始特区护照的推介工作。

和梁铭彦友好握手，对香港特区护照的成功问世充满信心和希望

与会的港英保安司官员当即把五人的姓名和护照号码记录在案，应允一定提供方便。

会后，我和梁组长下楼在传媒行家们面前友好握手。我表示在刚才历时三个多小时的会议中，中方向英方介绍了未来中国香港特区护照的样本，这是新中国成立以来质量最高的护照，比内地的中国公民护照，甚至比英国国民（海外）护照的制作水平还要高，是世界一流的。目前护照的样本式样还需要保密，但本月内就会在北京向全国人大常委会香港特区筹委会预委会介绍，然后通过传媒向社会公布，向各国驻华使领馆推介。

传媒行家们心里痒痒的，纷纷要求透露一些新护照的特征细节，我和梁铭彦相视一笑，摇头表示“无可奉告”。这似乎有点儿“卖关子”，但无可奈何。梁铭彦向传媒表示，同意我对新护照的评价，说会上收到的样本质素很高，这也是过去两年来专家小组合作研究的成果，但英方还会对样本做详细的检测研究。

我接着表示有信心，新护照面世后将会受到国际社会的欢迎，正如世界欢迎未来的中国新特别行政区一样。我陈述并呼吁，在联合联络小组的前两次会议上，中方已向英方提出对将来持有中国香港特区护照人士免签证进入英国的要求，英国带这个头最合适，希望早做明智决定。

中资企业公平接受光荣任务

中国香港特区护照是在香港本地印制的。选择在香港印制，可以最大程度地增强护照安全的可信度，而且香港确实具备印制的条件。

经过对海内外数家有兴趣印制特区护照企业的申请评核，坐落在新界大埔工业邨的香港中华商务安全印务有限公司获得了独一无二的

我和联合出版集团总裁李祖泽先生，他旗下的中华印务承担了香港特区护照的印制工作

印制权。它是一家具备印制高质量护照基本条件的驻港中资企业，由香港联合出版集团全资拥有，历史悠久，设备先进，上世纪 50 年代前曾印制过国民党政府的货币，现在承担着印制香港同胞回乡证、台湾同胞证的业务，并一直为港澳多家金融机构印制存折、支票和信用卡等，是香港地区最具实力的印刷企业之一。

联合出版集团总裁李祖泽先生是全国人大常委会香港特区筹委会预委会成员，他对集团能接受国家交给的如此重大任务深感高兴。李委员亲自陪同参与特区护照前期准备工作的中英双方专家和工作人员实地考察了中华印务，企业的技术水平和硬件给大家留下深刻的印象。那天，我是搭乘李委员的捷豹车回港岛的，一路上他热情地介绍，为印制特区护照，集团公司正投入巨资购买国际最先进的设备，采备原材料，改善厂区安保措施，还准备专门培训一批员工。

根据中英专家小组建议的特区护照签发计划大纲要求，国家向中华印务下达了在 1997 年 6 月 30 日前印制第一批 60 万本特区护照的任务，并为此一步到位垫支300万美元。这笔款项将由我在中英关于香港财政预算案编制专家小组谈判中提议，列入97/98年度特区保安局的预算，到时再由特区政府归还中央政府。

在一年左右的时间内筹备、印制60万本高质量的护照，对于这家企业来说是破天荒的，需要开足马力，全力以赴才能完成。但对于希望特区成立伊始就改变身份证明的500多万符合资格的香港永久性居民中的中国公民来说，也还真是“一本难求”。

冷气太劲伤身

我是南方人，自北京派赴香港常驻，气候、水土都挺适应，唯独怕一桩——低温空调，也就是港语中说的“冷气好劲”。

炎热夏天使用空调降温理所应当，但骤然把室内温度调到摄氏18度以下，与室外形成10多摄氏度的反差，就“劲”到了无必要。

1994年春天，我刚来香港时体检各项指标都属正常，血压在70/120。到了1996年夏天，血压已升至90/160，经常偏头痛，去广东省人民医院住院治疗了一星期，诊断是“患高血压心脏病”，需要开始终身服用降压药。主要病因当然是工作压力大，另一重要因素应与低温空调有关，常常带着热汗进入各种“好劲”的公共场所，不用20分钟寒气就从毛孔张开的颈部蹿入后脑，导致头痛，有时痛到真能想起1000多年前同遭病苦的曹操。

虽然我“被”投保的美国某保险公司不承认这病症和医院诊断证明，但是中代处的同事们却很是关心照顾，只要和我一起出席公开活动，条件又允许，都会与主办者礼貌地商量，稍稍提高室温，别把我的座位安排在天花板的冷气风口下；我的兼职秘书任光明更是细心、机灵，每当我们步入坚尼地道 28 号的谈判大厅，他首先做的事就是走到墙角拨弄安在那儿的空调调控器，并且始终把我的毛病当作“秘密”保护起来。

可是居留权和特区护照两项谈判常在入境处大楼里进行，那里的中央空调不易控制，而且任光明也不参与这两个专家组的工作，所以每逢赴入境处开会，我在衬衫里面都要加穿件薄棉毛衫。结果往往是西装革履走着去的路上已汗流浃背，进入会议室后又颈肩、胸背顿觉透凉……

最早接受特区护照的不是英国

但不管怎样，双方专家的工作仍然紧锣密鼓地推进着。1995 年 12 月 15 日专家小组开会时，我明确提出双方下一步的任务就是在 1997 年 7 月 1 日正式签发特区护照前，做好前期、后期一切必要的准备工作。会上，与梁铭彦组长就签署合作协议文本、电脑刻印照片系统招标程序、港英入境处和政府保安科官员与承印商直接接触等具体问题做了商讨，绝大部分问题都达成了共识。

1996 年 1 月 10 日上午，我和包雅伦在坚尼地道 28 号旧英童学校草签了《关于签发香港特别行政区护照准备工作的会议纪要》，梁铭彦等港英入境处官员一众出席。纪要列明，中国中央政府授权香港特区自 1997 年 7 月 1 日起签发特区护照。中方负责印制空白护照。香港特区入境事务处是唯一有权签发护照的机构。中国驻外使领馆可以接受申请，将海外申请者资料寄交香港入境处，入境处核实后再递回国家驻外机构办理手续。香港回归之前，港英政府人民入境事务处承担电脑系统、审核程序、表格印制和分发等与签发特区护照有关的各项准备工作。这个纪要明确了中央政府、港英政府和未来特区政府在特区

向媒体介绍香港特区护照的各项优点，再次呼吁英国尽快给特区护照免签安排

媒体“图说”，陈佐洱当过记者，喜欢细听记者提问

护照签发和准备过程中各自的职责，使特区护照的准备工作再一次取得了突破性进展。

草签仪式过后，我走出谈判楼向记者们表示，对于中英双方就特区护照问题达成协议感到高兴。特区护照的签发准备工作从今天开始，将可以紧张而有序地进行下去，保证自 1997 年 7 月 1 日起 500 多万香

经过中英多轮磋商，与香港特区护照有关的各项工作已基本确定

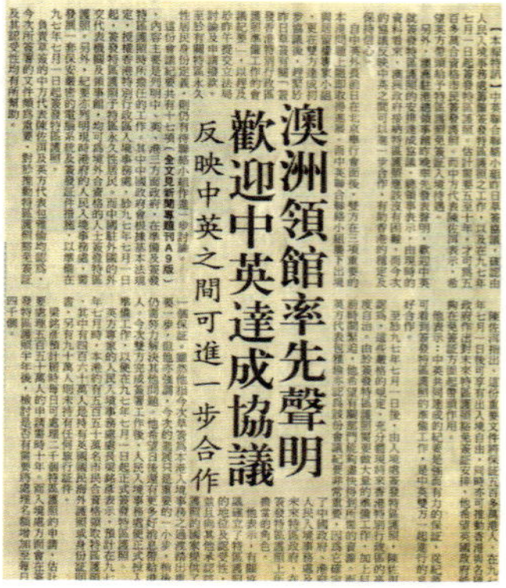

澳大利亚领馆当晚率先表示欢迎，接受未来的中国香港特区护照

港同胞可以很快持有崭新的特区护照，自由地出入境。中方将推动世界各国政府对特区护照给予免签证安排，尤其希望英国政府在这方面带个好头。包雅伦被我再次“将了一军”，但也对刚达成的协议给予高度评价，他说协议清楚列明了有关问题，是开展签发护照准备工作的重要保证，相信可以满足第三国对特区护照可靠性的要求。

在纪要草签的当晚，澳大利亚驻港领事率先对中英协议和特区护照公开表示欢迎。而与香港有着特殊关系的英国虽然在推进特区护照准备工作的大部分问题上都积极配合，还就进一步提高护照防伪性能等工作提出了很好的建议，唯独在给特区护照免签待遇上表现得有些迟缓。

其实早在 1992 年，英国政府就曾主动提出，由英国政府授权港英政府在 1997 年前与外国签订互免签证协定，并在 1997 年 6 月 30 日以后继续适用。当时考虑到两国间的互免签证适用于第三国，这在政治上和法律上都不甚合理，中方在联合联络小组第 27、28 轮会议上予以了拒绝。但现在形势变了，中国政府已经公布了特区护照，若英国带头对特区护照免签，将在国际上起到示范效应，对帮助树立特区护照的声誉具有积极作用。

当然，未来中国香港特区护照是否被世界各国广泛接受，主要取决于中国国力的增强、“一国两制”方针的成功，以及护照本身防伪性能的可靠、发放程序的透明、持有者的资格等，总而言之取决于香港是否继续保持着国际金融、贸易、航运、旅游、信息中心的地位。至2011年，中国香港特区护照持有人已经可以在世界上143个国家和地区享有旅游免签证或落地签证的便利。

换发港澳通行证是中国内政

根据基本法，香港回归后除永久性居民将获发特区护照外，其他合法居留者也将获发其他旅行证件。由于历史原因，港英管制时期香港使用的旅行证件门类繁多，例如BDTC（英国属土公民）、BN（O）[英国国民（海外）]、CI（身份证明书）、DI（签证身份书）、回港证、海员证等。

为了集中精力解决特区护照问题，1996年9月，中英双方达成共识，现行各类旅行证件在中国香港特区成立后可继续签发和使用，将来由香港特区政府自行决定何时以新的旅行证取代现行的各种证件。中方在谈判中的这一宽松考虑，体现了处理香港过渡时期事务抓大放小的精神和对即将诞生的“一国两制”“港人治港”、高度自治的特区政府高度信任，受到了港英公务员和香港社会各界的普遍赞赏。

由于中英双方在过渡期的有效合作，中国香港特区甫一成立，护照的签发工作就顺利开展，特区入境处按永久性居民的出生年龄段，分期分批地向踊跃申领的市民们发放。

在香港居民改换护照和旅行证件的同时，内地居民往返香港所持的证件也发生了质的变化。香港回归之前，为了照顾中英两国关系，内地因公人员前往香港视同出国，由外交部门签发护照，并需获英方签证后才能出入境。香港回归后，成为了中国的一个特别行政区，当然不适宜再持中国护照出入境。但香港基本法第22条规定："中国其他地区的人进入香港特别行政区须办理批准手续。"为适应这一变化，经国务院批准，内地因公人员前往香港一律改持新型的国内旅行证件《往来香港特别行政区通行证》。这一证件的审批签发工作由国务院港澳事务办公室统一归口管理，只有经国港办授权的机关才能签发。凡涉及香港特区现行法律规定需经特区有关部门批准的，还需征得特区政府许可。

"兰叶春葳蕤，桂华秋皎洁。"在秋高气爽的1997年9月9日，我带领中方专家组就《往来香港特别行政区通行证》蓝色样本的内容以及签发机关、审批手续等问题向中英联合联络小组英代处做正式通报。虽然发放、使用这一旅行证件是中国的内政，但因为与香港出入境关系密切，尽管香港已经回归中国了，但根据《中英联合声明》的精神，仍有必要向还在工作的联合联络小组英代处通报。

通报地点仍在坚尼地道28号旧英童学校。有意思的是，由于香港已经回归中国，我——中方代表成为了会谈的主方，坐到了两个多月前座位的对面，而且在中方专家组行列里，加入了原来服务于港英政府人民入境事务处、现在身为中国香港特区政府高级公务员的入境处署理处长李少光先生等香港同事，我们都欣喜地以同坐一排为荣。

通报得到了英国驻香港澳门副总领事包雅伦大使等英方专家们的肯定，他们表示感谢，感谢的不仅是通报的内容，还有中方恪守《中英联合声明》的郑重表现。

我说，我们一起再为关于香港特区护照议题的谈判画上一个圆满的句号吧。

第九章

香港排污计划谈判

维港的鱼已不能吃

香港以港开埠，依港建城，美丽的维多利亚港见证和支撑着这座城市的发展。它固然是大自然的恩赐，也离不开人类的善用和爱护。

上世纪80年代开始，由于经济的快速发展和随之而来的人口快速增加，产生了大量的城市生活污水和工业废水，仅经过格栅、滤网的初级处理，便不分昼夜地夹带着90%的残留物排入维多利亚港。逾年历岁，不仅严重污染了香港海域，也殃及毗邻的内地广东海域。如何避免香港变成“臭港”的问题，成为各界关注的重大环境和民生问题。

面对公众的压力和严峻形势，港英政府于1989年提出了“策略性污水排放计划”，拟耗资以当年价格计的200多亿港元，通过四期工程，修建长距离的深海管道，将香港的污水排放到中国南海担杆水域，预计于2003年完工。

显然，这项跨世纪的浩大工程是港英不应也不可能单独完成的。第一，把最终排污口设在担杆水域，直接影响广东省的海洋环境，必

维多利亚港污染日益严重

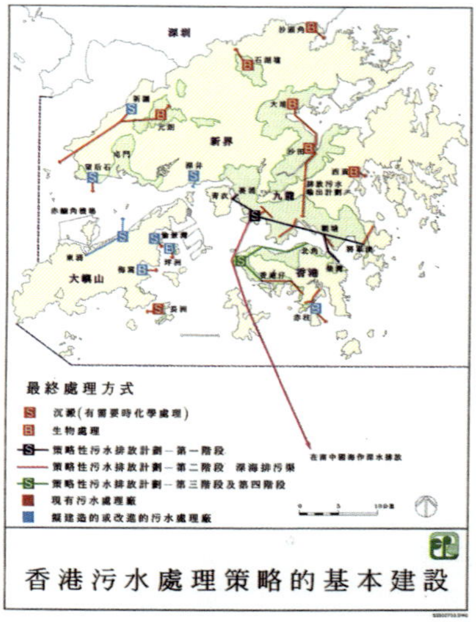

港英当局提出的“策略性污水排放计划”示意图

须符合有关国际公约和中国法律，征得中国中央政府的同意；第二，工程跨越了 1997 年，涉及未来特区政府的利益和财政负担，需要充分考虑香港回归前后的衔接因素；第三，由于工程跨海域作业，从前期论证、设计到具体实施都需得到中方的支持和配合。

这些道理本来显而易见，英方却贸然开始了第一期工程。事实证明，这期工程并没有经过周全的论证和科学的设计，大量污水仍然只经过初级处理就排入维港，90 年代初的维港污染问题愈发严重了。

1994 年 2 月，中国政府本着对香港未来高度负责的态度就香港排污问题召开高级别内部会议，做出了尽快通过中英联合联络小组就此与英方交涉的重要决定。

中代处得令全力以赴，正是我赴港到任的时候。某天傍晚，我披挂着夕阳余晖，在红磡维多利亚港湾散步，见渡轮码头旁有几位长者握着长长的鱼竿边聊天边钓鱼。我凑近一看，鱼桶里空空如也，就问阿叔们收获有几多？他们抱怨地反问：“维多利亚港的水质都成 3 级了，鱼还会多吗？即使上钩，我们也会把它放回去的。在污染有毒的海水里游的鱼，不能吃！”我的心一沉，顿时感到肩上的担子不轻。

敲打加帮助

把香港排污问题列入中英联合联络小组的正式议题，是努力的第一个目标。中代处在国家海洋局、环保局和多位海洋、环保专家的协助下，于 1994 年 4 月向英方提交了一份关于香港排污计划的说帖，郑重声明中国政府对香港的环境治理持积极态度，详细分析了英方排污计划的特点，有理有据地阐述了中方应参与其中的理由，要求就这个跨世纪的污水处理和排放计划展开磋商。6 月在伦敦召开的第 29 轮中英联合联络小组全体会议上，郭丰民大使再一次重申了中方立场，要求在联合联络小组框架内举行排污问题专家小组会议，终于获得英方同意。

1994 年 7 月 6 日，中英关于香港排污问题的第一次专家小组会议在香港召开。中方专家组由我担任组长，成员来自北京、广东八个中

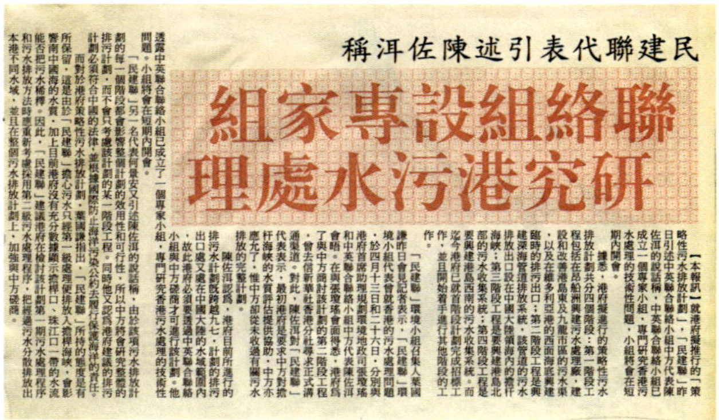

民建聯代表引述陳佐洱稱

聯絡組設專家組
研究港污水處理

【本報訊】就港府擬推行的「策略性污水排放計劃」，「民建聯」昨日引述中英聯合聯絡小組中方代表陳佐洱的說話稱，中英聯合聯絡小組已成立一個專家小組，專門研究香港污水處理的技術性問題，小組將會在短期內開會。

據悉，港府擬進行的策略性污水排放計劃共分四個階段：第一階段工程包括在昂船洲興建污水處理廠，建設和改善港島東及九龍市區的污水集，以及在維多利亞港的西面海底興建臨時的排污出口；第二階段工程是興建深海管道排放系統，該管道的污水排放出口設在中國大陸領海內的擔杆海峽；第三階段工程是要興建港島北部的污水收集系統；第四階段工程是要興建港島西南的污水收集系統。而迄今港府已就首階段計劃完成招標工作，並且開始着手進行其他階段的工作。

「民建聯」環境小組召集人葉國謙昨日會見記者表示，「民建聯」環境小組代表曾就香港的污水處理問題，於四月十三日和二十六日，分別與港府首席助理規劃環境地政司張瓊瑤和中英聯合聯絡小組中方代表陳佐洱會晤。在與張瓊瑤會面得悉，港府為了與中方商討該計劃的第二階段工程，曾去信新華社香港分社尋求正式溝通渠道。對此，陳佐洱對「民建聯」代表表示，最初港府是要求中方對擔杆海峽的水質評估提供協助，中方亦應允了，惟中方卻從未收過有關污水排放的完整計劃。

陳佐洱認為，港府目前所進行的排污水計劃既跨越九七，計劃的排污出口處又處在中國大陸的水域範圍內，故此港府必須要透過中英聯合聯絡小組與中方磋商才可進行該計劃。他透露中英聯合聯絡小組已成立了一個專家小組，專門研究香港污水處理的技術性問題，小組將會在短期內開會。

「民建聯」另一名代表何景安又引述陳佐洱的說話稱，由於該項污水排放計劃的每一個階段都會影響整個計劃的效用性和可行性，所以中方將會研究整體的排污計劃，而不會只考慮該計劃的某一階段工程。同時他又認為港府建議的排污計劃必須符合中國的法律，並根據國際防止海洋污染公約去履行保護海洋的責任。

而對於港府策略性污水排放計劃，葉國謙指出，「民建聯」所持的態度是有所保留，這是由於「民建聯」擔心污水只經第一級處理便排放入擔杆海峽，會影響南中國海的水質，加上目前港府沒有充分數據顯示擔杆口、珠江口一帶的水流能否把污水稀釋。因此，「民建聯」建議港府在檢討該計劃第一期污水處理程序和污水排放方法時應重新考慮採用第二級污水處理程序，把經過污水分散排放出本港不同水域，並且在整個污水排放計劃上，加強與中方磋商。

民建联和一些环保团体热情献计献策

央和省属政府部门，汇集了包括清华大学环保工程系主任井文涌教授、国家海洋环保研究所所长周家义教授等国内顶尖专家，还特别邀请了全国人大常委、在国际环保科学领域享有盛誉的钱易院士担任顾问。我曾在内部对国港办鲁平主任和新华社香港分社乌兰木伦副社长自豪地说，这个专家组体现了多部联手、专家撑台的强大架构，高水准的专家队伍可以媲美世界上任何一家一流的顾问公司，更难能可贵的是，所有专家都分文不取，无偿地为国家、为香港付出自己的辛劳和智慧。

英方专家组组长由港英工务司詹伯乐担任，他是工程师出身，是当时港英政府内少有的由业务专家主政的部门首长。对于维多利亚港每时每刻受到污染的严峻形势，以及中国政府关注的理由和科学性，詹伯乐当然心知肚明，谈判桌对面的中方专家阵容更让他眼前一亮，但是他似乎把握不了英方的谈判“大政方针”。

许多年来，常常在夜深人静或独处的时候，我会突然来灵感出思路，电光火花似的稍纵即逝，于是养成了一个即刻记下来的习惯，在我的床头柜抽屉、汽车车门夹槽、上衣左侧口袋里总备着一本易撕的小纸片和一支笔。过去当记者、作家时这样，现在仍然这样。

恰巧在专家小组第一次会议召开前夕，我从本港台的晚间新闻里收看到鸭俐洲海鲜档的海水里发现霍乱病菌的新闻，这是维多利亚港的海水污染已经从港岛北扩展到岛南水域的警号。我当即把电视新闻里的关键词记了下来。

在首次开谈的开场白中，我开门见山地说，相信每个生活在香港的市民都会赞成，加强香港地区的环境保护是一项迫切的民生大政，前几天鸭俐洲海鲜档的海水里发现霍乱菌，就是再一次敲响的警钟。中国政府希望与英方合作，为香港水域的污染治理做出努力。由于这项计划跨越 1997 年，耗资巨大，并且对中国内地海域有一定影响，所以中英双方有必要在联络小组内进行磋商。我指出，英方业已公布的四个阶段排污计划是一个整体，并都以将最终排污口设在中国内地水域为基础。而在尚未就整体环境影响进行科学评估，尤其是对排污口附近广东水域可能造成的影响进行研究之前，就仓促上马，具有巨大的盲目性和危险性。我的开场白落脚在“英方必须在与中方就整体排污计划达成共识前，停止单方面行动”。

然而，我满怀诚意的发言对詹伯乐却好像“东风吹马耳”，这位工程师局长埋头照本宣科发他的言，称英方拒绝将排污计划作为一个整体看待，坚持认为在1997年之前开工的第一期工程是英方管治范围内的事，无须听取中方意见。

不能把马桶倒到别人家门口

一轮谈判下来，各执一词，毫无进展。我从谈判大厅走下楼时思忖，看来还得加大敲打力度。走出谈判楼，我对迎上来的记者们发出呼吁：“霍乱病菌已经在香港岛的四周肆虐。不能允许把美丽的维港变成污水蓄水池，也不能把马桶倒到别人家门口去！”

“污水池”和“倒马桶”这两个词儿一时间成了市民们热议中的口头禅，得到社会广泛认同、响应。民建联和一些环保团体纷纷向传媒表达对中英专家谈判的关注，来中代处找我，热情献计献策。

应中方坚持要求，英方不得不提供了两批已经开始实施的排污计划资料。中方专家研究后，发现其中有许多自相矛盾之处，结论模糊，不合规范，相当粗糙。从这些资料看，英方所谓的排污计划实际上是一个简单的“污水搬家工程”，不仅会对香港及周围水域造成新的污染，还可能给未来特区带来其他隐患，我方是绝不能同意的。

针对英方这种“边谈边干”的不合作态度以及计划本身的一系列

缺陷，一方面，中代处遵照北京的指示精神决定，无论会内还是会外都继续高举支持香港治理污染、改善环境的旗帜，坚决叫停英方的单方面蛮干。另一方面，借重专家的力量，对英方方案中的不科学之处做深入分析并提出改进建议，使得我们在政治上和专业上都能占据优势，赢得民心。

于是，德高望重的钱易教授把重视香港环保问题提到了国际环保会议上，敦促英方切实采取措施，科学环保。其他中方专家们也借出席港英政府或民间团体的有关香港排污计划评审会、研讨会场合，宣讲中方立场和海洋排污的科普知识，取得了国际舆论和香港社会的广泛支持。

国港办和外交部来电肯定了中代处工作，进一步指示要在英方同意将整体排污计划与我磋商的前提下，依据有关国际公约和我国的法律法规，以保护香港及周围水域的海洋资源和海洋生态为目标，实事求是地进行一次全面的可行性论证，力争达成一个双方认可的最佳方案。

1994 年 10 月，第 2 次专家小组会议召开。英方不得不就中方对港英排污计划提出的新问题单子和所持依据做了答复，仍是敷衍态度，同时为其加快第一期工程辩解，说穿了，就是想把钱在 1997 年 6 月前尽快花出去，草草了结工程，不计后果。

我严肃指出，如果不把第一期工程放在整体工程之中进行全面、系统的论证，不对设计中尚存的诸多不确定因素进行认真、细致的研究，它将是一个贻害无穷的工程，一旦在 1997 年后造成严重后果，英方将负全责，背上历史的骂名。

院士的娟秀手稿

或许是高水平的中方技术专家从项目科学性的角度不断提供重要意见和帮助，使得某些英方技术官员真的认识到自己仓促上马的工程方案相形见绌。

1995 年 3 月 27 日，经过五个多小时的第 3 次专家小组会议，中英双方就在专家小组下共同成立一个技术小组达成了共识。这是联合联络小组工作方式的一种创新，为排污计划的磋商开辟了新的专业渠道。技术小组将就香港排污计划的科学性技术性问题向专家小组提供意见，研究范围包括香港与中国内地邻近水域的水质标准及生态平衡、香港整体排污计划环境影响评估、排污计划各期工程的衔接、各利益方的角色和参与方式等。

中方技术组由六名专家组成，井文涌教授和周家义教授担任召集人。英方技术组由渠务署长吴贻荫任召集人，还包括公务科、渠务署、规划署及环保署等港英政府部门的代表。

中英專家經五個多小時會議
排污會議獲大突破
同意設立指導小組
排污專家小組工作有突破，兩組長顯得高興。

中英双方就专家小组下共同成立一个技术小组达成共识

会议结束后，我和詹伯乐均对取得的这项重要成果公开予以积极评价。我还公开表示，中方和香港市民都希望排污计划的制订者审时度势，尊重科学，亡羊补牢，让未来香港有一个干净的海洋环境。

技术小组果然不负众望，双方专家经过九个月的紧张工作，就排污计划整体环境影响评估大纲、排污计划有关的香港海域水质目标与标准、中方参与这项工作的方式以及技术小组的工作报告等一系列重要议题取得了共识并形成了书面报告。中方技术专家还从污水处理工艺、污水隧道及排污管的排污等方面为港英政府业已展开的第一期工程提出了十多项改善意见，都被吸纳入小组报告中。

迄今 18 年过去，我手头还完好保存着一份钱易院士通过中方专家组转交我的《关于香港 SSDS 审查组会议的简要报告》。只要看一眼洋洋七页稿纸上没有一处涂改的娟秀钢笔字以及条理分明的文章结构，想想这是出自一位当年已逾花甲的女院士之手，我就对中国科学家做人的正气和做学问的严谨肃然起敬。

记得有一次全国的知名环保专家聚会清华大学，为香港治污献计献策、探讨方案。当时我们住在水木清华的一所四合院招待所里。从硝烟弥漫的谈判楼来到清新、静谧的高等学府，早晨走出院子，活动

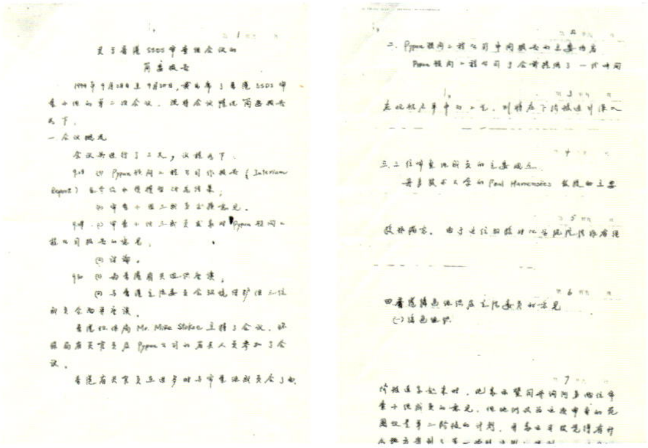

中方顾问钱易女院士的手稿，娟秀工整的笔记透出老学者做人的正气和做学问的严谨

一下腰腿，看见莘莘学子在校园里捧着外语课本朗读，或者散步、晨练，我想起自己上学时喜欢唱的一首俄罗斯民歌：

黎明时我独自走出庄园，天空中笼罩着朝霞。祝你早安，我的故乡；祝福你，我的祖国。……

我感受到了两种力量：宁静的力量和学术的力量。这样的力量一直在激励自己学习，学习，再学习。

圣诞礼物

圣诞节连带元旦是香港最长的一个假期。节目期间，走在香港的大街小巷上，随处可以反复地听到《铃儿响叮当》及平常只能在教堂里听到的赞美诗歌曲，许多家庭都在大大小小的客厅里布置了美丽的圣诞树，树上挂满花朵和金色银色的铃铛，树下摆放着各种包扎精致的礼物，这些礼物要等节日早晨才能打开；而各家大大小小的酒店也都迎来一年一度的忙季，忙着接受预订和筹办公司、团体和私人的圣诞大餐、火鸡餐、自助晚餐，加上醇酒、烛光及圣诞花树的通宵舞会，人们总结一年的收获，也是播种来年的希望。

在吉祥欢庆的气氛中，中英双方关于香港排污问题的意见全方位地接近，第4次也是最后一次专家小组会议决定于1995年12月20日在香港召开。

会上，我和接替詹伯乐担任英方专家组组长的新任港英工务司邝汉生共同确认了技术小组形成的文件，达成了中英双方关于香港排污问题协议。

会议结束后，我接受了主谈这项议题以来最长时间的一次采访。我高兴地对采访的记者们说，中英双方在融洽、诚恳、务实的气氛中共同审议并通过了技术小组提交的文件，这些文件对于改进和完备原有计划具有重要意义，是中英双方送给600万香港市民的一份“圣诞礼物”。在送出这份礼物时，特别要向双方专家和关心香港环保事业的各界人士真诚地道声谢谢，祝福他们和他们的家人节日快乐，新年快乐。

我还指出，虽然中方专家组认为目前的第一期排污计划并非是最理想和最科学的，但本着“求大同、存小异、向前看”的精神，提出了多项补救、完善和建设性意见，尽可能提高第一期工程的科学性。中英双方将进一步加强合作，尽快完成排污计划整体环境影响评估工

中英給港人送上聖誕禮物

跨九七排污計劃達成協議

爲港人利益不遺餘力

中英就排污问题达成共识，共同为香港送上“圣诞礼物”，左二为邝汉生

作，以便为确定最佳整体方案和各阶段工程的顺利衔接提供必要的资料和科学依据，使得这一跨世纪的大型排污工程真正成为造福香港和毗邻地区的环保工程。

第十章

移动电话专营权与西北铁路建设谈判

英国人突然大发牌照

根据《中英联合声明》《关于香港新机场建设及有关问题的谅解备忘录》规定，香港过渡期内所有跨越政权交接的重要事项均需经中英联合联络小组协商解决，这早已成为双方的共识和行动，由此在香港经济领域批出了许多过渡到中国香港特区政府管治期仍将继续有效的重要专营权。

但是，仍有一些港英政府的部门“思想跟不上形势”，企图“暗度陈仓”，不仅无端增加了中英联合联络小组的工作量，还因此损害了香港投资者和公众的利益。

上世纪 90 年代，信息产业在划时代的意义上飞速发展。在彻底的自由港、被誉为国际信息中心香港发生的一个明显变化就是，人们手中握的手提电话很快由砖头大小的“大哥大”改换成越来越小巧的手机，虽然手机的功能还比较单一，甚至连中文短信都不能收发，但在当时已能时髦地引领一代风尚了。在公众场合，大型的聚会一散，从西装衬里袋内掏出手机来，给司机或者朋友打个电话是件很出风头的事。随之，迅速兴起的是个人移动电话服务行业。

1995 年 7 月的一天早晨，我起床照例打开宿舍的窗户和电视机，窗外扑进来风丝雨片中巴士、电车的呼啸声和叮当声，电视的本地新闻节目正报道政府已经决定批出六个新移动电话专营权牌照、有效期长达 10 年的新闻。与其他国家和地区一样，香港的移动电话服务一直采取政府特许经营的模式，当时已有四家运营商，比“祖家”英国还多一家，现在还要再批出六家，必将大大改变市场的运作模式，可能会对回归后的香港产生负面影响。

我抬头望了望窗外维港的天空，心想这港九新界的空间不知又要增加多少频率的无形无色的电波；更重要的是，此事理应事先提交中英联合联络小组讨论，但我相信我和我的同事们也都是此刻才从媒体获知这一消息的。英方从未做过任何形式的通报，又在自说自话、自把自为了。

7 月 27 日，我在参加财政预算案专家小组会后，主动向记者们发表了一番“客气的题外话”:“我不相信最近有关港英政府再批出六个经营移动电话新牌照，并已经过中英联合联络小组磋商的报道是真的。”我指出，由于有关专营权将跨越 1997 年，牌照的数目、运营商的资格等都必须经过双方磋商一致后才可以批出。这番“不相信”的话一出街，立刻有评论说这等于陈某人摆明车马炮，中方和未来特区政府将不会承认英方单方面批出的专营权，两年后这个与港英政府签的专营权合约将变成废纸，成本都收不回。

出现了许多批评英方的声音——主要是彭定康政府不智，明知凡是跨越九七的事不同中方商量着办是行不通的却偏为之；连一直被误导的业界也恍然大悟，明白如果一味只听英方的，即使获批专营权，香港回归后能否继续生效还真成问题，于是发出了不满的牢骚，“饭已经煮熟快端上台，才叫煮多了米”……所有这一切都是英方——严格地说是港英某些官员造成的，而他们却还始终在寻找机会转移视线，将压力引向中方，从起初散布谣言谎称中方已在联合联络小组同意批出新牌照，到后来恼羞成怒地散布什么英方就是有权批出新牌照，是中方在蓄意阻扰发牌计划、干预“香港内政”，等等。

我的情意结

我有一个情意结，打心眼里反感散布谣言以图弄假成真的行径。

1841 年 1 月英国侵略者用坚炮利舰胁迫道光皇帝的特使、直隶总督琦善割让香港，琦善唯唯诺诺，表示可以“代为奏恳”，以允许英国借用港岛西南的香港仔一角“寄寓泊船”。

但琦善的奏折上呈还没获批，英军就迫不及待地从上环水坑口大举登陆，悍然占领了整个香港岛。并且在一帮汉奸的献媚献策下，到处贴出中文告示，谎称已与中国“议定诸事”，英军占领香港的行为“已有文据在案”，造成了既成事实。等清政府得知情报，把琦善革职查办，也只能眼睁睁地遥看香港岛上竖起的米字旗了。

所以，当时的中国行政当局签订卖国的《南京条约》，真正立下“字据”承诺割让香港，只是一年以后“补办手续”的事了，那时的香港早已成为英国囊中之物……

由于心存这个情意结，我便毫不客气地公开戳穿了什么“中方已经同意批出新牌照”的谣言，通过媒体责问英方，拟议中的新牌照专营期是 10 年，其中在港英管治下不到两年，中国香港特区将要管八年多，你这样自把自为地单独批出，难道不是在干预中国的内政吗?!

愿谈是假，蛮干是真

经过会场之外几番“论战”，港英政府经济科发言人终于表态，愿意通过中英联合联络小组与中方讨论移动电话的发牌问题，但话锋一转，仍强调须要待到完成新经营商的遴选程序后才开始。一听就知，愿意谈是假，继续单干、蛮干是真，实质仍是企图造成既定事实后再迫中方接受。对于我们一再提出希望尽快参与到遴选过程的要求，英方竟然在 11 月 22 日提交的说帖中称，“可能令人对中英两国政府维持香港现行社会和经济制度 50 年不变的诚意生疑”。

一次中英双方专家会晤，港英政府电讯处处长艾维朗，一个精明但不太大气的欧洲大陆人、电讯业务专家，向我“解释”香港移动通信业务的发展如何如何紧迫，手机用户每打两个电话就有一个因线路繁忙而打不通。

我一听生疑，因为我也刚有了一部手机，向外拨号几乎没遇到过因线路繁忙打不通的情况。于是我请这位电讯处处长提供证据。

艾维朗说：“当然有证据，我们刚做过实地检测的。”

我问：“在哪里检测？”

他说：“在中环天星码头。”

我又问：“什么时间检测的？”

他说了个具体时间。

和我一起与会的二秘任光明脑筋好使，马上给我递了张字条，说记得那天那一时间，香港正突然下一场大雷阵雨。在这样一个非常时间段、在白领人群非常密集的天星码头地区，得出一次检测结果，能作为具有普遍意义的全港移动通信线路已供不应求的有力证据吗？

我把字条插入文件夹，再问艾维朗：“还有其他检测例子吗？”

“暂时还没有。”他满不在乎地摇摇头，这位抱着草率态度应付中方的电讯专家竟反问我，“难道这例子还不充分吗？”

中英合作陷入僵局。社会和业界抱观望态度，新移动电话牌照的审批自然处于进退不得的境地。

惊动了中英高层

在香港过渡期，中英的许多谈判犹如跨越重山峻岭。一路走来，还能为批一个专营权牌照的事儿“阴沟里翻船”？

日月不居，僵局很快引起了伦敦高层政治家们的重视。

英国外相访问北京期间，就这件事主动与国港办鲁平主任交换了意见。

赫德外相问鲁平主任：“中英之间关于香港政权方方面面的交接现在大致都还顺利，为什么在移动电话专营权这么个小问题上卡住了呢？”

鲁主任重申了有关协商解决的重要原则，介绍了目前问题的症结，表示中方也希望此事能够尽快得到解决。英国外相听后恍然大悟，表示“感到鼓舞”。

随即，在举行的中英联合联络小组第35轮会议上，英方主动知会，表示同意就移动通信服务问题举行双方专家小组会议。这件事总算是纳入了正式的谈判议程。

“接通”跨九七的移动电话

1996年2月29日，关于移动通信服务问题第1次专家会议召开。我担任中方专家组组长；包雅伦担任英方专家组组长，他的副手是港英政府电讯处处长艾维朗。

我没有“运气”配备老包那样的助手，但为了深入与英方展开商讨，也已积极组织中代处经济组的同事们对香港电讯市场进行了调研，并且研究了其他国家电讯业发展的经验，在专家会议前夕向英方提出了一份有分量的问题单子，包括香港移动电话市场的容量和发展前景，频谱划分方法，对持牌者的管理、评选标准等。

开会当日，掌握了英方主谈权的包雅伦面带笑容，率领他的团队来到坚尼地道 28 号时，还带来了大量资料，在一众传媒的注目下由工作人员用手推车一箱一箱送入会场，引来了记者们一阵狂拍。这是以往会议中都不曾有过的，老包这一手公关做得漂亮。

包雅伦主动向记者介绍，英方是应中方要求提供这些资料的，以便中方能全面评估增发移动通信新牌照的问题，相信这些材料足以显示港英政府的招标过程是公开、客观及全面的。

我也笑着对传媒们说，从去年到现在我们都未得到过英方提交的资料，今天所见值得高兴，值得欢迎。我还花了一些时间向记者解释为何中方要求英方提供资料。我说道，中方在过去、现在和将来都不会干预香港的自由市场经济。由于增发牌照的问题是港英当局对电讯市场的结构做出了调整，是政策的改变，问题又跨越了香港政权的交接，所以中方必须参与研究，目的正是为了保证香港市场的自由竞争和健康发展，而绝不是干预。

一连两天的专家会议在合作、友好的气氛中进行，取得了良好成效。包雅伦伸出橄榄枝，表示英方对移动通信服务问题持完全开放、坦率的态度，将尽量回答中方问题单中的问题。英方专家详细介绍了港英政府自 1994 年 2 月开始公开咨询到 1994 年 6 月进行公开招标，以及目前成立评审小组对参与投标的 14 家公司进行遴选的全部过程。对于我特别关注的牌照数量与市场需求相适应的问题，英方解释道，香港的移动通信服务市场增长迅速，最近两年的增长率分别为 40% 和 67%，预计很快将有 150 万用户，新增加六家运营商应不会带来恶性竞争。

当时，双方专家都没预见到，刚刚从“大哥大”小型化的移动电话竟然在新世纪第一个10年里，将电脑的大部分功能植入了自己的芯片，除此之外，手机还具备了照相、录像、录音功能，还能通过几乎无处不在的无线网络具备导航、电视和3G、4G功能，成为当今人与人最为广泛、便捷的沟通工具。

1996年7月27日，中英双方就香港移动通信服务10年专营权问题达成协议，我和包雅伦草签了会议纪要。纪要规定，港英政府将发出六个跨越1997年的香港个人通信服务牌照，牌照有效期为10年，将来特区政府可在牌照有效期的中期，按照当时情况，根据发牌条件和《电讯条例》的规定对持牌者表现进行检讨。

英方承诺在批出上述牌照时，将预留充足的频率给未来特区政府分配。六家中标的财团包括和记电话有限公司、汇亚通讯有限公司、新世界流动电话有限公司、八方通讯有限公司、讯联电讯有限公司和万众电话有限公司。中方承诺上述牌照在香港回归后将根据基本法的有关规定继续有效，受到特别行政区的承认和保护。

给传媒的特别礼物

专家小组会议之前，我请中代处经济组特别给传媒朋友们准备一份“礼物”——一张中英联合联络小组成立以来批出的所有专营权清单，一共有22个专营权，包括机场、码头、隧道、公路、电力、收费电视、巴士等，可以一目了然地看到联合联络小组为支持香港经济民生发展所做的努力。

会谈结束，当我和包雅伦一同走出谈判楼时，我请助手向在谈判楼外等候磋商结果的记者们派发“礼物”，果然这份清单给了他们额外

我和包雅伦在记者前“各出奇招”的花絮，被纷纷报道

的惊喜。我表示，联合联络小组自 1991 年至今已经批出了 22 个跨越 1997 年的专营权，今天草签的移动通信服务牌照是第 23 个，所以希望各位看到的不只是一棵树，而是一片生机勃勃的绿色森林。这些专营权对于香港的民生和未来都具有重要意义。办成这些事情，说明只要中英双方都本着对香港未来高度负责的态度，按照《中英联合声明》办事，就一定能够实现 600 多万市民期待的平稳过渡。

说完这席话，我便走向自动滚梯，离开了坚尼地道 28 号。

包雅伦代表继续在细雨中与记者们答问，他一向说的是英语，但那天用英语答问完毕后见记者们收拾器械准备散去，似乎有些着急，忙悄声问在现场的港英新闻官：“广东话呢？”

醒目的新闻官也像是忽然想起，立即叫住行家们，听老包破天荒地再用广东话发表了一通说辞。包雅伦的贤内助是香港同胞，事前准备一篇广东话说辞应不困难，但以英方代表的身份用中国广东话接受采访，确实大大出乎传媒的意料。

当天电台、电视台等电子传媒和第二天的平面传媒都把我派清单和包雅伦讲广东话当成新闻花絮，称我俩“不仅在谈判桌上‘拗手瓜’，在记者面前各出奇谋，向港人示好”。

港英修的铁路要在1998年动工？！

和移动电话问题类似，我们对于港英的西北铁路建设计划也是首先通过香港媒体知悉的。

1995 年底，多家香港传媒报出港英当局已经委托其全资拥有的九广铁路公司完成“西北铁路系统报告”，计划斥资 750 亿港元，修建全长 70 公里的新界西北铁路，以连接港岛、九龙和新界，并在落马洲和罗湖两个口岸与中国内地接驳，预计 1998 年初动工，2001 年完成。

香港有史以来就只有一条 30 多公里长、13 个车站的九广铁路，起点红磡，终点罗湖，1910 年建成通车。它的延伸在内地叫广九铁路，从广州到深圳，长 200 多公里，1911 年建成后随即与香港铁路接通运行，直达中国当年清政府设于红磡附近的九龙海关。

将近一个世纪以来，这条铁路一直是联系两地的大动脉，现在在临近香港回归之际，英方仓促推出大型基础建设计划，要在这条铁路的西部和北部再修建一条铁路，对此社会上议论纷纷，甚至广泛争议。多数负面意见认为造价太高，担心政府将通过提高票价往市民头上转移成本。也有意见担心其未与中方磋商就抢先完成技术和财务可行性研究，是为了使工程项目的一切按英方标准，并最终为以英资为主的外资财团所得。

1996 年 1 月 24 日，我在出席大榄隧道动工仪式时公开表态，因应

陳佐洱（左）、鄺漢生（左二）、鮑文（右二）等在出席三號幹線大欖隧道動工禮上，觀看幹線模型。（趙家富攝）

1996年1月25日 星期四 香港商報

陳佐洱促中英盡快討論 建西北鐵路須講求效益

中方持積極態度

港府研究顧問報告

三號幹線工程龐大

借出席大榄隧道动工仪式之机，呼吁英方尽快就西北铁路建设与中方展开讨论

香港经济社会发展和与内地联系更加紧密的需要，增扩铁路交通是理所应当的，但同时呼吁英方尽快就中方从报纸上知道的跨 1997 年的西北铁路建设问题展开讨论。

在我们的压力下，港英政府运输司鲍文会同宪制事务科、路政署的官员于 2 月 28 日向中代处介绍了一次港英铁路发展策略及西北铁路项目，但没有提供任何资料，介绍会后亦不再与我们接触。不久又放出风来，称至少要等到 1996 年 10 月才会与中方展开磋商，不过之前需要先批出顾问合约。

1996 年 5 月 27 日，鲍文会见记者时又改称西北铁路将在 1997 年初动工，似乎工期提前 1 年，在港英管治时期开工，港英就可以自把自为了。

这个突如其来的消息是严重的，动工的铁路绝不可能在半年之内建好，必然会跨越1997年，既然如此，中方不能无动于衷。

不得不再次亮剑

两天后，我不得不又一次祭起“达摩克利斯之剑”，做出公开回应，表示中方支持尽早兴建西北铁路，这有利于缓解新界的交通拥挤，希望工程能建得快一点、好一点、省一点。但是在中英双方就西北铁路的总体设计、财务安排没有达成共识前，港英当局不能单方面批出任何合约，否则回归后特区政府将不予承认。

我指出，九广铁路公司是政府全资拥有的公司，如果要做出跨越1997年的重要决定，就须既尊重现在最大股东的意见，也尊重将来最大股东的意见。英方在1996年2月28日简报会上向中方表明，西北铁路要1998年才动工，但昨天报纸报道说1997年初就要开始兴建，

聯絡小組下周在英開會

【本報專訊】中英聯合聯絡小組第三十六輪會議將於六月五至七日在倫敦舉行，預料屆時將會討論多項仍未解決的問題，包括香港居留權及九號貨櫃碼頭等。

英方代表團由首席代表戴維斯率領，其他成員包括中英聯合聯絡小組英方辦事處參贊包雅倫、港府憲制事務司吳榮奎、港府政治顧問畢瑞博及英國外交部主管香港事務官員古沛勤。中方出席會議的將有首席代表趙稷華、代表陳佐洱、新華社香港分社外事部部長楊友勇、代表王維揚、外交部港澳事務辦公室參贊吳紅波以及有關專家和工作人員。

此外，中英關於香港過渡時期財政預算案編制問題的第八次專家會議昨日在本港舉行。中方專家組組長陳佐洱在會前表示，在共同為財政預算案編制程序時，雙方的合作應該沒有困難。他強調說，從現在開始，雙方專家要共同掌有決策權，共同參與財政預算案編制的每一個程序。

這是跨越九七的香港九七／九八年度財政預算案進入編制周期以後的首次專家會議。

香港政情

倘港府單方批出西北鐵路合約

陳佐洱：特區政府恐難承認

鮑文承諾決定前諮詢中方

我指出，既要尊重现在最大的股东，也要尊重将来最大的股东

这个消息来得太突然了。

我的“亮剑”——“否则回归后特区政府将不予承认”，显然让英方再次感受到重大压力，鲍文当日傍晚不得不纠正说法，重申该计划“最迟”将在1998年动工，目前尚无定案，在做出决定前会全面“咨询”中方。

6月13日，英方向中方提交了两套九广铁路公司的建议书及相关分类数据。对此，我借6月21日出席博爱医院屯门护养院奠基仪式之机表示了欢迎，并再一次重申中方对兴建西北铁路持积极态度，在特区政府成立前进行一些前期准备工作是必要和可行的。希望英方尽早将该问题提到联合联络小组层面研究。

考虑到西北铁路在特区政府成立之后才动工，中代处在与英方斡旋时采取了有别于其他跨九七重大项目的较为灵活的做法：一方面继续对英方保持压力，避免其“慷他人之慨”；另一方面在联络小组内和公开场合，继续重申对兴建西北铁路的积极态度，并广泛听取社会各界意见。

这些努力，为1997年7月1日成立的特区政府处理这项计划留足了余地，为该项目的论证、实施和最终取得成功打下了良好的基础。

第十一章

最后的谈判

回归纪念邮品是中英合作重要成果

为纪念中国恢复对香港行使主权和香港特别行政区成立，香港特区在 1997 年 7 月 1 日当天发行了一套纪念邮票，共六枚，包括一张小型张、一枚首日封和纪念套折，全套邮品色彩明丽，设计精美。

与此相呼应，6 月 30 日港英当局推出了“香港经典邮票系列”的最后一辑第十辑，贴有这小型张的特制信封上盖了从 1841 年以来的六个邮戳，最后一个邮戳日期是“30.6.1997”。

这两套邮品相辅相成，象征着香港一个旧时代的终结，另一个新的时代在平稳过渡中开始。

中国香港特区第一套纪念邮票发行的意义自然不言而喻，它的诞生历程在香港邮政史上具有空前绝后的意义，因为它是新旧两个政权合作努力的产物。

早在 1994 年 9 月举行的中英联合联络小组第 30 轮会议上，中英双方就认定，在政权交接的时刻合作发行一套纪念邮票是具有历史性意义的。因为这套纪念邮票的设计、印刷和发行准备工作都必须在 1997 年 6 月 30 日前进行，所以分工由中方负责设计和印制，英方则负责提前发行。无论设计、印制、发行，谁也离不开谁的配合支持。

为了落实这项决定，中英双方在 1996 年 7 月至 8 月连续召开了三次专家小组会议，就各项具体筹备工作进行讨论，并最终签署了协议。

那段时间，中代处在谋划专家会议谈判方针的同时，还热情接待了来自国家邮政部的邮票设计专家陈银川一行，安排他们在香港多走走多看看，实地调查研究，尽可能多地搜集素材，获取灵感，使纪念邮票图案的设计能充分反映香港特区的管辖范围、悠久历史、文物古迹和风光名胜，既切题又美观，兼顾科学性和艺术性。北京的专家们

中国香港特别行政区发行的第一套纪念邮票、首日封。首任特首董建华先生在此张上特为我亲笔签名

1997 年 6 月 30 日港英当局发行的最后一个小型张、首日封，上盖有 1841 年至 1997 年 6 月 30 日邮戳

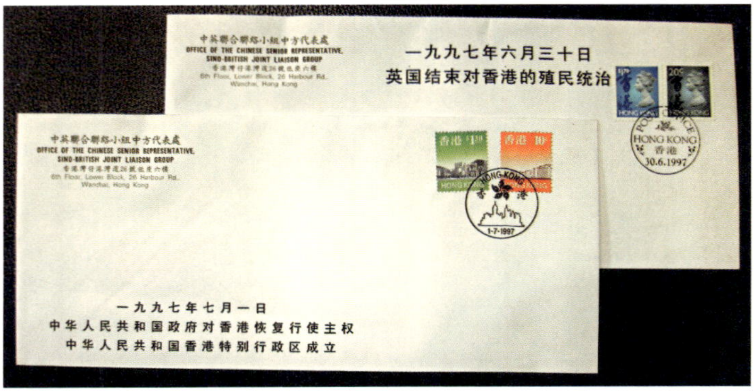

中代处特制的分别盖有 1997 年 6 月 30 日和 7 月 1 日邮戳的信封

对这一“前无古人，后无来者”的使命也深感荣幸之至，不止一次地到香港博物馆、三栋屋博物馆、南丫岛、吉庆围、宋王台、东华三院等反映香港特色的地方去考察，面对面地听取了香港邮票设计师、集邮家等当地专家的意见建议，所有这些安排都得到了港英邮政署的配合和支持。

在中英专家小组会议召开前夕，双方关于邮票问题的合作曾出现一个新的情况。有港英邮政署的港人官员在访问北京时对印制这套邮票表现出兴趣，并非正式地向中方表达了这一愿望。中方内部进行了研究，认为香港本地官员表达这样的兴趣是好事，说明他们愿意为未来的香港服务，对中国香港特别行政区开始产生责任感，而且从有利于印制和发行环节衔接和财务方面的便利安排考虑，也可以将印制的任务交由英方来完成的。

于是，在1996年7月31日举行的第1次会议上，我主动向英方提出了这一建议，英方经过研究后，正式接受了建议。

专家小组会议的磋商过程中，曾经有过一个严重的争议点，是我提出邮票票面中英文字样应采用“中国香港”的问题。

英方一度坚持采用原有的“香港HK”字样，其所持的理由是保持历史连续性、尊重港人习惯、选择中性表述等。

对此，我也精心准备了维护自己意见的理由，表示之所以采取“中国香港”字样，主要基于两点考虑：第一，根据《中英联合声明》和基本法，1997年7月1日后中国政府将对香港实行“一国两制”方针，香港成为一个直辖特别行政区，香港特区可以“中国香港”的名义同世界各国、各地区及有关国际组织保持和发展关系，所以在香港特区发行的邮票票面上标出“中国香港”的中英文字样，既体现了中国的国家主权，又体现了“一国两制”的国策特色。第二，在万国邮政同盟的有关规定中，对在世界各国、各地区发行的邮票上标明发行国家或地区的名称也都早有相关要求。邮票是一个国家和地区的"名片"，任何一枚邮票上都应标有国名以体现国家的主权，这是世界各国邮政当局无不遵循的惯例。纵观世界各国邮票发展的历史，迄今为止，除英国以英女王头像或王冠作为邮票票面的国家标志外，世界其他国家都在所发行的邮票票面上明确标志国家字样。就目前香港发行的邮票而言，邮票票面上虽然没有英国国名字样，但除采用"香港"的中、英文字样外，还有英女王的头像或王冠标志来体现英国的管治。

经过两次专家会议，双方就合作的大部分内容达成了共识，8 月 5 日第 2 次专家会议结束时，在英方起草的协议草稿上仍留了个"尾巴"，最后一句是"双方同意继续就邮票票面说明问题进行讨论"。

包雅伦在总结发言时耸耸肩，两手一摊表示，他"个人认为"采取哪种说明文字是中国和将来中国香港特区之间的事，而"非关英国的事"。他不认为这方面的分歧会对这项谈判造成障碍。

——在国与国的外交谈判中哪有所谓"个人意见"可言？我敏感地意识到，包雅伦"洒脱"的表态可以解读为，有继续让步的可能性。

在 8 月 7 日对协议草稿继续进行讨论的第 3 次专家会议上，我坚持中方对于票面字样的立场和理由，英方果然做出了妥协。

主权更换，特色保留

徽号徽章，最早的起源可以追溯到原始社会氏族部落的图腾标志，中国最早的一本词义解释全书《尔雅·释佑》说："徽，善也。"徽号即善美的称号，是一个群体、一支队伍共同尊崇的图文、符号。如果这个群体、这支队伍属于国家，那么它的徽号徽章首先要彰显的是国家主权。

许多报道香港回归的文字和画面都记录下了 1997 年 6 月 30 日 24 时，在香港举行政权交接盛典的会展中心、各欢庆场所，以及在海关、街区执勤的纪律部队人员都迅速除下带有殖民色彩的旧徽号徽章，庄严而又喜悦地换上标志中国香港特别行政区的新徽号徽章。香港七个统称纪律部队的有工作制服的部门——警务处、入境事务处、海关、惩教署、消防处、飞行服务队、民众安全服务队——人员都在这一瞬间更换了全新设计的徽章和徽号。新徽号徽章的最大特色是摘去了标志英国殖民统治的皇冠，代之以香港特区的区花紫荆花。

政府部门的徽号徽章虽小，却是中英联合联络小组磋商政权交接、平稳过渡的一项重要内容。双方自 1996 年下半年起开谈，于当年年底根据达成的共识，由英方负责完成一系列设计稿。中代处把设计稿报回北京，征求意见。

经过国港办组织各有关方面专家研究审议，除建议将飞行服务队徽号徽章的图案略作修改外，对其他设计方案均表示同意。审议的重点是是否庄重地体现了主权意义，对各部队原有的业务特色原则上都予保留，例如警察机动部队徽号上的闪电、特警队徽号上的飞翅老虎都依旧保留。

港英时期警察徽号

特区时代警察徽号，既保留了原特色，又强调了变革

后来，英方按照我们反馈的意见，将紫荆花图案加到飞行服务队徽号徽章的上方。至此，完成了所有的设计工作。

1997 年上半年，新的徽号徽章陆续制作完成，分发到纪律部队每个公务员的手中。

6 月 30 日晚，绝大多数执勤的纪律部队人员都把新徽号徽章贴胸藏在制服上衣口袋里，与热血奔流的心脏一起跳动着，直到迎来回归这一瞬间才集体亮相，同放异彩，与全世界的公众正式见面。

英国人终于交出账本

因应讨论与 1997 年政权顺利交接有关事宜而成立的中英联合联络小组，随着英国把香港交还给中国、中国依据基本法成立香港特别行政区，达到了工作业绩的峰巅。虽然《中英联合声明》规定这个临时性外交机构将继续工作到 2000 年 1 月 1 日，但中英两国间有关中国香港特区的外交事务自完成政权交接之日起已基本转移到新设立的中国外交部特派员公署和英国驻中国香港总领事馆去处理了。

中英联合联络小组峰巅的最后一次活动应是 1997 年 6 月 28 日。那天上午、下午，分别由双方首席代表签署了《中英关于香港档案移交的纪要》和《关于香港政府资产和负债交接安排问题的会议纪要》两份协议。

签署的地点还是旧英童学校——坚尼地道 28 号。这天天气晴朗，日暖风恬，双方代表和工作人员各自穿过张灯结彩、喜气洋洋的六街三市，轻松登上扶摇直上的自动滚梯，步入谈判楼。

“岂伊地气暖，自有岁寒心。”虽然双方此时此刻的心境不会一样，但彼此间都有点儿依依不舍和惺惺相惜。因此，双方人员的穿戴都不约而同地庄重、整洁，男士领带不约而同地鲜艳，女士着装如同赴宴，会前的寒暄话题不约而同地热情，会上的握手和鼓掌不约而同地热烈。

对于其中的不少人，可能是最后一次踏入这栋见证了香港百年沧桑的小楼。两天后，大家不仅要告别一页即将翻过去的历史，也将告别这栋唯独 90 年代以来才在国家利益大背景下曾经充满争论、困惑和欢欣的小楼。90 年代，是小楼“老当益壮”最精彩的年华。

这两份文件的主要内容，简言之就是中英双方通过共同努力，已结束香港档案移交工作，中方确认收到英方提交的香港外交、防务和地方档案复制件和清单；今后如发现英方应移交而未移交的档案，双方将协商解决。另外，中国中央政府将于 1997 年 7 月 1 日开始时即把港英政府的全部资产和负债（除已另作交接安排的外汇基金外）交由新成立的中国香港特区负责审核，并由特区政府依据法律自主进行管理。

这两份文件也是我率专家小组与英方经过长时间的磋商达成的共识。这两个专家小组的会议都不很频密，一旦双方商定要开次会，几乎都需要在早已排满的时间表上“见缝插针”，穿插在其他一些相对固定的专家会议休会期间。两个议题的进展起初也都不很顺畅，英方不希望中方过早地知道香港“家底”，以免干扰它绝密的撤退部署。直到 1997 年春季，眼看总体交接的大限将临，而撤退的部署大概也已完成得七七八八，英方才使上了劲儿，特别是解放军先头部队提前进驻的谈判告成后，这两个专家小组的工作势头犹如风卷残云，左右采获，没开多少次会就都谈成功了。

第十二章

谈判之外的社交活动

半路出家的外交官

我在过渡期后半段的香港工作整四年，除了繁忙又错综复杂的政权交接谈判外，还不时应邀出席当地的一些社会公益活动和各界爱国爱港社团、人士举办的迎回归活动。

这恐怕是出身国务院港澳办的外交官与外交部科第出身的外交官不尽相同的工作方式。在中代处这个特殊的外交机构里，来自两部门的外交官可以相得益彰。

把外交作为终身事业的职业外交官们，无疑视香港政权交接为一桩神圣的任务，但在派驻香港之前或之后，他们都得奉命去祖国需要的其他国家或国际机构，履职其他重要的外交使命，从这个意义上说，香港只是他们外交生涯中精彩的一站。而以倾力推行“一国两制”为终身事业的国港办官员们则不同，他们把因工作需要充任外交官视为“半路出家”，而把能亲身参与、见证港澳回归这一历史时段视为一生的莫大荣幸，因为 150 多年来梦寐以求并为之奋斗的同行前辈们和后人们都无缘于此，何况之前之后，一直矢志不渝的是竭心尽力保持和发展港澳的长期繁荣稳定。

香港回归后，曾主管港澳事务的曾庆红副主席在一次中央港澳工作协调小组会议上，肯定我在和港澳传媒谈心时说的一句真情实感：“无论回归前或回归后，在‘一国两制’基本方针下，中央对港澳的所有考虑、所有决策，都是为了保持和发展港澳的繁荣稳定。”他说：“佐洱说得对呀，中央所做的一切都为了香港、澳门好呀！”

这又让我想起 1994 年春天，赴港履新的前两天，下午 4 时，我开车来到中南海勤政殿，向时任中办主任的曾庆红汇报自己对香港问题的一些想法，以及以往参加中英谈判的经历与感受。谈兴甚浓，占用

出席新界总商会活动

出席前高级公务员协会活动

出席法拉利汽车展

了领导两个多小时，直到天黑了，他微笑着发出邀请："走，到我家吃饭去。"

一盘红烧肉，两样素菜，一碗汤。吃饭时，曾主任语重心长地对我说："香港回归的过渡时期已经到了后半段，将来中国的香港特区成立时能不能保持繁荣稳定，就看这几年的基础打得好不好。所以，在维护主权的前提下，中英合作多一点比少一点好，谈成比谈不成好。双方合作谅解，对两个国家、对香港都好。"

这几句话，无论在香港回归前后，我都铭记在心，对我的四年谈判生涯的确影响很大。

我先后在三任总书记、三任总理、两任国家副主席和一任全国人大常委会委员长领导下工作过，数不清有多少次耳闻目睹了党和国家领导集体深谋远虑、嘉谋善政，出发点和落脚点每每都是在维护国家主权的大前提下，为了香港、澳门好，真是把港澳700万同胞的福祉时时放在心上的，因为这符合国家的最高利益。

献唱一首歌，12万港元

在那段日子里，受邀出席各种社团活动最多的中方官员可能就是新华社香港分社张浚生副社长和我了。张社长是浙江大学教授出身，爱憎分明，口才了得，香港一旦发生涉及平稳过渡的大事，他总能第一时间向传媒公开、坦率地发表意见。所以，活动主办者只要请到我们俩或其中之一，总会引来一众传媒"捧场"，围追堵截，热闹一番，有时还真能带出点大新闻来。

1997年1月20日，张社长和我两位闽籍人士应邀出席香港福建希望工程慈善晚宴。恰好那天全国人大香港特区筹委会法律组发布了关

与新华社香港分社张浚生副社长一起出席福建希望工程慈善晚会

在慈善晚会上讲话

出席全国人大香港特区筹委会会议

于废除港英法律中抵触基本法条文的建议，彭定康当晚以措辞强硬的声明反击，诬蔑特区筹委会的目的是要“削弱香港公民自由”。

传媒行家们当然不肯放过我俩。面对举目皆是的话筒、镜头、闪光灯，张社长驳斥末代港督的矫言伪行说，他说，是港英方面未经磋商就搞了一个架空基本法、凌驾于其他法律之上的“人权法案”，然后又根据“人权法案”去修改香港原有法律，这件事本身就破坏了香港原来的法律制度。我则指出，近一两年来，中方一而再、再而三地向英方提出要求，在过渡时期港英当局如要对法律进行重大修改，而修改又将影响到1997年以后特区法律的话，必须事先与中方磋商一致。但遗憾的是，中方的合理要求被英方一而再、再而三地拒绝，甚至不能列为中英联合联络小组的正式议题。

身为特区筹委会成员的我一挥手说，法律组建议废除一些港英单方面修改的法律，就是要把那些颠倒的历史再颠倒过来。

那天，慈善晚宴主持人邀我以在场嘉宾认捐款达10万港元时献唱一首歌，我欣然应允，当场邀请福建希望工程基金会主席的夫人和我合唱了一首《东方之珠》，筹得了12万港元：

中方官員指彭定康破壞法律
強調還原法律建議合情合理

媒体大幅报道张社长和我痛批彭定康的言论

……东方之珠拥抱着我，让我温暖你那苍凉的胸膛。让海风吹拂了五千年，每一滴泪珠仿佛都说出你的尊严；让海潮伴我来保佑你，请别忘记我永远不变黄色的脸。……

张社长也献唱了一首，歌名是《把根留住》。

第二天见到的新闻倒没报道我们唱歌的事，却大篇幅地报道了张社长和我痛批彭定康的言论，《新报》还别出心裁地制作了一大张我和彭定康对仗的照片拼图漫画。

《新报》制作的我和彭定康对仗的照片拼图漫画

太空中的中国星

在联合联络小组以外的社交活动中，我结识了许多香港社会各界的成功人士、知名人士。

无论我走到哪里，只要头顶晴朗的夜空，放眼满天闪烁、高深莫测的繁星，就会想起新华社高级记者杨福田写的一席话：“目前，除地球外，人们还不知道哪个星球上有人类生存。但是，却有许多人的名字登上了星体。其中，50 多名中国古今著名人士享有这种名扬宇宙、永垂史册的殊荣。”

长期从事小行星探索和研究的中国科学院紫金山天文台是国际上最有影响力的天文台之一，由于它不断发现宇宙中的新星，就不断获得新星在经国际小行星中心颁定永久编号后的命名权，使得数十位中国人的名字因此在通过一系列杜绝商业行为的申报、审批程序后，相继在宇宙空间永享一席之地。

我之所以感到兴趣，是因为其中大约有 20 位中国香港人的名字在天空中放射光芒，比如高锟、金庸、邵逸夫、曾宪梓等，他们或者以令人信服的杰出科学、文学成就赢得殊荣，或者是不仅自己事业有成，而且在关怀和资助人类科学及其他文明事业方面做出了突出贡献。

这时，我会想起两位老一辈成功人士、值得尊敬的爱国者、慈善家方润华和吕志和先生。

乐善好施方润华

那是 1994 年 11 月 11 日的下午，我应邀到港岛南的乡村俱乐部，

出席方润华星命名仪式，在活动中与方润华先生合影，右后为润华长子方文雄先生

在中英联合联络小组结束历史使命的酒会上与方润华先生合影

出席中国科学院紫金山天文台受权将新发现的5198号小行星命名为“方润华星”的隆重典礼。

身为香港协成行董事总经理的方老先生在半个世纪的商海风云中无疑很成功，难能可贵的是他数十年如一日地践行着“取诸社会，用诸社会”的理想，每年都把协成行10%的盈利通过以方树福堂基金、方润华基金捐赠给内地、港澳台及国外的教育、科技、医疗、社会公益事业，总数已达数亿港元。

国家改革开放之初，方老曾经杨振宁教授介绍，资助我在北京大学任教的堂哥陈佳洱作为访问学者赴美国考察；我到香港工作后认识了他，才知道这回事。方老对我说：“如果国家不富强，我们就要做三等公民。我年轻时候因家境贫寒及战乱，读书不多，现在更觉得读书的重要，所以只要能为国家培养人才做点事，就不枉此生了。”

佳洱担任北大校长后于1995年来港访问，我们兄弟去南湾方老先生府上造访。他家的朴素陈设令我俩肃然起敬。他郑重其事赠送我们的纪念品，仅是两块从内地某偏远山区拾回来的普通小石头。

方先生有剪报加批注，自撰长短文章乃至对联、条幅的习惯。在我结识他之后的十多年里，几乎每月都能收到他寄来的一两次这类复印件，有时还夹有亲笔信，内容囊括天文地理、中外时政、养生、信仰等，十分广泛，记得他还曾在报纸上撰文呼吁：“学习盖茨、李嘉诚先生‘富而好善’的博爱精神，回馈国家和社会，帮助有需要的人，此其时也！”

那天，乡村俱乐部里的命名典礼高朋满座，各界名流和内地科教界代表都来祝贺。在聚会上，我见到了他的夫人方谭远良女士，年轻时从借打电话与邻居方老相识到相濡以沫、走进金婚钻石婚殿堂的另一位慈善家。令人羡慕的是新世纪伊始，她也获得了经国际小行星中心批准的5709号新星的命名。夫妇获得双星殊荣，史无前例，好比牛郎织女跨过鹊桥下凡人间。

“情理法备”吕志和

也是在这个场合，我第一次见到了方老志同道合的朋友吕志和先生，1996 年他也因为长期对人类教科文事业做出的杰出贡献获得了 5538 号新星命名为“吕志和星”的殊荣。

之前，我已久仰这位低调的“建材大王”“酒店大亨”。他几乎任何

与吕志和先生合影。他的经营之道“情理法备，取其平衡”融贯中西文化

时候都是笑容可掬，头戴一顶英伦男士帽子，据说怕空调冷气。我与他则是同病相怜（后来他也送了我一顶），也许就由此一见如故，两人谈兴越来越浓，谈他60年来的诚信经营、稳健经营，谈香港沦陷期间日本政府发行的军票战后竟不认账，谈当下香港面临历史性转变出现的种种“怪现象”，他对于中国香港基本法主张坚持行政主导、循序渐进发展民主大加赞赏。

有一次，我到北角嘉华集团总部做客，这栋全港唯一有私人码头的以圆柱体与立方体几何图形构成的蔚蓝色大厦高高矗立在维多利亚港的东区走廊畔，上下一体近百米的玻璃幕墙分外耀眼。

在第30层吕老先生的办公室里，他和我一齐坐南朝北，静静地隔海眺望，他的眼睛微微眯起，注视着九龙观塘以西的一座青山，露出一往情深的欣慰，说：“那座山上的石头几乎都被采光了。可是多年来我们一直是边开采边绿化修复，虽然成本提升，但终于还原了青山绿水，心安理得。”我想，那山大概就是60年代吕氏父子斥资1.6亿港元投得开采权的秀茂坪安达臣大亚石矿场吧？当时这一举动曾轰动全香港，尤以注重环保的卓识和大公襟怀被传为美谈。

吕老先生是祖籍广东江门的美国归侨，有三子两女，个个成才，在嘉华集团总部和海内外各司其职。但不管孩子们身在何处，每年岁末都要举家回到父母亲膝下，前呼后拥着二老到祖国内地某个地方去走走看看。吕老先生和长子耀东先后都是全国政协委员、多个省市的荣誉市民，却从不用政府部门安排接待，整个家族乘几辆中巴车开到哪住到哪吃到哪，这是吕老先生集祖上百年爱国爱乡传统定下的规矩，意在让子孙们也都低调、自在地熟悉、亲近祖国，把对祖国的情感融入到各自掌管的公司业务中去。嘉华集团的慈善公益事业由长女慧瑜分管，可以说每年每月都在捐资扶贫帮学、振兴科教、支持文艺，过去20年在内地和港澳的捐款已累计超过5亿港元。

我曾介绍北京医院的一位优秀青年医生，申请嘉华的还贷奖学金去美国进修。抱歉的是，我热心牵线时疏忽了学后需要“还贷”这个概念。两年后，这位医生以优异成绩学成回国，写信向吕老先生汇报成绩，表达深深谢意。不久，嘉华慈善基金会回信，在祝贺之余征询他如何安排自己的无息还款计划，声称这笔还款还将供后来的申请者使用。医生为难了，出国前在申请表上签字时似乎也没注意到奖学金要限期归还这款承诺，现在即使一年不吃不喝把全部工资还贷也不够数。

于是，我趁吕老先生一次来北京的机会把原委告诉了他，承认我对此也负有责任。他思忖了一会儿，要我翌日约医生一道来宾馆吃午饭谈谈。饭局进行得很融洽，吕老先生仔细听取了医生关于医院以及本人现状的汇报，在发表了一番对内地工资制度劳酬倒挂的看法后，不仅破例当场豁免了医生的还款，还鼓励他要继续精益求精钻研医术，进而表示今后如果医院需要添置与这位医生专业有关的先进仪器设备，愿意考虑资助。事后我才知道，被“破例豁免”的款项，由吕老先生自己掏钱补给了慈善基金会。

也许这是吕志和先生的经营之道“情理法备，取其平衡”的一个验证吧？

首富首善李嘉诚

在回忆与香港杰出人士的交往中，我不能不记述李嘉诚先生。他是我在香港工商界人士中最为敬重的一位，他那对炯炯有神的微笑的眼睛，永远在镜片后闪着智慧的光。

敬重主要不是因为李先生长袖善舞，富甲一方，而是因为他有一颗拳拳赤子心，对国家对民族深厚的感情。这在155年来当局只鼓励发财致富、不鼓励甚至不允许过问时政的香港尤其可贵。

我觉得，李先生秉持的民族气质，应与他博古通今的国学修养大有关系。有几次面对面午餐，因无旁人，我们的话题都集中在古典文学上，他谦虚地说小时候念过几年私塾，父亲家教严，所以粗略学了一些，可是谈吐中不时有唐诗宋词或元曲的名句脱口而出，每每引用得恰到好处；甚至于佛学，密宗的白度母、绿度母，禅宗的《金刚经》，他都能津津乐道。有一回他怕我听不明白，把《金刚经》末尾的四句偈语“一切有为法，如梦幻泡影，如露亦如电，应作如是观”随手写在菜单上给我讲解，一同探讨。

李先生的两家旗舰集团公司——长江实业和和记黄埔的业务是全球性、多元化的。他告诉我，他有一本英国护照，用它旅行、做生意

与李嘉诚先生在特区筹委会上

比较便利。我表示理解，这与中央对香港永久性居民中的中国公民的国籍政策是相符合的。1995 年，中英联合联络小组在伦敦开会后，中方代表团应他和和记黄埔的邀请前往英国东南部，参观菲力斯杜港。这个英国最大、最繁忙的集装箱海港已归香港和记黄埔所有。当我们在和黄总经理霍建宁先生热情陪同下，看到港口办公大楼前高高飘扬的五星红旗，检阅昂首挺立、清一色老外的保安队时，我心中油然升起一种自豪感。

我曾给李先生格外倾注心血的“第三个儿子”——教育医疗慈善事业的支持重点——汕头大学师生们讲过一个“红苹果”的故事。

那是我刚到香港工作不久的一天，忽然收到李先生送来一箱苹果，色泽红润带青，个儿硕大且圆，送进口里甜爽汁多。箱里还附了封短信，介绍这是产自中国的新品种红富士苹果。众所周知，在上世纪 90 年代初，香港满街的苹果多是来自美国加州的“蛇果”，果名应是从英语 Delicious 音译过来的。可要是把这两种苹果里外比较一下，Delicious 的美称恐怕得转让给中国了。

我打电话向李先生致谢，他的兴奋之情溢于言表，说自己偶然在深圳尝到这种红富士苹果，想不到祖国的果农把几十年前曾经驰名中外、后来退化了的国光苹果改良得这么好，于是买了几百箱带回香港分送好友，还特别给各国驻港总领事们附信赠送了。

我对汕大即将毕业的同学们说，李先生不仅是当代中国人的首富，也是当代中国人的首善。为了人类特别是祖国的教育医疗事业，他给予祖国内地及香港等地的捐赠已经超过 150 亿港元，仅对汕大的捐赠就有 54 亿，但是他本人的生活却十分节俭，我亲眼看见他手上戴的一块普通的精工电子表十数年不曾换过。

我说：“你们，是李先生心中钟意的‘红苹果’。他期望着你们为国家、为人类增光添彩。”

第十三章

在历史的转捩点上

回归前的那几天

回归前的几天，该我办的事大体已办完，突然闲下来反而不习惯，我摸着咪咪圆滚滚、毛茸茸的大脑袋对它说："趴下，给我当会儿枕头猫。"说着，我倚在窗台上，枕着它的背脊，边继续读报边说："好了，我们快要回家了。"

那几天，北京和内地各省市来的客人非常多，几乎各个部门、各个地方都有大员过境来，参加各种各样的庆祝回归活动，协调、衔接方方面面的两地联系，到处都是熟悉的普通话的声音。在一些大型的社交场合，不仅内地来的嘉宾说普通话，本地的主人也力争说普通话，往往表面谦虚、内心得意地在开场白里诙谐地夹杂一句带着广东腔的流行声明："对不起，我的普通话'很普通'……"此话一出，往往博得一片鼓励的掌声和笑声，会场气氛更加活跃起来。

一个时期来，商界政界的"大佬"们纷纷在家、在办公室聘请教普通话的老师，连大名鼎鼎、能在世界商场呼起风唤起雨的"打工皇帝"霍建宁也特地请了一位北京来的普通话老师；据说特区候任终审法院大法官为了能在7月1日1时30分的就职仪式上面对首任特首念好就职誓词，直到6月30日上午还在普通话老师的辅导下一字一句地反复练习。

一些香港朋友、团体招待内地来的要员常邀我作陪，那时我在两地媒体上的曝光率比较高，有我在场，好像能产生点"明星效应"。

6月29日下午，我作为中央政府代表团的成员，从香港到深圳去集合报到，翌日下午随代表团集体乘大巴从皇岗口岸进入香港，入住会展中心旁边的新世界海景酒店。

从6月30日下午起，香港下起了瓢泼大雨，汽车挡风玻璃的雨刷拨到最高一档来回刷，前方路面的能见度最多也不过 10 米。我在香港那么长时间，从没有见到这么大的雨，而且一直下到 7 月 1 日晚上，“香港明天更好” 烟花晚会开始前才骤然收停。

我在酒店的 29 层居高临下，透过落地玻璃幕墙，俯瞰维多利亚海港在大雨中惟余茫茫，玻璃上的雨水如同从天上泼泻下来，一拨拨往下流，好像为玻璃再贴上了一层水帘。我想，这或许是苍天洗涤耻辱的泪水呢。香港用这样的方式，走进了今后永远属于她的祖国的历史。

脚下左侧，紧挨着港湾的会展中心新翼和旧翼都灯火辉煌，像一只伸张开银色巨翅的鲲鹏，即将腾空飞起。7 月 1 日零时前后，那里要举行两个庄严隆重的仪式：首先是中英关于香港政权交接的仪式，接着是中国香港特区成立暨特区政府宣誓就职仪式。两个仪式在会展中心不同的楼层里举行。

因为两个仪式都要到接近半夜的时候才开始，我且留在酒店房间里专心收看电视直播节目。英国政府正在添马舰旁边举行露天告别仪式，在史无前例的滂沱大雨中，所有参与者浑身上下都被浇淋湿透，但仍不失庄严。查尔斯王子和彭定康分别在说着什么，只看得见他们手上的稿子被淋得一团糟，却很难听清他和他说的是些什么。我看到彭定康的脸上有水往下流，不知是雨水还是眼泪，也不知他是真的伤感还是在想着别的什么，但无论如何，他在《东方与西方》代序末尾是这样写的：“故事终于在一个燠热潮湿的夜晚，在香港灯火如织的港湾边画上了一个永远的休止符……”[1] “香港是大不列颠帝国真正终结的地方。”[2]

[1] 彭定康，《东方与西方：彭定康治港经验》，台湾时报文化出版企业股份有限公司，1998，P014。

[2] 彭定康，《东方与西方：彭定康治港经验》，台湾时报文化出版企业股份有限公司，1998，P020。

而我此刻想到的是中国经典小说《红楼梦》里的两句话："忽喇喇似大厦倾，昏惨惨似灯将尽。"香港，被外国人殖民统治的时代永远结束了。

彭定康其人

在香港政权即将易手的最后时刻，我还想花点笔墨来说说我所见所闻的末代港督。

前文已经提到，在香港回归的整个后过渡期，彭定康的主要形象和实际作用是个搅局者，或许对于英国历史来说也是。

彭定康 1944 年生于英国兰开夏郡，毕业于牛津大学，以说话尖刻辛辣、文字功底老到而著称，年方 30 岁就成为英国保守党研究部的主管，不少大选的竞选宣言都出自他的手笔。

1992 年彭定康刚上任就抛出一套"三违反"的政改方案，据他说，此举是为了"加快香港的民主步伐"。但是英国在对香港 150 多年的统治中，什么时候讲过"民主"？港督既是三军司令又是立法局的主席，而且有权否决法院所有的判案，是绝对的独裁者。香港的主要官员都是英国指派的。所谓立法局只是港督的咨询机构而不是立法机构，立法局里的官守议员是他委任的政府高官，非官守议员也是他委任的来自社会各界的代表。直到《中英联合声明》签署，中国制定了香港回归后循序渐进发展民主政制的基本法，英国才在香港开始大搞所谓"代议政治，还政于民"。英国国内就有不少有识之士对此坚持异议，年近九十的资深上议院议员萧克罗斯公爵专程飞来香港对周南社长表示："英国用了 400 年时间才建立了议会民主制度，而且至今还保存了一个非普选产生的上议院。相比之下，香港的'民主进程'已经是超

辞旧迎新之际，一个蓦然转身离去，一个充满希望和欣喜

速度的了。如果还要加快，那对香港的未来一点好处也没有了。”[1]

1992年10月，彭定康在公布了他的政改方案后才傲慢地动身北上，企图以既成事实压中方接受，在他心中的北京政权是脆弱无能的。老天有眼，彭定康首访北京的48小时里，趣闻真不少。

他抵达的当晚，鲁平主任请他在港澳中心酒店吃饭。他在餐桌上最关心的是翌日哪个国家领导人会见他？直到宴请结束，他在赞美了酒店的瑞士冰激凌后还一再打听。我们也没有告诉他是哪一位国家领导人，只是说反正会有一位见你的。

第二天上午，陈滋英副主任陪他参观故宫。那天他着凉了，从电视画面就能清楚看到，鼻涕一把一把地流。下午开始在钓鱼台国宾馆与鲁主任会谈。不巧英国大使馆那辆古典的劳斯莱斯车一进钓鱼台院

[1] 周南，《遥想当年羽扇纶巾》，齐鲁书舍，2007，P356。

门车胎爆了，彭定康只好哆嗦着下来，步行到 18 号楼。

彭定康自己回忆说，由于“中国一贯的政治诡计”，“我受到轻慢的例子不胜枚举”。[1] 有些人认为委实过巧，不太可能是“意外”。可是，那晚在英国使馆大使宴会上发生的悲喜剧，就恐怕不能不说是“意外”了。

英国式的宴会，一道道菜和汤不是由服务生分好、端到每个客人面前的，而是端着一大盘菜或汤走到每个人身后，请客人自己根据需要从大盘里舀一点。上餐末甜点的时候，彭定康还不时地在餐厅里外跑出跑进，对付守在门外的记者们，因为下午他被鲁平训斥、被钱其琛会见已经窝了一大团火：其一是他在与鲁平谈崩后才得知将受钱其琛会见。他质疑钱外长的资格，我们说外长是国务委员兼任的，国务委员就是国家领导人。其二是钱外长见他时，当着众多记者的面没与他握手，并且给他戴了顶“三违反”的帽子，即违反《中英联合声明》、违反与基本法相衔接、违反中英两国已经达成的协议和谅解。所有这些都是中外传媒的焦点新闻，彭定康对此十分紧张，想给新闻降温。他从外面跑进餐厅时，跟一位端甜点的服务生撞了个满怀，西装上一下子喷了很多奶油，在场的中国人、英国人都哈哈笑了起来。

我看到彭定康的面部表情数秒钟内从愤怒急转为干笑，马上对餐桌两旁的人们说：“我给你们讲个故事，讲个故事。当过英国副外相的杰弗里·豪有一天去吃饭，与一位端热汤的服务生撞了一个正着，汤浇在身上，烫得他直跳……”彭定康边说，边抖动自己涂上奶油的肥胖身躯跳了几下。

观看着彭定康绘声绘色的表演，我顿时觉得这人可真厉害，为了

---

［1］ 彭定康，《东方与西方：彭定康治港经验》，台湾时报文化出版企业股份有限公司，1998，P096。

摆脱尴尬，连自己的老上司都可以拿来取笑。同时，这番急中生智也证明了这人的脑袋瓜还真是够用。

当天下午彭、鲁会谈时，我作为中方成员坐在鲁主任身边，会谈内容始终围绕香港的政制发展问题。鲁主任说："两国外长交换七封信件，已经达成共识，过渡时期很多事情都在信里面解决了。这些信件都是外交文件，代表国家的承诺。"

彭定康一时觉得莫名其妙，反过来问："有这七封信吗？"又回过头问坐在后面的英方工作人员。一位英使馆官员向他点头说有，从公文箱里面拿出来，放到他面前。

彭定康接过文件，看了很久。过了一会儿，他抬起头，一脸严肃地说："这七封信非常重要，是两国间的绝密文件。你不能随便公布，你公布就违反了最初的协议。"

鲁平说："你再这么一意孤行，违反英国做出的承诺，我们就要公布，拿你的政改方案和这七封信对照对照。"

彭定康强调说："不，你不能公布。"

不久后的事实证明，狡猾的彭定康嘴上威胁对方说"不，不能公

鲁平主任和彭定康会谈。第一排左一为鲁平，右二为彭定康

布”的时候，已经在为自己悍然毁诺打主意了。他离开北京后的第七天，中国外交部突然接到英国使馆的知会，英方将于当晚北京时间 8 时、即伦敦时间 12 时公布两国外长的七封信并同时发表英方对信件的解释。这个突袭使得外交部和国港办紧张忙碌了大半天，好在真理在手，不怕狡辩、翻案什么幺蛾子，中方也同时公布了七封信和中方的有力评析。

英国“老中国通”们的失望

彭定康是百余年来唯一不是由外交官产生的港督，他在香港五年的作为受到了前几任港督以及英国外交部高级官员们的批评，甚至受到新加坡李光耀资政的批评。但是有首相做靠山，彭定康对批评毫不在乎，反讥这些前辈是“中国的拉拉队员”[1]。据报载，梅杰首相曾经对中国领导人说，香港有什么事情，你们找彭定康就行了，彭定康可以代表我。

彭定康是否值得他的挚友、祖国那么信任呢？这使我想起一次出席香港总商会的活动时，与我邻座的一位英商副主席对彭定康其人做的评价：“在彭定康的心里，第一是他自己彭定康，第二还是彭定康，第三还是彭定康，第四也许是英国保守党，第五是英国，第八或者第九才是香港……”再联想到不久前报载彭定康的宠物爱犬在港督府失踪，他发动里里外外四处地毯式地搜找，弄得全香港满城风雨；以及港岛某夜遭暴雨山洪袭击，西环观龙楼护土墙倒塌，年届古稀的新华

[1] 彭定康，《东方与西方：彭定康治港经验》，台湾时报文化出版企业股份有限公司，1998，P022。

周南社长

社香港分社周南社长闻讯，当即撑着伞涉水前往察看，而彭定康到现场比周社长迟了好几个小时，不是他早不知道，而是下面官员向他报告灾情时他正在跳舞，他回答一声“知道了”继续跳舞，直至下半夜尽兴后，才前呼后拥地去灾区“慰问”、拍照。——他“祖家”同胞对他的评价，真是入木三分。

这时候，我的手头正好有一本香港文汇报编辑部编印的《香港回归纪念画册》。这部图文并茂的大书里收集了一组英国前首相希斯、前首相顾问柯利达和麦克纳利、前港督麦理浩和卫奕信等香港熟悉的政坛名人曾经发表过的文章或者对他们的采访录。

柯利达在4月号《展望》杂志的一篇文章里扼腕总结《英国对香港事务的失策》，直斥由于政客彭定康对中国做出的“致命的错误估计”，使得“拥有长期与中国打交道的经验丰富的英国，留到这场戏的最后一幕才犯下最大的错误”。[1]

李光耀也在接受香港记者采访时透露，曾经劝诫过彭定康别去香港种那棵“民主树”，说“我们浇灌新加坡的民主已经30多年了，而它仍是一棵根还没扎稳的树。你在香港充其量只有五年”，并说“只要

[1] 香港文汇报编辑部1997年编印的《香港回归纪念画册》，P236。

遵守《中英联合声明》及基本法的条文和精神，一切都会顺利。但是他不这样做……”李光耀赞同柯利达以及前两任港督麦理浩、卫奕信的对华政策，呼吁未来的中国香港特区行政长官董建华应该搁置彭定康的政策。[1]

迎来了155年奋斗期盼的时刻

在香港政权交接仪式的会场上，1208 天的最后一分钟，我昂首挺胸肃立，目不转睛地盯着英国国旗徐徐降下，然后凝望着五星红旗冉冉升起，心中同时奏响了神圣的国歌，迎来了 155 年奋斗、期盼的时刻。

这一刻，我竟找不到“热泪盈眶”“激情澎湃”的那种狂喜感觉，只是默默对自己说：“不辱使命，我做到了！”

交接仪式结束后，我在激动的人流中，摩肩接踵地从会展中心新翼五层向七层移动，中华人民共和国香港特别行政区成立暨特区政府宣誓就职仪式将于凌晨 1 时 30 分在那儿举行。现在无论是我脚下踏步的每一寸土地，还是整个 1100 平方公里的香港地区都已经属于中国中央人民政府管治了。根据 1990 年 4 月 4 日颁布的中华人民共和国主席令第 26 号，中国的《香港特别行政区基本法》已经从零时第 1 秒起在全中国——当然包括全香港生效实施了。一俟江主席在特区成立仪式上庄严宣布香港特区正式成立，中央将依据基本法授权香港特区政府在这片刚刚回到祖国怀抱的土地上实施前所未有的“一国两制”“港人治港”、高度自治方针。

七层宽广的会场内外充满欢声笑语，数千港澳台同胞、来自 30 多

[1] 香港文汇报编辑部 1997 年编印的《香港回归纪念画册》，P241 。

国的侨胞以及中国和受邀各国政要济济一堂。乐莫乐于此时此地，我不期而遇了曾庆红主任。主任见到我也非常高兴，他告诉我，姬鹏飞同志29日在深圳的时候就发高烧，但他一定要坚持带病来香港参加这场盛典。刚才在政权交接会场、在奏国歌的时候，他发现身边的姬老有点站不稳，就和卓琳同志临时交换了位置，及时用力扶住了他，以免摔倒。姬老因身体不支，坚持至香港政权交接仪式结束后必须立即休息和就医。但按既定的安保方案，所有继续参加第二场特区成立暨特区政府宣誓就职仪式的人员都不得离开会展中心，主席台贵宾也不例外。这可使中央代表团下榻的君悦酒店接待组组长、香港新华社妇女与青年部王志民副部长为难了。情急之下，王志民拨通了仪式安保负责人的电话，友好、耐心地说明情况，终于得到了刚刚诞生的特区警方配合。当姬老被送回君悦酒店时，医生护士已在布置成病房的酒店房间迎候，立即展开医护工作。王志民当机立断的一系列措施奏效，他与特区方面打的交道，应是政权交接仪式后中央政府与特区政府有关机构应急协调、成功合作的第一例。——我们的祖国，我们的香港就是靠着一代一代的先锋精英、志士仁人相互扶持，前赴后继，才有了今天的辉煌。

不少在电视新闻里见过我的侨胞纷纷邀我合影留念，有来自美国的、英国的、加拿大的、南非的……看着他们夫妇成双成对，甚至合家在会场上欢乐的样子，我的脑海里浮现出了另一张年轻的面孔，他是我的兼职秘书任光明，这是一个很聪明、沉稳的年轻人。

在中英谈判十分胶着的1996年，有一天，他突然向我请假，说要回北京几天。他迎着我不解的目光，平静地解释说："我要回去离婚。您放心，三天后就回来。"

我吃了一惊，他天天在我身边工作，这么大的事我怎么竟一点端倪也没看出来呢？小任的太太是北京一家外企职员，英语很好，性格

1997 年 7 月 1 日零点，在雄壮的中华人民共和国国歌声中，中华人民共和国国旗和香港特别行政区区旗冉冉升起。23 时 59 分，英国国旗和香港旗在英国国歌乐曲声中缓缓降落

1997 年 7 月 1 日 1 时 30 分，中国香港特区成立暨特区政府宣誓就职仪式隆重举行

英国王子查尔斯和港督彭定康出席香港政权交接仪式后，随即登“不列颠尼亚号”离去

比较活泼，她来香港探亲时我还款待过他们。虽然长期分居，但回归以后马上就能团聚，也不至于离婚嘛。

我还想尝试劝和。任光明摇头说：“不行了，她已经有人了，就是她的老板，一个老外。”

后来我才知道，任光明面对婚姻的变故，经历了特别痛苦的过程。有一天，甚至和一个友人通了一晚上电话，但是白天在中代处同事们面前却不露声色，默默吞下了这颗苦果。这是一种构成“民族良心”的高尚素质，通过自我克制实现整体利益的坚忍。

我暗下决心，一定要帮任光明找到真爱，重筑爱巢。

回归使命完成后，果真如愿以偿。我和热心肠的同事小薛给任光明介绍了一个心地善良又漂亮的女孩，也是外企的白领，两个人一见钟情，继而建立新的家庭。现在他们聪敏的善于辞令的掌上明珠都要上中学了。看到这个幸福家庭，我相信，上苍特别眷顾那些心中装满大爱的人。

后记

一浪更比一浪高

过去的一年中，经历了多少个这样的白天黑夜，只要让自己静心埋进层层叠叠泛黄了的故纸堆里，或者端坐在酷似蓝天白云的电脑屏幕 word 文档前，我的思绪就会像只振翅的相思鸟儿，飞向上世纪 90 年代难以忘怀的峥嵘岁月，那时的“蓝天白云”间轰鸣着香港回归祖国的脚步声，那最后一程的坚定步伐里有我一份微薄、但是竭尽忠诚的绵力……

香港回归，是中华民族史无前例的一大壮举。我有幸参与了其中，在一个横断面里一条主线的前端，充当过执行人之一。“天之厚我可谓

1997 年 6 月 29 日中午，完成最后一个谈判后在坚尼地道 28 号门口留念

1997 年 6 月 30 日子夜，历史的时刻，有幸现场见证香港政权交接盛典

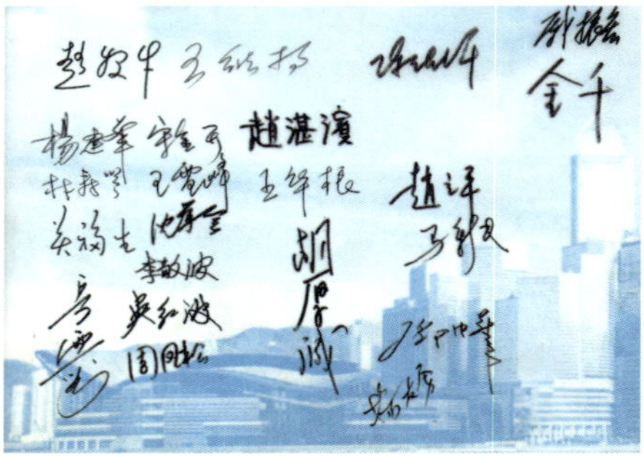

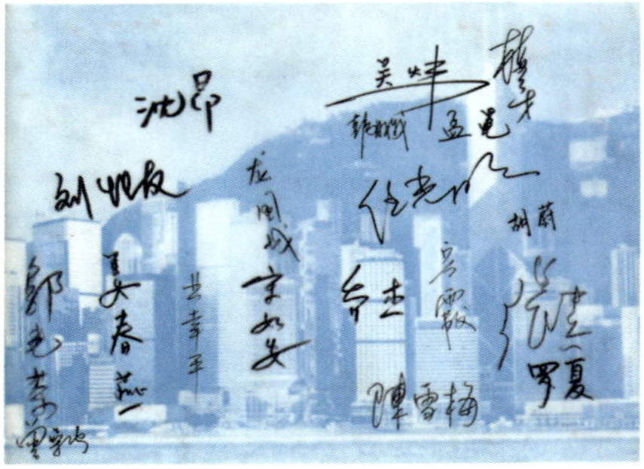

友谊长存，1997 年 7 月 1 日中代处全体人员合影，在纪念册上签名留念

全国人大常委会赠送的纪念品

董建华特首赠送的纪念品“同根同心，共谱新篇”

至矣”，这段经历“苟不记之笔墨，未免有辜彼苍之厚”。终于，我怀着一颗近乎圣洁的心，面对电脑键盘和显示屏上的 word 文档，努力用真实来回忆、叙述这段关于香港过渡期的中英谈判历史——它的春夏秋冬，风云变幻，斑斓色彩和喜怒哀乐。

这，是一段翻过去但不应忘记的历史。不忘记，也毕竟成为过去。历史引导的是向后看，但最终目的还是为了向前看，向前进。香港问题解决之后，中英关系不断向前发展，迎来了有史以来最好的时期。2007 年 4 月，我作为中国驻英大使的客人访问英国，受到朝野热情欢迎，当年的英方首席代表戴维斯为我主持在英中商会的演讲；前港督卫奕信特意从牛津赶来伦敦，领我参观英国国会大厦，了解上议院运作。

18 日，傅莹大使陪同我会见英国贸易投资及外交事务国务大臣伊恩·麦卡特尼，这位工会领袖出身的大臣说：“我听说，你曾是我们英国最头疼、但又是达成协议最多的谈判对手。”说完向脑后挥了挥手。

“那段历史是我们两国共同写下的。”我转过话题，笑笑说，“我刚从北京来，那里的春天正风和日丽，花红柳绿；现在看到伦敦的春天也是如此，十分高兴！”

书写完了，从丰富的、不无沉重的回忆里重新回到新世纪10年代的现实。我如释重负，舒畅地吸了口新鲜空气。回首往事，我确实已经把一生中最充沛的年华献给了养育我的祖国和人民。这本书，是我对香港政权交接那段历史的交代，也是对自己度过的那段岁月、对我的子孙们做的一个交代。然而，岁月赋予的使命和感知局限总是相辅相成的，书中难免会有偏颇。好在这不是“正史”，只是我个人的所经所历所思所感。所以，先在此要向读者们道一声sorry。

衷心感谢鼓励我、鞭策我拿起笔来的诸位领导和亲友。衷心感谢在写作过程中给予我各方面支持帮助的同事和朋友，尤其是张露文、穆树新、李俊辉和中新社、香港文汇报社、大公报社摄影部的朋友们。

2011年5月28日，一个阳光明媚的早晨，我和全国政协港澳台侨委员会的同事们赴港，应邀出席辛亥革命100周年纪念活动。中午，我们抵达香港赤鱲角国际机场后，驱车前往中环“新大陆”上的四季酒店。所谓“新大陆”，是我对香港回归后中环北段继续向维多利亚港填海延伸地域的昵称，历经14年沧海桑田的这块新土地上，已经耸立起当今世界一流的建筑群——香港国际金融中心、四季酒店以及地铁、机铁和巴士、轮渡的集散中心等。

车到酒店，有人打开车门。一位五十上下、精瘦干练的制服男士笑吟吟地一面招呼我们下车，一面道好。忽然，他礼貌地直视着问我：“您是陈先生吗？10多年前我在九龙的丽晶酒店服务，也为您开过车门，那次是您一家人来酒店吃饭……”

这一情节虽已模糊，但我受到感动，握手寒暄了几句才进入酒店。这以后的三天，出入酒店，只要他在门外轮值，我们总要相视一笑，也并不交谈，不宜打扰他面对众多车辆、宾客的忙碌工作。

31日，离店的前一日上午，我和我的同事们走出酒店大门，正在候车，看见他疾步朝我走来。

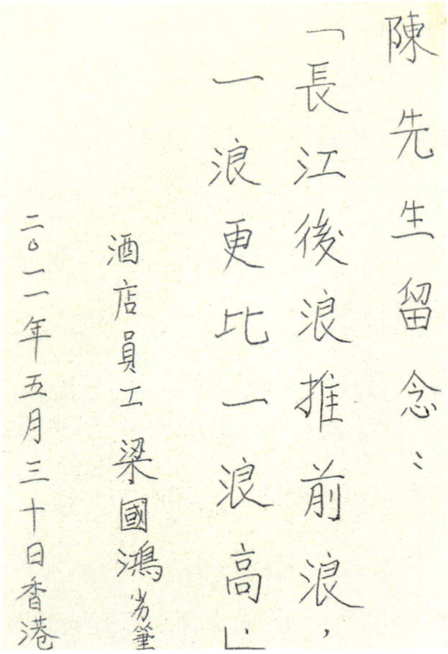

比勋章还要珍贵的纪念卡，来自一位普通的香港市民

“陈先生，明天我没有班，不能送行。”他有些腼腆地从上衣口袋里掏出一张酒店的硬纸便笺，递给我说，“这个，给你留作纪念！”

我接过来细看，是五行端正的竖写字：

陈先生留念：

“长江后浪推前浪，

一浪更比一浪高。”

酒店员工梁国鸿劣笔

二〇一一年五月三十日 香港

我周身热血涌动，紧握他的手。离开香港已经13年，离开国务院港澳事务办公室也已整三年，居然还有一位香港的普通市民朋友关注着我的行踪，因为“长江后浪推前浪，一浪更比一浪高”这两句话，

2003年3月到全国政协履新

是我2008年3月5日最后一次以国港办常务副主任的身份出席“两会”，在人民大会堂回答记者提问时说的，被当时的媒体广泛报道。我钦佩梁先生的记忆，他当时一定读了报纸，所以今天把这两句话作为主旨，抄录并加上引号回赠给我。我感谢梁先生的关爱，他是在表示对我的认同，肯定，嘉许？亦或大而广之，对香港、对国家辉煌前程的赞美？我把梁先生用透明塑料纸仔细包装的这张墨宝贴胸放入衬衫口袋里。在我后半生的诸多体验中，它真比一枚紫荆勋章还珍贵。

这两句话，是我离开服务了20年的国港办前夕对祖国的“一国两制”事业、对国港办老少同事们的由衷祝福和寄语。当时，在这两句话前面，我还说了两句话：“一代人做一代人应该做的事，事情总是做不完的。”

据说，香港中环原来临海的地方是现在德辅道中的有轨电车路。一代代勤劳、智慧、奋发有为的香港人移山填海，陆续拓展出了后来的告士打道、天星码头、大会堂和交易广场……它们都曾各领一度风骚，都有过碧波拍岸、接连海天的无敌靓景，然而随着时间推移，于今又都相继让位给了前面横空出世的中环“新大陆”上的新地标群。香港这座国际经济中心城市不断重塑着自己的现代化风貌，也不断重塑着自己勤劳、顽强、智慧的居民形象，一代人做一代人应该做的事，

一浪更比一浪高

每一代人的使命和局限都各有不同，事情永远做不完——社会就是这样发展的，历史就是这样写成的。

长江后浪推前浪，一浪更比一浪高。香港回归祖国过渡期的中英谈判是“长江”中的一个浪头。1997 年 7 月 1 日历史揭开新篇章，“一国两制”科学构想终于成为中国特色社会主义伟大实践的重要组成。投入祖国怀抱的香港，从此以一浪更高过一浪的气派奔腾向前，奔向波澜壮阔的大洋大海。

图书在版编目（CIP）数据

交接香港：亲历中英谈判最后 1208 天 / 陈佐洱著
. -- 北京：中国文史出版社，2019.4
ISBN 978-7-5205-1068-4

Ⅰ. ①交… Ⅱ. ①陈… Ⅲ. ①中英关系—香港问题—史料— 1994-1997 Ⅳ. ① D676.58 ② D829.561

中国版本图书馆 CIP 数据核字 (2019) 第 067312 号

责任编辑：梁玉梅

出版发行：中国文史出版社
社　　址：北京市海淀区西八里庄 69 号院　**邮编：**100142
电　　话：010-81136606　81136602　81136603（发行部）
传　　真：010-81136655
印　　装：北京地大彩印有限公司
经　　销：全国新华书店
开　　本：16 开
印　　张：21.75　　**字数：**289 千字
版　　次：2019 年 7 月北京第 1 版
印　　次：2020 年 4 月第 2 次印刷
定　　价：69.80 元
